法医追凶

无声的证言

Silent testimony

戴西/著

台海出版社

图书在版编目（CIP）数据

法医追凶. 无声的证言 / 戴西著. –– 北京：台海
出版社, 2021.11
　ISBN 978-7-5168-3157-1

　Ⅰ. ①法… Ⅱ. ①戴… Ⅲ. ①推理小说—中国—当代
Ⅳ. ①I247.5

中国版本图书馆 CIP 数据核字 (2021) 第 199780 号

法医追凶. 无声的证言

著　　者：戴　西

出 版 人：蔡　旭　　　　　　　封面设计：末末美书
责任编辑：魏　敏　高惠娟

出版发行：台海出版社
地　　址：北京市东城区景山东街 20 号　　邮政编码：100009
电　　话：010-64041652（发行，邮购）
传　　真：010-84045799（总编室）
网　　址：www.taimeng.org.cn/thcbs/default.htm
E-ma i l：thcbs@126.com

经　　销：全国各地新华书店
印　　刷：三河市嘉科万达彩色印刷有限公司
本书如有破损、缺页、装订错误，请与本社联系调换

开　　本：710 毫米 × 1000 毫米　　　1/16
字　　数：250 千字　　　　　　　印　张：18
版　　次：2021 年 11 月第 1 版　　印　次：2022 年 1 月第 1 次印刷
书　　号：ISBN 978-7-5168-3157-1

定　　价：49.80 元

目录

故事一　菊　祭

故事二 霓裳羽衣

故事三 彼岸花开

故事一 菊祭

我呼唤着你的名字，求你把我带离这个世上，

我不想再醒来，不想再悲伤。

楔 子

她是个小偷，一个年轻漂亮的小偷。

她得手过很多次，如果被发现了，也能够迅速脱身。

刚下过一场雨，地上泥水四溅，大街上霓虹灯闪烁，马路两旁来往的行人神色匆匆。

这一次她却没那么幸运，失主瞥了她一眼后，提了个古怪的要求——"如果不想让我报警的话，你跟我走。"

"去……去哪儿……"她双手抱着肩膀，紧张的眼神像极了一只即将被宰的兔子。

失主随手把失而复得的钱包揣进兜里，笑着说："请你吃饭。"

听了这话，她便老老实实地闭上了嘴。跟在一个男人身后，她乖乖地低头钻进了一辆靠路边停着的黑色奔驰车。车门关上，奔驰车迅速朝城东方向开去。

第一章　小雏菊

在南方的海滨小城，每年夏季到来之前雨总是会下个不停。

"章医生，有你的快递！"传达室值班人员探头叫住了正走进大院的章桐，"昨天傍晚你们下班后送来的。"说着，从靠窗的办公桌上拿起一个纸盒递给了她，盒子小小的，长宽都在 20～30 厘米之间，分量很轻，看起来里面没有装多少东西。

"快递这么晚还送吗？"在邮件登记簿上签名以后，章桐随口问了句，她记得昨晚自己离开单位的时间已经是晚上 6 点 45 分了。

值班员摇摇头："偶尔吧，也不是经常这样，如果是新的快递员，再遇到网上搞活动的话，派件多了就晚了。"

"谢谢。"章桐把笔交还给了他，接着拿着快递盒走上台阶，穿过一楼大厅，顺着楼梯来到负一楼，又走过长长的走廊，在更衣室换好衣服后，推门走进隔壁自己的办公室。

站在办公桌前，她又一次认真打量起面前这个普通却又看似不太正常的小快递盒。

第一印象——做工粗糙。

首先，以往基层兄弟单位寄过来的样本盒都是特制的，盒子表面还会贴上红色的警示标签，在投递上更会做到专人专送、当面交接。所以排除公务件。

其次，章桐不喜欢网购，也确信自己的朋友绝对不会不打招呼就给她寄东西。

但眼前这个快递盒的收件人一栏里的确写着自己的名字，寄件人的名字却被隐去了，并且用一连串机打字代替。

"隐址件？"章桐微微皱眉，她知道传达室之所以会收下这个快递盒很可能是因为盒子太轻，总重量不超过 150 克，长度也没有超过 30 厘米，自然就不存在任何安全隐患。

她打消了立刻拨打盒子上快递公司的号码询问邮件来源的念头，转而迅速清理了自己的整个办公桌，保证上面除了快递盒之外没有其他任何杂物。随后拉开了办公桌抽屉，取出乳胶手套戴上，接着抓过一把美工刀，一个打火机，关上抽屉就开始在桌面上拆快递盒。

这不是一个普通的快递盒，虽然盒子表面有机打清单页面和至少 7 种暂时无法确定来源的污渍，凡是一个正常的快递盒所应该有的，它似乎都具备了，却唯独漏了一个关键的细节——贴在快递盒表面的那张像模像样的快递公司清单，看上去虽然和真的一般，但它根本无法做到对热源产生特殊反应。尝试了两次依旧失败，章桐便把打火机丢回了抽屉，皱眉想了想，还是拿起了美工刀，只不过这次她变得非常小心，沿着盒子的边缘把它的顶盖完整地挑开了一条缝后，这才打开了包装盒。

盒子里是一大块白色的聚乙烯发泡棉，这种又被称为 EPE 珍珠棉的发泡材料几乎在商场店铺中的每一件货品包装盒内都能看到。看着这些 EPE 珍珠棉，章桐确信自己不会在上面发现有效的指纹或者任何有价值的东西。人的指纹之所以能够在物体表面保留下来，是因为人的手指和物体表面直接接触的时候，手指皮肤凹凸不平的纹路中所附带的油脂分泌物与汗腺之类的混合物就像一个印章一样会被物体表面所吸附。指纹被成功提取的前提条件是物体表面足够平滑工整，并且能够吸附住指纹中的各种杂质，然后保留相当长的时间。而 EPE 珍珠棉是无法保留指纹的，因为它上面吸附不了任何东西。

用美工刀把珍珠棉顶上的盖子轻轻扒开，这时，一股熟悉的气味扑面而来，章桐的心猛地沉了一下，这是血液凝固后才会产生的特殊味道，淡淡的，不仔细辨别的话很容易被忽视。她手上的动作并没有因此而停下，相反越发变得小心谨慎了起来。

终于，在接近盒子底部 10 厘米左右的位置，最后一块覆盖着的珍珠棉被取出后，一对完整的人类的眼球出现在她面前。

眼球有些干瘪，那是房水逐渐流失导致的。从眼球边缘的创面来看，它是在受害者还活着的时候就被人用锋利的锐器摘取了下来，它整体脱离眼眶的时间在 48 小时以上。

此刻，章桐脸上的表情瞬间凝固了，迟疑片刻后，她直起腰，目光落在了眼球下面垫着的那一层珍珠棉上，几处凝固的血污处是棕黑色的，显然，眼球已经被放盒子里足够长的时间了。

也有可能眼球被摘下没多久就被放进了这个古怪的盒子里了。

"啪"，美工刀应声掉落在了地板上，她顾不得弯腰去捡，脑子里一个熟悉的画面驱使着章桐继续拆盒子。她轻轻地把那一层被染色的珍珠棉取了出来，连同上面的眼球一起放在了办公桌上，接着继续查看快递盒中剩下的珍珠棉，里面还有相当厚的一小叠。她的手指只是轻轻一翻动，夹层的一角便露出了一朵枯黄的小雏菊。

一切都被安排得妥妥帖帖，既能让收到这个快递盒的人感到震惊，又绝对不会让她太过于意外。

看着眼前的这一切，章桐发出一声轻轻的叹息。

下午刚下了一场雨，空气中湿漉漉的。

他正慢吞吞地走在回家的路上。

天色已经很晚，他是一位即将退休的物理老师，要不是辅导一个孩子，他绝对不会拖到这个时候才回家。

脚步逐渐变得有些沉重，他太累了，毕竟上了年纪，尤其是腰，钻心的酸痛让他无法忍受，于是打算找个地方坐下休息会儿。

马路对面就是街心公园。这时候的公园里非常安静，高高的灌木丛替代了寻常的围墙。昏黄的路灯下，他慢慢地穿过小拱门，走在街心公园的石径上，向公园深处走去，耳畔传来自己沉闷的脚步声，显得很孤独，但是他知道，回到家关上门的那一刻才是真正的孤独。

人老了，只要一坐下来，很快就能睡着。这是谁都无法违抗的自然规律。

今天的他依旧如此。看着眼前那盏路灯亮了起来，他的心微微一暖，斜靠在公园的椅子上，没多久便缓缓阖上了双眼。

其实他真的只是想休息会儿，喘口气而已，即便睡着了也没关系，反正没人在乎他。周遭的环境太安静了，静得让人都能听到"嘶嘶"的声音，有点像风在吹，但明明是一个闷热的夜晚。

那"嘶嘶"声非常轻，就好像在自己的耳边滑动，速度也很慢，且离他越来越近。应该是自己听错了吧，最近总是会听到这样古怪的声音，习惯了就好了，只是现在不一样，因为周围太安静了，什么都没有，包括风。

突然，脑后脖颈处传来一阵轻微的刺痛。

7

这该死的虫子！夜晚公园里就是虫子多。

他有些烦躁不安，本能地伸手去摸，却惊愕地发现已经无法顺利抬起自己的右手。与此同时，他感觉头晕目眩，四肢僵硬，胸口就像被压上了一块石头，呼吸逐渐变得困难，就连意识也渐渐变得模糊起来，唯独听觉还保留着。他听到脑后传来轻轻的喘息声，只是他已经没有精力去辨别发出这声音的是人类还是动物了。

身体的感官恶化程度是非常迅速的，他都没有办法及时做出反应，脑子里已经是一片空白。

这时候，他的眼前开始出现不正常的黄色斑点，每一次的呼吸变得越发艰难，为了能得到更多的氧气，他不得不用尽全身的力气努力张大嘴巴。

终于，眼前一片漆黑。

一丝残存的意识让他感觉到一个冰冷而又滑腻腻的东西缓慢地钻进了自己的嘴巴。这种感觉是非常恐怖的。因为那个东西很长，并且在他逐渐变得麻木的舌头上滑行了很久才沿着喉咙钻进了气管。

不过，这时候的他已经感觉不到痛苦了。

公园里一丝风都没有，空气潮湿而又闷热，"嘶嘶"声响起，正对着长椅的那盏路灯发出的光努力地跳动了两下，"啪——"路灯应声熄灭了。

两个多小时后，一辆路面巡逻警车在街心公园门口的路边停了下来。

值班警员还没下车就看见了站在路边神情慌张的男孩，在男孩身边还站着一个瑟瑟发抖的年轻女孩，两人不只是年龄相仿，就连头发的颜色也染得一模一样。

警员下车的同时打开了肩头的微型摄像机，问："是你们报的警？"

男孩拼命点头，接着伸手朝公园内一指，嘴唇颤抖着半天也说不出话来。

另一位年纪大一点的辅警柔声问一旁站着的女孩："别怕，你们现在很安全，告诉叔叔里面到底出什么事了，好吗？"

"死人！就……就在长椅上。"年轻女孩咬着嘴唇结结巴巴地回答。

"里面有几个人？"警员严肃地追问。

男孩努力伸出一根手指。

"你怎么确定人已经死了？"

"活……活着才见鬼呢！"男孩咕哝了句。

知道再也问不出什么来了，老辅警和同事互相看了一眼。警员点点头，拿出手电说："张哥，你陪着他们，同时通知120，我进去看看。"

今晚的街心公园格外安静，警员顺着石径走进公园，朝着报警的男孩所指的方向走了过去。

他没走多远就看到了那张孤零零的长椅和长椅上那个同样孤单的老头。老头的皮肤是冰凉的，头歪着，颈动脉处也毫无反应。警员绕着尸体走了一圈，确定无生命体征后，便长长地叹了口气，流露出稍许的同情，毕竟临死前身边一个人都没有，老人走得太孤单了。

警员环顾了一下四周，闷热的空气给人的感觉一点都不像是在四月末，身后熄灭的路灯让大半个街心公园处在黑暗之中，除了安静，他什么都感觉不到。

老人怎么会这么晚来这里？

他把手电光又一次集中在了老人的脸上，这时候他才注意到这张表情凝固的脸是如此怪异，那种被定格的惊恐，又好像是诧异。他死前到底经历了什么？是不是心脏病突发？

想到这儿，警员准备把手电光移动到老人胸口的位置，一般上了年纪的老人都有把自己的身份证件放在胸口衬衫口袋的习惯，眼前这位不幸的老人也不例外。

手电光刚移开的瞬间，他的眼前一花，就在老人张开的嘴里好像有什么东西在动。警员呆了呆，又把手电光移了回去。这是强光手电，光线是雪亮的，能够看清楚目标位置上的所有东西。

他盯着那玩意儿看了很久，脸色煞白："天呐！这是什么？"

直到这时候他才终于明白街心公园外那个打报警电话的半大小子为什么会被吓得半死了，因为一个活人的嘴巴里是绝对爬不出一条蛇的。

一条长着三角形脑袋的蛇。

晚上，房间里有点冷。章桐伸手摸了摸床边的暖气片，指尖很快就传来了熟悉的感觉——暖气停了。现在是凌晨 1 点半，离天亮还有很长的一段时间。她费力探身够到了写字桌上的几张七寸相片，在彻骨的寒意把自己完全吞没之前，重新缩回了被窝里。这是自己临睡前还没有来得及完成的工作。

相片中是一朵已经干枯的雏菊，土黄色干瘪的花瓣被草草地揉成了一团，压得扁扁的，毫无生命气息的枝干如同弯曲的铁丝，丑陋而又怪异。

凶手的用意已经非常明确。受害者还活着的可能性非常小，通过 DNA 寻找相关证据的难度也可想而知，即使自己最终能够提取到完整的 DNA 样本，如果受害者在生前没有进行过相应的备案登记的话，结果仍然不容乐观。

其实这些还并不是真正让章桐感到奇怪的地方，因为就在 13 年前，她就曾经在一个命案现场见过一朵同样古怪的雏菊。

记忆中，那天下着很大的雨。

围观的人群静悄悄的，谁都不说话，目光中尽是惊愕和惋惜。

不远处警用隔离带外，一辆警车在陡坡下急刹车，车门打开的一瞬间，一个男人不顾一切地跳下车，飞快地向案发现场冲了过来。

这突发的一幕让值班的侦查员吓了一跳，几个人随即扑了上去，最终，不得不狠下心动用了手铐才合力把他制服。这个男人被铐在了陡坡下那辆警车的车门边上。

　　雨越来越大，浑身湿透的男人跪在地上，不停地拍打着车门，喉咙里发出阵阵哀号声。让现场的侦查员只能默默地把头转开，不忍看他凄然的目光。

　　"死者的家属？"章桐问身边站着的同事。同事无声地点点头。

　　"哗哗"的雨声很快便吞没了男人的哭泣声。

　　结束工作走出现场时，那辆横在陡坡下的警车早就开走了。但刚才发生的那一幕，在章桐的脑海里留下了深刻的印象。

　　事后才知道，现场发现的死者是这个男人的亲生女儿，而他是市局禁毒大队的一名资深侦查员。

　　女孩的尸体是在大雨中被人发现的，赤裸着身体，那朵干枯的雏菊被插进了女孩空荡荡的眼眶。现场的证据少得可怜，这个案子最终也就成了悬案。

　　令章桐无法忘记的，是死者那两个空荡荡的眼眶。即使是外行人都看得出来摘除眼球的技术是多么不专业，X光片下可见伤口最深的地方甚至已经触及了死者的颅脑，伤口边缘虽然经过雨水的冲刷，却还是能看出明显的生活反应，这就意味着这些粗鲁的动作是在死者还存活的时候进行的。

　　女孩的死因是机械性窒息。

　　因为死者的父亲职业的特殊性，所以案件最终被定性为杀人报复，但是谁都没有真正弄明白女孩眼睛上那朵干枯的雏菊到底是怎么回事，凶手这么做的目的又是什么？

　　两年过去了，案件一点进展都没有。专案组只能暂时撤销，虽然每年都有人去档案室定期查看这个案件的相关卷宗，想尽办法寻找蛛丝马迹，但是谁都很明白，如果没有实质性的进展，这个案子或许只能永远地活在人们的记忆里了。

这还不是最让人感到伤心的，自打"雏菊案"进入悬案系统后没多久，死者欧阳青的父亲欧阳景洪就在人们的视线中消失了。听禁毒大队的人说他的工作出了差错，枪支意外走火，和他搭档的同事因此而丧命，结局就是这个曾经意志坚强、破案无数的男人因为玩忽职守导致同事死亡，身败名裂，进了看守所。

几个月后，正式宣布判决结果的那一天，市局显得格外平静，同事们绝口不提这事，就好像从未发生过一样，但是每个人的心里都是沉甸甸的。下班前又一个让人心情糟糕的消息传来——曾经和欧阳景洪亲如手足的禁毒大队探长齐志强递交了辞职报告。

在这之前，齐志强即将被提拔为禁毒大队大队长的消息早就人尽皆知了，他却选择在兄弟被正式判刑的这一天彻底脱下了警服。没有人能真正懂他的心思，听说他走的时候，眼眶是红着的。

13 年的时间转眼就过去了，"雏菊案"依然没有下文。死者欧阳青失踪的眼球也没有找到。人们渐渐地不再提起这个案子了。

但是章桐不会忘记。

城市的另一头。

他仔细地看着眼前空荡荡的眼眶，总觉得少了点什么，心中不免有些微微的遗憾。这女孩很年轻，哪怕是已经死了，还依然那么漂亮，尤其是五官，更是精致到了极点。所以，他犹豫了很久，他必须让她完整而又体面地告别这个世界。

看着女孩暗灰的面颊，他轻轻叹了口气，手停留在半空中，迟迟没有落下，从下午到现在，他一直都在思考自己的决定，不知道从什么时候开始，他对自己的每一步决定，都要再三思量，因为他害怕自己有一星半点的差错。

在仔细用棉球蘸着药水清洗过女孩脸部的污垢和干结的呕吐物后，他的目光落到了桌角的一盆沙子上面，这是一种白沙，很细，也很干净，放在眼眶里，应该不会很疼。

不过，她已经感觉不到疼了，难道不是吗？

想到这儿，他的嘴角不由自主地划过了一丝淡淡的嘲弄般的微笑。

沙子被小心翼翼地填进了那空荡荡的眼眶，好像生怕女孩会因此而感到不舒服，他还低下头，极尽温柔地用嘴凑近眼眶，轻轻地吹了吹，然后一点一点地把女孩的眼皮盖了上去。最后，他用早就准备好的棉签蘸上胶水，把眼皮近乎完美地黏合在一起。当这一切全部完成，他向后退了一步，双手向上举着，歪着头，仔细地看着那双被沙子填满的眼睛，仿佛是在欣赏自己精心完成的一件杰作。

女孩就像是睡着了，她嘴角的血渍被精心擦去，脸上被抹上了淡淡的粉底，如果不是全身冰冷而又微微发青的皮肤，根本就看不出来这是个死人。

好了，终于完工了。

他长长地吁了口气，活动了一下僵硬发麻的脖颈，然后利索地摘下乳胶手套，用力把它们抛向了屋角的垃圾桶。

他如释重负，心情也变得愉悦了起来。他来来回回在屋子里忙碌的身影在身后工作台上那盏台灯的光照下，被放大成了一个怪异而又修长的形状，投影在对面的白灰墙上，一眼看去，像极了一个正在跳舞的木偶。而伴随着舞蹈应声而起的，是他随口低低哼唱的歌谣，歌词模模糊糊听不太清楚。

渐渐地，他脸上的笑容消失了，双手无力地垂落在身体的两侧。站在女孩冰冷的尸体旁，痛苦的呜咽声从他嘴里发出，声音充斥了房间里的每一个角落。

屋外，阴冷昏暗的夜空中，雨又开始下了起来。

早上 8 点刚过，章桐走出了解剖室。走廊里静悄悄的，除了顶头的技师办公室有人值班外，法医处这边空无一人。

顶头办公室的门突然被推开了，一个身材敦实、圆脸、皮肤略显黝黑的年轻小伙子背着照相机，拎着工具箱匆匆忙忙地走了出来，抬头看到了章桐，赶紧打招呼："章医生，东大校园发现尸体，调度处要我们马上过去。你接到电话了吗？"

话音刚落，章桐外衣兜里的手机响了起来。

调度处是挨个儿通知的，因为自己刚才在解剖室，所以就没有接到调度处打往办公室的通知出警的电话。

"好的，我马上过去。"章桐把手机塞回兜里，紧走几步探身从办公室门边储物柜中拎出工具箱，另一只手用力带上了办公室的木门。

第二章　无法遗忘

东大，全称东湖大学，是一座有名的百年老校，位于安平市最西面。

此刻，这座校园在雨中显得格外萧瑟。灰蒙蒙的天空下，深褐色的瓦墙此起彼伏。瓦墙边上是一片面积不小的树林，树木高耸。因为没有被很好地养护，路口的几株树干上光秃秃的，风一吹，大树在风中不停地颤抖，"哗哗"作响。整个校园因此而越发变得死气沉沉。

从校门口到案发现场所在的树林有将近 300 米的距离，章桐穿着雨衣，提着沉重的工具箱，顺着湿滑的鹅卵石铺就的道路拐了几个弯，就看到了树林外那熟悉的警用隔离带。

校园里非常安静。虽然案发现场在校园内，但是来这里的路上和警用隔离带的周围，除了几个面容严肃的校方工作人员以及保安外，并没有好奇的学生驻足围观。

童小川跟她打了个招呼，伸手指了指树林最深处："就在那下面，章医生，是巡逻的保安发现的。"

视线所及之处，全是树木。

"是什么时候发现尸体的？"章桐问。

"大约半小时前。"童小川看了看记录，"因为树林要重新规划，所以今天校方就对这边做了实地登记，巡查的时候发现了尸体。"

天空阴沉沉的，乌云密布，几乎让人压抑得快要透不过气来。两人顺着小路走进了小树林，雨衣轻轻地擦过树枝，发出了"沙沙"声。

走了大约三五分钟，两人在最里面的一棵针叶松旁停了下来。

顺着童小川的手指的方向，她看到了一具尸骸就在面前这棵针叶松的下面。棕灰色的骸骨几乎散落在了视线可及的范围之内。

"尸体被人动过吗？"章桐问。她蹲下去，伸出戴着手套的右手，抓起了死者的颅骨，轻轻拂去颅骨表面的泥土。

"没有。"童小川很有信心，"东大这边的保安素质都很高，经常到局里参加培训，所以，必备的现场处理常识还都是有的。他们一接到学生报案，确定后就立刻通知我们了。"

顿了顿，童小川又问道："现在可以确定死亡时间吗？能不能确定是他杀？"

"没这么快。"章桐嘀咕了句，她把手中的死者颅骨轻轻放了下来，"除了死者为女性外，别的方面，我现在没办法告诉你，因为尸骸掩埋得不深，很多表面证据都被破坏了，我得回去好好查查才行。"

"那需要我们做什么吗？"童小川看了看身边不远处站着的两个下属。

听了这话，章桐站起身，环顾了一下自己的周围，不免有些沮丧："我人手不够。你们戴上手套吧，做好心理准备，我们今天或许要到下午才能回去了。"

结果一直忙到傍晚，在树林中发现的尸骨才被勉强凑齐主要部分，他们这才把尸骨运回了局里。

草草吃了晚饭，章桐心事重重地返回自己的办公室，办公室的门口不知何时出现了一个年轻人，20岁出头，个子不高，面容清秀，鼻梁上架着一副无框眼镜，身体非常瘦弱。他一见到章桐便立刻迎上前，双手恭恭敬敬地递上了一张批准函："章医生，我是新分配下来的，我叫陈刚，手续都已经办好了，这是批准函。"

章桐一愣，视线在盖了红章的批准函和年轻人略显稚嫩的脸庞之间来回移动着："你什么时候来的？"

"刚来没一会儿，领导说你出现场没回来，我就一直在这儿等了。"陈刚回答。

章桐没再多说什么，她顺手把批准函往兜里一塞，招招手，随即径直走进了解剖室。

陈刚赶紧跟了上去。

基层法医能像章桐这样在岗位上做这么久的，真的是屈指可数，所以她对自己身边来来去去的同事都能自始至终保持平静的心态。

花了将近一小时的时间来过滤从树林现场带回来的那一堆乱七八糟的杂物，它们都是在尸骨周边一米的范围之内发现的，最主要的位置是尸体下方和周围与尸体相接触的地方，别说是落叶，哪怕是泥土都被掘地半尺给带了回来。章桐把提取到的泥土和落叶的样本交给陈刚送往小九的实验室，并再三嘱咐要尽快拿到检验结果，然后在剩下的物品中逐一确定是否和死者有关。

带回来的物证不算少：一个用过的避孕套和一对圆形耳环，一些空易拉罐和烟头之类的东西。经过筛查，很多都被排除了，而最有价值的，是一对离尸骨最近的圆形耳环。由于圆形耳环属于金属质地，耳环背面正中央的地方，还能找到一小块残留的早就风干的人体组织。正因为耳环的保护，它们

17

才没有被细菌分食干净。但是这块人体组织已经无法用来提取DNA了，因为它在室外停留的时间太久了。

尸骨周围没有找到任何腐烂的纤维物质。也就是说，死者在被埋进那个浅浅的墓穴的时候，很有可能就是全身赤裸的。再结合那只用过的避孕套来看，不排除死者生前遭受到性侵害的可能。可是，要想在早就已经风干的骸骨上找到性侵害的痕迹，其可能性等于零。至于避孕套中所采集到的人类生物样本的有效性，章桐的心里更是没有底。

想到这儿，章桐不由得双眉紧锁。她知道，很多大学校园里茂密的树林深处会被校园情侣们当作露天的约会场所，所以这个用过的避孕套在尸骨旁边被发现也可能纯属巧合。

目前最主要的，就是确定死者的身份和死因。

她站起身，走到验尸台边上，伸手打开了头顶的照明灯。

"章医生，你认为死者有多高？"在章桐的示意下，身穿工作服的陈刚把装有尸骨的轮床推到验尸台边上，并排放置。

"在现场的时候，我清点过尸骨，缺少了部分胫骨和另外一根股骨，所以目前来看，就只能通过脊椎的长度来推测了，我觉得死者身高应该不会超过163厘米。"章桐一边说着一边在手术服外面系上一条塑料围裙，"先把骨架复位，然后照X光。我们只有骨头，伤情就只能通过骨头来判断了。尽力而为吧。"

"在学校，你都做过这些吗？"过了一会儿，章桐不放心地问，"我刚才看你的批准函上，学位是M.M（医学硕士），你怎么会想到下基层的？这个学历坐办公室都足够了。"

陈刚微微一笑："我喜欢这个职业。章医生，你放心吧，我会好好做事的。"

X光片出来后，章桐把它们一一贴在了灯箱上。看着这一连好几张的X

光片，章桐陷入了沉思。她并非人类学家，但是眼前的这几张特殊的 X 光片，就是她也看出了很多问题。

片刻之后，她关上了灯箱的照明开关，然后走到验尸台边上，看着被整齐地安放在洁白的床单上的尸骨，神情越发严峻。

就在这时，一阵急匆匆的脚步声由远至近，解剖室的门被人推开，童小川快步走了进来，拽了一件工作服套上后，直接就来到验尸台边上："刚开完会，抱歉、抱歉，情况怎么样？"

话刚说完，他一抬头，这才注意到站在旁边的陈刚："你是？"

"新来的，我缺人手不是一天两天的事了。"

童小川嘿嘿一笑："不错啊，章医生，你这儿总算有点人气了，真叫人羡慕。我们那边今年可是一个愿意来的都没有，我都快磨破嘴皮子了，也没有人理我。"

章桐伸手指了指陈刚："别羡慕，人家是地地道道的 M.M，应该也只是来'度假'的。"

童小川感到有些吃惊，他若有所思地看了一眼正在埋头整理工具的陈刚。

"对了，你这么早来做什么？这是尸骨，不是尸体，再加上骨头并不完整，我这边没那么快出结果的。"章桐头也不抬地伸手从工具盘里抓过一把透镜，仔细查看起了白床单上的尸骨。

"还不是上面催得紧啊，我也没有办法。"童小川的口吻中带着一丝哀求。

章桐当然明白童小川为什么会这么抱怨，一切都是前段日子那个神秘的包裹惹的祸，自从那天过后，不只是副局长，整个局里大家的心都是悬着的。就像踩着一根钢丝，只要有一步走错，媒体就会随时蜂拥而至，至于死者的身份，全局上下更是一点头绪都没有。而作为其中重中之重的刑侦大队，其压力也是可想而知的了。

"我尽力吧。"章桐瞥了一眼童小川，叹了口气。

"首先，看盆骨，可以肯定的是，这是一具女性的遗骸。"

或许是因为顾及陈刚初来乍到，怕他难以接受自己较快的语速，章桐讲述得格外仔细，她伸手又拿起了遗骸的股骨："其次，她是成年女性，但是年龄不会很大，因为股骨和髌骨并没有看见患有关节炎的迹象，而女性一旦过了 40 岁，通常就会有轻微的关节炎的症状。可是，死者的胫骨和腓骨的生长仍未与骨干完全结合，这一点可以从髌骨上看出来，所以，死者年龄在 17～27 岁之间。

"相对于此，死者的脊柱部分，却有明显的变化，她的脊柱受过伤，脊椎有明显的凹痕和退化，这是腰椎间盘突出的典型症状。由此判断，死者生前曾经做过重体力活或者长期伏案工作。而死者的耻骨，也有一定的成熟度，生长已经接近末期。"她放下缺损的股骨，绕着验尸台转了个圈，来到遗骸的头部，左手拿起颅骨，右手指着颅骨顶端，"你们看这里，头顶缝隙清晰可见，而通常女性成年后，也就是 35 岁左右，头顶的缝隙就会彻底消失。所以，她的年龄不会超过 34 岁。"

略微迟疑一会儿后，章桐抬起头，看着童小川："我可以肯定地告诉你，综合这些因素，再加上死者发育完全的口腔和牙齿，我得出结论，死者的年龄在 27～34 岁之间，算上误差，应该不会超过 38 周岁。"

童小川很认真地在随身的笔记本上记下了章桐有关死者年龄的推论，然后头也不抬地追问："死者身高大概是多少？"

章桐想了想，说："从脊柱长度判断，应该不会超过 163 厘米。"

"那死者是否属于他杀？"

"是，虽然说具体死因我还不清楚，但是有一点可以确定的是，死者全身曾经遍布刀伤！"

"是吗？"童小川一脸疑惑地看着章桐。

章桐点点头："没错，不只是锁骨，就连脊椎骨和肋骨都遍布刀伤，我数了一下，现有的骸骨上，至少有 58 处刀伤，至于那些在肉体上的，就没有办法计算了。而且，根据刀伤的位置和力度来看，有 47 处刀伤都集中在了死者的后背部位，也就是说，有很长一段时间，凶手是站在死者后方实施的攻击。因为受到攻击的时候，死者所采取的是不同的姿势，所以，刀伤几乎遍布后背，锁骨和后腰部都被刺穿了！"

为了能有更直观的描述，章桐一边说着，一边右手握拳，做出凌空劈刺的动作，仿佛凶手行凶时恐怖一幕的再现。

童小川皱眉问道："凶器的种类可以辨别出来吗？"

章桐伸手拿起一根缺损的股骨，指着上面的刀痕说道："你看这上面的几道伤痕，是擦着股骨中央过去的，在上面留下的痕迹浅显并且有抖动的迹象，也就是说，这是一把刀刃很厚、很小的刀，却又非常有力，因为只有这种刀具，才会在骨头上留下这些痕迹。我们法证微痕那边可以根据刀的弹性所产生的痕迹弧度来计算出刀刃的具体厚度，从而判断出刀的确切种类。"

"多久能有结果？"

章桐放下股骨，一脸苦笑："这个要小九那边才能做，我这边没这种仪器。一周后能出来就已经很不错了。我通知他们优先处理吧，但是我不保证有结果。因为这个实在是做得不多，缺乏这方面的经验。"

童小川的脸上流露出了感激的神情，说道："那死者的死亡时间有结果了吗？"

"有关尸体周围的土壤检验报告还没有拿到，从手头的证据来看，死亡时间应该是在三年前。因为我们这儿地处南方，空气比较湿润，湿度大，再加上尸体处于浅坑中，没有被深埋，所以，尸体受到气候和外部条件的影响就更加显著，尸体腐败所需要的需氧菌活动越发频繁。死者虽然并不肥胖，但是也属于中等体型，所以尸体腐败速度不会很慢。"

童小川飞速地把章桐话语中的要点一一记录下来，临了，抬头不甘心地问："章医生，你还有什么要补充吗？"

"有件事，对你们寻找尸体来源应该有一定的帮助。"说着，章桐又一次拿起了死者的颅骨，伸手指着牙床说，"死者生前的生活肯定有过一定的变故，有可能是经济上的。这些牙齿曾经整过，还是正规医院的牙医做的，所做的烤瓷非常精致，但是现在看来，周围又有一定的缺损迹象，也就是说，死者后来任由其磨损，并没有每年去修补检查。还有就是，死者补过门牙，缺了5颗臼齿。牙齿上遍布黑斑，很显然，死者生前有吸烟的嗜好，而且有上下牙齿咬合无力的症状。"

章桐示意陈刚把装有现场找到的那对圆形耳环的证据袋递给了童小川："这是从死者颅骨边上的泥土中发现的，目前还不能完全确定就是死者的物品，因为死者被埋时应该是赤裸的状态，也有可能是凶手在脱去死者身上的衣物时，遗漏了她的耳环。而耳环背后的那部分人体组织，因为时间太长了，做DNA提取已经没有太大的意义。你们确认尸体来源时可能会用得上。等会儿我会把相片给你传过去。

"还有，就是现场发现的一只用过的避孕套，我个人觉得可以参考，但是没必要列为重点。原因很简单，第一，它是在离尸体比较远的地方发现的，在土层表面，按照常理推断，如果凶手侵犯了死者的话，不会随意丢弃留有自己生物检材样本的避孕套。第二，因为已经受到了污染，避孕套保护层也有破损，里面有效的生物检材样本早就失去了检验的价值，所以，只能作废。说实话，在案发现场这样的环境下，我根本就无法提取到完整的可以用来进行比对的DNA样本。针对这个在案发现场周围发现的证据，我的结论是，死者在生前可能遭受过性侵害，也可能没有。"

童小川无奈地点点头："那地方，我知道，现在的大学生精力旺盛的有许多，可以理解，走访的时候我备注一下吧。"

"再结合前面我跟你说过的死者患有严重的腰椎间盘突出症来看，死者在后半生中，肯定为了生计四处奔忙或者是做过大量的伏案工作。她受过很大的打击，以至于有一段时间非常低沉，没心思去继续做牙齿的修补和养护。"章桐神情严肃地说道。

提着沉重的旅行袋，顺着幽暗狭长的小巷子转出来的时候，他的心情很不好，甚至觉得自己有些残忍，因为他又开始杀人了。

女孩的尸体现在就在自己的旅行袋里，在尸体变得彻底腐烂发臭之前，他迫切地想要寻找一个安置的地方，至少不要那么快就被人发现。

小巷子的尽头是一片早就已经荒废了的土地，从四处散落的建筑垃圾可以看出，已经被废弃很久了，周围更是杂草丛生，废弃物被抛得满地都是，发臭的河水在的河滩上肆意横流。

这是块被人遗忘的地方，足够安静。

他必须把她放在这里，因为再换个地方的话，时间上已经不允许了。尸体已经开始腐烂肿胀，逐渐散发出的浓烈的腥臭味会在不经意间从旅行袋的缝隙中涌出来，让他作呕。

穿过垃圾堆，他走到尽头的杂草丛中，轻轻拉开旅行袋，忍着恶臭把尸体抱了出来，解开裹在女孩身上的毛毯，然后把她平放在地面上。

毛毯虽然很廉价，但是吸水性很好，可以防止尸体在腐烂过程中体液外流。

如血的夕阳，在天边渐渐逝去，最后的阳光为女孩肿胀变形的脸涂抹上了一层诡异的血色。

抚摸着那早就已经冰冷的面颊，他喃喃自语，目光中充满了莫名的伤感。

临了，他把用来裹尸体的毛毯重新叠好，塞回旅行袋，然后站起身，头也不回地又一次走进了那幽暗狭长的小巷。直到身影消失，他都没有再回头朝抛尸体的地方看上一眼。

第三章　重启"雏菊案"

公交车缓缓停了下来。男人走下车，轻轻松了口气，然后抬头看了一眼灰蒙蒙的天空。

他从随身带着的挎包里掏出一本黑色的笔记本，打开，仔细核对了一下地址，确定无误，这才又放了回去。然后一脸凝重地走进了公安局大门。

"您好，我找章桐，章医生。"男人冲着值班员礼貌地笑了笑。

"你找我们的法医？"

男人点点头，重复了一遍自己的要求："是的，请问她现在还在这儿工作吗？是不是已经调走了？"

"那倒没有，"值班员松了口气，顺手拿过案头的访客登记簿，同时瞥了一眼墙上的挂钟，"她还在我们这边工作。但是现在可能没时间，这几天都很忙。你找她有什么事吗？有没有事先打过电话？我先帮你登记一下。"

"是吗？"男人的脸上露出了一丝失望，"我找她有急事。我没有她的电话。麻烦你，能不能帮我打电话通知一下？"

值班员又一次打量了一眼面前站着的这个头发花白的男人，点点头，伸手抓过桌上的电话，边拨打分机号码边顺口问："你叫什么名字？"

"刘东伟。"

"哦，好的。"在等待法医处电话接通的间隙，值班员和刘东伟攀谈了起来，"我看你有点眼熟，以前是不是来过这儿？"

"今天是我第一次来你们这个地方。"刘东伟轻轻一笑，顿了顿，他又说道，"不过，我弟弟在本地的检察院工作过，你可能是见过他吧，我比他早出生一刻钟。"

"哦，原来如此。"值班员若有所思地点点头。

"你和他长得真的很像！"章桐的声音微微有些颤抖，"但是他从来都没有跟我提到过他还有一个哥哥。"

刘东伟听了，嘴角露出一丝苦笑。他轻轻搅动着手里的小汤匙，棕黑色的咖啡液体在杯子里不停地打转。

咖啡馆离公安局不远，仅仅隔着一条马路。步行的话，最多只要几分钟的路程。正好是午休时间，章桐在给陈刚交代了一下工作后，就把刘东伟带到了这里。

中午的咖啡馆里并没有多少人。

"三年了，时间过得真快。"提起殉职的刘春晓，章桐的心里充满了伤感。

"是啊。"刘东伟轻声说道，"我弟弟活着的时候，我们俩因为工作的原因不能经常见面，后来他走了，我现在只要有机会，就会去他墓地看看，不想把他忘了。"

"你来找我有什么事吗？"章桐问。

"我弟弟活着的时候曾经不止一次提到过你，说你的性格很好，看来所言非虚。"刘东伟有些走神。

章桐看了看眼前的这个男人，心突然痛了一下。

刘东伟收回回忆，严肃了起来，他打开随身带着的黑色挎包，取出一个棕黄色文件夹放到桌上，轻轻推到章桐面前："你先看看这几张相片再说。"

章桐打开文件夹，心顿时一沉。这几张相片所呈现出来的场景她太熟悉了。冰冷的尸体，不锈钢的验尸台，整齐的工具盘，而最后一张，是一个老人斜靠在公园椅背上。

"你怎么会有这些资料？"章桐惊讶地抬起头看着刘东伟，"这些相片是从哪儿来的？"

刘东伟并没有回答这个问题，他伸出右手食指，敲了敲文件夹，小声说："下面是案件的所有资料，包括尸检报告在内。至于这东西是怎么来的，章医生你别担心，苏川市局有我的同学，我只是觉得这个案件很可疑，所以，我需要你专业上的帮助。请相信我，我不是坏人。"

章桐还是难以打消内心的疑虑，她毅然合上了文件夹："不行，你不把事情原委告诉我，我就不能看这个案子的相关资料，这是违反规定的。还有，"章桐看着他，目光中满是疑惑，"为什么他从未提到过你？"

刘东伟伸出双手，在自己的脖子上来回摸索着，当他再次伸出手在章桐面前打开时，掌心中多了一根带有吊坠的银色链子。他轻轻打开吊坠，里面是两张年代久远、已经有些许发黄的小相片："这是我妈妈留给我的。我父母很早就离婚了，弟弟跟了妈妈，我被父亲带走了，去了苏川。左边的是我，右边的就是我弟弟。"

章桐看着坠子上的小相片，点点头，没有再说话。

"长大后，我们偶尔会联系，但是因为父母的缘故，见面的次数并不多。我父亲很早就去世了，我离婚后去了别的城市工作，渐渐断了联系。直到半年前，我出差回来后，我的朋友才跟我说，弟弟已经不在了……"刘东伟的声音越来越小，最后几乎变成了耳语。

"对不起。"

"没事，我能接受。"刘东伟强挤出一丝笑容，"现在你还有什么疑虑吗？"

章桐摇摇头："为什么这个案子会让你大老远跑来找我？"

"死者是我前妻的父亲，生前是苏川中学的物理老师，他是个好人，对我有恩。"刘东伟平静地说道。

"那跟我说说这件案子的经过吧，还有你心中的疑虑。"章桐的口吻变得缓和了许多。

"案子发生在一年前。我前妻因为家中有事，所以就叫了自己的母亲前去照料，家里也就只留下岳父一个人。出事的那天，老人被人发现死在街心公园的长椅上，嘴里有条蛇。"

"蛇？"章桐惊讶地张大了嘴，"活的死的？"

"活的。"

"这不可能。他的死因是什么？"章桐一边说着一边翻看手中的尸检报告，"出血及凝血障碍所致的循环衰竭？他是被蛇咬死的？"

刘东伟点点头："而且警察赶到现场的时候，那蛇还活着！"

"事情后来怎么样了？"章桐皱眉看着手中薄薄的尸检报告，"为什么没有做完整的尸体解剖？"

"我前妻的母亲坚决不同意解剖尸体，所以，只是在当地的县城火葬场附属殡仪馆做了一个初步的尸体表面的检查。除了尸检报告中你看到的那一段，警方结合现场出警时见到的情况，判断出没有命案的可能，当地的警察很负责，用了 4 个月的时间来调查这个案子，但是因为始终都没有找到有效的线索，老人为人又很好，人际关系也简单，所以，上个月，这个案子被正式定性为意外。"

"意外？"

刘东伟点点头："是的，意外。最后说是，老人因为疲惫，在回家的途中坐在街心公园的长椅上休息，结果睡着了。老人是张开嘴呼吸的，无意间毒蛇钻进了嘴里，老人因此中毒死亡。"

"那你的看法呢？"章桐问。

"案发的时候，虽说是四月份，蛇这一类型的冷血动物也苏醒了，但是蛇一般不会主动攻击人类，除非它受到了刺激，才会做出一定的应激反应。"刘东伟向后靠在沙发的椅背上，双眉紧锁，神情凝重，"我怀疑老人是被害的，但是我找不到证据。所以，我就通过在苏川工作的同学帮忙复印了案件卷宗资料。希望你能帮我解开这个谜团。"

"那你有没有想过，有可能你现在看到的就是案件真相呢？"

"那我也会接受，毕竟我尽力了。"刘东伟平静地回答。

章桐看着手中这份只有薄薄的一张纸和不超过一百个字的尸检报告，陷入了沉思。尸体没有了，光靠几张尸体表面的相片，自己又能做什么呢？

刘东伟有些担心地看着她："情况怎么样？"

章桐摇摇头，合上卷宗："光凭这个不行，我还需要别的证据。有没有X光片？一般尸体表面检查的时候，都会拍摄全身各个部位的X光片以备留档，这是操作规定，还有尸体上发现的蛇的类别样本。"

"这个没问题，我可以马上通知我同学快递过来给你。"说着，刘东伟从兜里掏出了手机。

章桐站起身："我要回去工作了，你留个联系方式给我，我一有消息就给你打电话。"

刘东伟点点头。

"章医生，我知道你很忙，现在你们处里的人手又严重不足，可是……"童小川语速飞快地说着，就像打了鸡血似的，章桐却没耐心了："有话快说吧，别绕来绕去，我忙着呢，没那闲工夫。"

能很明显地感受到电话那头的尴尬，童小川连连咳嗽了两下，接着说道："章医生，张局和我刚才在商量，基于你收到的那两个物证，我们是不是应该着手重查13年前的那个案子了？"

一听这话，章桐立刻停下了手中的笔："13年前的案子？你说的是明山中学女学生欧阳青被害的那起案子？"

"没错，就是'雏菊案'，听档案组的方姐说，死者还是我们一个前警员的家属，案子至今未破。章医生，你还记得那起案子吗？那时候我和张局还没有来这个单位工作，不是很清楚。"

"我当然记得，"章桐回答，"我是当班法医之一，虽然不是主检法医，但是验尸报告是由我亲自填写的。"

"能跟我说说死者父亲的事吗？"童小川问。

"他叫欧阳景洪，原来是禁毒大队的。死者就是他的独生女儿欧阳青。他女儿被害后，有很长一段时间，他整个人的精神完全变了样。后来在一次行动中，据说是因为精神恍惚，枪支走火错杀了自己的搭档。他为此被判了13年有期徒刑。"章桐轻轻叹了口气，"自从13年前欧阳青的尸体被发现以后，他就再也不是他自己了。"

电话那头一片寂静。许久，才传来童小川的声音："他可是禁毒大队的名人。有一次我师傅无意中提到了他的名字，但是很快就把话题岔开了，看样子大家都在回避啊。对了，章医生，13年前的那件案子，为什么会成为悬案？难道就找不出哪怕一丁点儿有用的证据吗？"

"我们已经尽力了，但是死者的社会关系非常简单，也没有结仇，唯一的发现就是死者的尸体被发现时，浑身赤裸，没有穿衣服，我们怀疑她在死前遭到了性侵害。虽然说在死者的体内并没有发现生物检材样本，但这并不能够排除凶手曾经使用过工具一类的东西。而发现尸体的地方处于城郊接合部。那里的流动人口非常复杂。你也知道这种流窜性的性犯罪，临时起意的较多，基本上是没有规律可循的。"章桐回答。

"死者的具体死因是什么？"

章桐想了想，说道："机械性窒息死亡。她是被人用绳子给活活勒死的。至于绳索，是很普通的捆扎带，没有什么特别之处，在市场上随处都可以买到。"

"那尸体上缺失的部分，后来找到了吗？"

"你是说死者的眼球？没有，一直没有找到过。大家几乎搜遍了尸体现场周围两平方千米内的每一寸空间，一无所获，我想，应该是被凶手故意带走了吧。"

挂断电话后，章桐靠在椅背上陷入了沉思。性侵案自己见得多了，性侵杀人也并不意外，但是雏菊到底意味着什么？这时候，她想起了李晓伟，此刻他要是能在自己身边就好了，至少能告诉自己这个问题的答案。

她下意识地抬头看了看办公桌上的日历，还有 217 天这家伙才会从山区支教回来，那个地方连手机信号都没有，章桐不免有些沮丧。

傍晚回到家，章桐打开房门的那一刻，一阵风吹来，她不由得打了个哆嗦，阳台的门不知道什么时候开了。风瞬间灌满了整间屋子。

她赶紧关上阳台门，伸手拉窗帘的时候，目光无意中闪过楼下小区便道对面的电线杆。此刻，正有一个人站在电线杆旁边，抬着头向自己房间所处的位置张望着，时不时还低头看着什么。天快黑了，小区的灯还没有完全打开，看不清对方的脸。

楼下，他轻轻叹了口气，转身，向小区门外走去。

第四章　只有一次机会

欧阳景洪正在餐厅楼下的停车场等人，他已经换掉那身满是油渍的厨房工服，穿上了干净的牛仔裤和深蓝色宽松衬衫。他身上的这身衣服已经穿了很长时间，洗得发白不说，裤脚和袖口都被磨破了。

刘东伟看得出来欧阳景洪的日子过得并不宽裕。50 多岁了，却还要在外面为了生计而四处奔忙。

欧阳景洪并没有见过刘东伟，但是刘东伟很轻易地便把他约了出来。刘东伟只用了一句话，欧阳景洪就一口答应了赴约。

"我在调查你女儿欧阳青被害的案子！"

这是 13 年以来，欧阳景洪第一次从别人嘴里听到自己女儿的名字，所以，他并没有再多说一个字，只是记下了约会地点和时间，然后就挂断了电话。

"你是欧阳景洪？"刘东伟问。

他点点头，面无表情。

"我叫刘东伟，我在调查你女儿被害的案子。"

他的脸上依旧没有一点反应。

"你不想问问我为什么要调查这件案子吗？"刘东伟继续问道。

"我早就已经把这件事忘了。"欧阳景洪平静地说道，"人都已经死了这么多年，还要再提起她干什么？"

虽然时间可以让人忘记一切，但刘东伟确信眼前的这个男人是一个例外。

"你怎么会知道我的电话号码？"欧阳景洪瞥了刘东伟一眼。

刘东伟微微一笑："我在公安局有朋友，查一个人的下落很容易，再加上你是坐过牢的。"

"你不是警察？"欧阳景洪有些诧异。

刘东伟没有回答他的问题："和我谈谈你女儿吧，好吗？"

欧阳景洪眼神中的亮点消失了："没兴趣。"

"可是……"

欧阳景洪再次抬起头看着刘东伟，目光如炬："我不管你是谁，也不管你的动机到底是什么，我警告你，不要碰我女儿的案子，这件事情已经过去了，我再也不想提起了，你明白吗？"说着，他转身离开了，可是没走几步，又停了下来，背对着一脸诧异的刘东伟，一字一顿，语气依旧冰冷，"你和刘春晓检察官是什么关系？"

"他是我弟弟。"

"我之前虽然在监狱里，但是我也天天看报纸，刘检察官是个好人，所以，我希望你也是。还有，别再来找我了，明白吗？记住，欧阳景洪 13 年前就已经死了！"可以听得出来，欧阳景洪的口气比起先前已经明显缓和了许多。说完后，他一瘸一拐地走向了停车场旁的小门，直到身影最后消失在门后，他都没有再回过一次头。

看着他的背影，刘东伟的神色变得越发凝重了。

"章医生，你的快递。"陈刚推门进来，顺手把一个红蓝相间的快递盒子摆在了章桐的办公桌上，然后低着头向自己的办公桌走去，一边走，一边不停地在手机上输入着什么。

快递上盖着公安系统专用检验章。自从上次收到那个来历不明的盒子以后，市局所有的信件包裹都会经过专门的扫描检验，以防再有什么严重事件发生。

寄件人是苏川市公安局一位姓赵的工作人员。薄薄的信封中是两张X光片和一份说明。"说明"是手写的，盖着鲜红的警局印章，签字的人是当地的法医师。这份说明的内容非常简单，只有一句话——该X光片所拍摄对象是案件编号【苏川XA932880】的死者全身。

章桐知道，这个案件编号代表的就是刘东伟曾经对自己提到过的那个案件，死者是他前妻的父亲。她站起身，拿着X光片来到灯箱旁，把它们一一插在了灯箱的卡口上，然后伸手打开开关，仔细查看了起来。

没过多久，她脸色一变："陈刚，你过来看。"章桐指着左边那张死者头部和局部上身的X光片，"注意看颅骨下方的部位。你看到什么了没有？有没有什么地方不对劲？"

过了一会儿，陈刚皱起眉头，嘴里嘀咕："这是男性的X光片，但是他的舌骨好像断了，我没有看到碎片。"

章桐点点头，肯定地说："你看得没错。但是，你注意到舌骨的断裂面没有？"

陈刚伸手从工作服口袋里摸出放大镜，上前一步认认真真地查看了起来，许久，他一脸的惊愕："章医生，断裂面怎么会那么整齐？我见过断裂的舌骨，这，不太可能啊！"

"如果凶器是一把特殊而又锋利的刀的话，那么，一切就都变得可能了。"章桐的语气显得很无奈。

"可是东大那个，是女性尸骨才对。"陈刚有些糊涂，"这又是什么案子？"

"一个外地的案子，请我帮忙看看罢了。"章桐顺手关了灯箱，"土壤检验报告还没有出来吗？"

陈刚赶紧从章桐办公桌上的文件筐里找出一份薄薄的检验报告，转身递给了她："刚送来的时候，你不在，我就放在这里了。"

章桐没有吱声，打开检验报告，扫了一眼后又合上："记下要点：通知童队，就说东大发现的女尸，根据土壤中的挥发性脂肪酸含量显示，确定死者已经被埋葬了三年的时间。他们要找的是一个在三年前失踪的年轻女性，具体特征是年龄不会超过 35 周岁，身高 163 厘米，长发，中等体形，有过抽烟史，没有生育过。"她又从打印机上抽出一张颅骨复原成像图，连同检验报告一起给了陈刚，"把成像图扫描一下，突出那对耳环，然后马上给重案组发过去。检验报告也要给他们送一份备份的。"

陈刚点点头。

正在这时，章桐随身带着的手机响了起来，电话是刘东伟打来的。她一边摁下接听键，一边向办公室门外走去："刘先生，你怎么会有我的电话？"

电话那头传来了刘东伟的轻笑："章医生，在公安系统，你的所有联系方式都是公开的。"

"我正好要找你，X 光片我收到了。"章桐顺手带上了办公室的门，声音在空荡荡的走廊里回响着。

"是吗？我的猜测正确吗？"刘东伟急切地追问。

"没错，他是被害的。但是我并没有看到蛇的样本。"

"这个不是很重要，我只要确定他是被害的就行。别的，我会拜托我同学继续跟进这件事。章医生，方便出来见个面吗？"

章桐一愣："现在？"

"对，我就在上次见面的咖啡馆等你。如果你方便的话，我想，我们见面谈会比较好一点。还有，我这边有一件东西和你曾经办过的一个案子有关，你会很感兴趣的，相信我。"电话那头，刘东伟的语气显得很肯定。

章桐反应过来，还想再说什么的时候，对方早已经挂断了电话。

走出公安局大院，章桐来到马路边。绿灯亮起，她低着头，匆匆走过面前的人行横道。

又是红灯了，在跨上安全岛的那一刻，章桐抬起了头，已经可以看到咖啡馆了，刘东伟就坐在靠窗的那个位置上，正低头翻看着什么。在绿灯亮起的那一刻，她便加快了脚步，走向不远处的咖啡馆。

他站在大街上，环顾四周，紧接着，目光落在了马路对面墙上贴着的一张海报上。在布告栏五花八门的众多海报中，它并不出众，白色的底，鲜艳的大字，但他一眼就认出了。

他没有再犹豫，径直穿过马路走向那张海报。一辆出租车在离他不到1米远的地方猛地刹车，愤怒的司机打开窗子就是一通怒吼："不要命啦！有你这么过马路的吗？撞死了谁负责啊……"

他充耳不闻，眼中只有那张海报。

海报上写着——著名女雕塑家司徒敏女士作品展会。地点：苏川市体育馆。时间：4月24日至28日。

他面无表情地伸手揭下了海报，小心翼翼地卷起来，然后夹在腋下，旁若无人般地扬长而去。

章桐走到咖啡桌边，拉开椅子坐了下来。

刘东伟的个子比刘春晓略高，将近185厘米，所以，小小的咖啡桌与他高大的身躯多少有些不匹配，他窝在咖啡椅里，显得很不舒服。

抬头看见章桐，刘东伟的嘴角露出了一丝淡淡的微笑："你好，章医生。"

"我没有太多的时间。"章桐点点头，算是问候过了，她顺手把装有X光片的信封递给了刘东伟，"死者的舌头是被一把锋利而又小巧的刀给强行割去的，无法判断凶器的具体类型。舌骨虽然是我们人体最柔软的骨头，但是它毕竟是骨头，咬痕和切割痕迹一下子就能分辨出来。所以，死者的舌头不是被蛇咬的，而是被人用刀子直接从根部割去了。凶手即便没有医学背景，也是非常熟悉人体构造的。我所能帮你的，就是这些了。"

"什么样的刀子？能分辨出来吗？"

"如果光从手头证据来看的话，死者的面部，尤其是口腔部位边缘，没有受到明显的损坏，而这把刀又能在死者的口腔内部实施切除行为，可以推测，这把刀的长度不会超过15厘米，我是指刀刃和刀柄加起来。至于别的，我就不清楚了，因为我没有看见尸体，不好下结论。"她想了想，又补充了一句，"凶手是个非常惯于用刀的人。"

刘东伟双眉紧锁，一脸愁容："司徒老师是个脾气性格都非常好的人，在我印象中他没有与人结怨过，为什么会有人要杀他？他的随身财物也没有丢失。"

"这种作案手法确实不符合抢劫杀人犯一贯采用的手法，但我是法医，不是侦探，帮不了你。如果你有需要的话，可以请案发当地的警局向我们这边提出申请，我会按照程序给你出具一份鉴定报告来推翻死者是意外死亡的结论。"

刘东伟看了章桐一眼，没有吱声，点点头。

"你可以和我说说你电话中提到的那件东西吗？"

"当然可以。13年前的明山中学女生被害案，至今未破，是吗？"刘东伟问。

"你的消息很灵通。"章桐嘀咕了句。

刘东伟从兜里拿出一本已经发黄的笔记本，里面写满了字，字迹透印出来，可以看得出用力之深。他把笔记本平放在咖啡桌上，然后一页页地翻过去，很快，两张纸片出现在了书页间。他并没有拿起纸片，而是连同笔记本一起，轻轻推到章桐面前。

"这是两张车票，还有一篇日记，你看一下。"

章桐这才意识到在自己到之前，刘东伟翻看的应该就是这本日记。这是同一车次的两张来回车票，只有票根，上面显示的时间分别是 2001 年的 10 月 22 日和 10 月 29 日。日记很短，只有几十个字，并且字迹非常凌乱，有好几处因过于用力而把纸张戳破了。

"这是谁的日记？怎么会到你的手里？"章桐一脸疑惑。

"写日记的人是我的老师，他已经死了，这是他的遗物。"刘东伟轻轻叹了口气，补充了句，"留给我的。"

章桐没再多说什么，她把注意力重新集中到了自己面前的日记本上。

2001 年 10 月 28 日　雨

我终于鼓足了勇气来到这个城市。开始的时候，我相信，我这么做是值得的。可是，当我终于知道了事情的真相，我突然发觉自己好无能，我没有勇气去面对，我是个懦夫。我犹豫了，面对无辜被害的人，我什么都做不了，我恨，我好恨我自己。如果能下地狱的话，我愿意下地狱，如果再给我一次机会的话，我宁愿替那个女孩去死，她毕竟只有 15 岁啊。但是我做不了，我连去死的勇气都没有……明天，我就要离开这里了，下午的时候，去明山给那女孩送了束花，希望她的灵魂能够得到安息。

章桐的心顿时被揪住了："这个日记本的主人到底是谁？你为什么不早点拿给我看！"

"你别多心，这就是我老师的日记，我可以肯定他不是凶手，而且，他就是之前我让你帮我看 X 光片的死者，他叫司徒安。13 年前案发的那一段时间，他因为心脏病，在医院住院。"刘东伟回答。

章桐倒吸了一口冷气："13 年前欧阳青一案的每个细节，我都记得清清楚楚。也就是说，你的老师司徒安在案发后将近一周多的时间内来到这里。如果说已经排除了他是凶手的嫌疑的话，难道说他知道谁是凶手？他是凶案的目击证人吗？"想起实验室无菌处理柜里的那对眼球和雏菊，章桐的心情就很糟糕，"还有那朵雏菊，到底是什么意思？"

"他的日记我都看过了，并没有提到雏菊。"刘东伟感到很讶异，"难道说当时案发现场还有一朵雏菊？"

章桐点点头："死者的眼球被挖去了，双眼的位置被盖上了一朵雏菊。不过 13 年前，按照上面要求，我们并没有对外公布案情细节。"

"我也不知道雏菊代表的是什么意思。章医生，我前两天找过 13 年前被害女孩的父亲，但是他拒绝了我的帮助。我想，你们出面和他谈谈的话，他或许会有所改变。"

"不一定，欧阳景洪这一生经历的事情太多了。"章桐轻轻叹了口气。

"听说他是因为失手用枪打死了他的搭档而被判刑的，是吗？"刘东伟问。

"是的，那场事故的尸体鉴定虽然不是我做的，但是事后我看过那份报告，上面写着一枚 ×× 毫米口径的手枪子弹直接贯穿头部，救护车还没有到的时候，人就没了。即便服了刑，他心里也定不会好受。"一提起当年的这件事，章桐的内心就格外沉重。

"但是我会把你的意思转告给童队，他的想法与你不谋而合。对了，你的日记本能给我吗？"

出乎章桐的意料，刘东伟伸手合上了日记本，然后从容地把它塞回了自己的包里，抬头看着章桐，他的脸上露出了一丝调侃的神情："对不起，章医生，这个，我现在还不能给你，因为有些事情我没有弄清楚。不过你放心，我答应你，有机会我会让你看这些日记的。我弟弟说过，你是一个聪明的女人，没有什么能够瞒得住你的眼睛。还有啊，说不定不久后，我还会需要你的帮助的！我们保持联系吧。"

说着，他站起来，转身离开了咖啡馆。

夜晚很冷，她穿得并不多，逃出那个地方的时候，她只来得及在身上套一件风衣。她不停地奔跑着，慌乱中不知逃向何处，却一步不停，只顾向前，好像只要停下一步，身后的野兽就会她吞没。

四周漆黑一片，夜空中看不到一星半点的光亮。冬日的夜晚本就是这么空旷凄凉，偶尔听到远处高速公路上传来的呼啸而过的车辆声。但很快，四周又恢复了一片死寂。

她害怕黑暗，身体也疲惫不堪，但是她知道自己不能够停下来，本能驱使着她拼命奔跑。她已经记不清自己究竟摔倒过多少次，也不知道自己选择的这个方向到底通向哪里，不知道距离高速公路还有多远。

只要跑到高速公路上，她就能够得救。她很想停下来，仔细看一看，哪怕只有一两秒钟的时间，但是她不敢，因为在她的身后，魔鬼的脚步一直未曾停止过。

茂密的灌木丛把她的手臂割破了，她气喘吁吁、大汗淋漓，到最后，她实在没有力气了，双腿就像灌足了铅一样沉重。可是，求生的欲望让她努力支撑着自己不要倒下。

看到了！终于看到了！高速公路上的车灯，虽然渺小，但是，那意味着生的希望。她还年轻，她不想死！

心脏仿佛就要跳出胸口，她头痛欲裂，双眼也渐渐地被汗水和泪水模糊了。

就要到了！可是，她开始浑身发冷，模模糊糊出现在眼前的一幕，让她又一次陷入了绝望。要想上高速公路，她必须爬过一段将近 60 度角的陡坡。陡坡是由坚硬的石块堆砌而成，她实在没有足够的力气去攀爬了。

一想起身后那步步逼近的死亡，她就不由自主地浑身哆嗦。

不行！只有一次机会，必须爬上去！

有时候，命运如同死亡一般冷酷无情，当她的双手刚刚够到最顶上的那块凸起的石块时，一阵剧痛袭来，她再也撑不住了，眼前一黑，跌了下去。

只有一次生的机会，但是可悲的是，偏偏这次机会并不属于自己。躺在冰冷的泥地上，她哭了，绝望的泪水从眼角滑落，落到地上，无声无息。她认输了，到现在她才明白，在自己最初看到那双冰冷的眼睛时，自己的命运就已经注定是这样了。

第五章　讨厌的女人

　　绰号叫黑皮的人，似乎皮肤都很黑。所以，当皮肤黝黑的黑皮比约定时间晚了五分钟出现时，前任警局禁毒组组长齐志强还是一眼就在人群中把他认了出来。他随即招招手，示意黑皮到自己身边来坐。

　　黑皮是一家精神病院的护工。为了赚更多的钱来满足自己在赌桌上的小小嗜好，休息时，他会接盯梢的活，专门替人收集各种各样见不得光的消息。

　　黑皮曾经是齐志强在职时的线人。齐志强辞职离开警局后，黑皮依旧为齐志强工作，用他的话来说，那就是——"给我钱，我什么都干！"由于少了一层警服的威慑，黑皮在齐志强面前显得更加自在了。

　　"我迟到了！对不起啦，齐——大——警——官！"

　　已经年过半百的齐志强显然不想和他计较，权当没听见。女服务生过来打招呼，齐志强点了两杯奶茶。因为是工作日，茶餐厅里的人并不是很多。

　　"黑皮，东西搞到了吗？"齐志强问。黑皮得意地点点头，掏出一个信封，放在桌面上，用手指压着，并不急着给齐志强。齐志强当然懂他的意思，随即从兜里摸出一个信封，两人心领神会地互相交换。齐志强并不急着打开信封。他一边喝着奶茶，一边低声问："你这个东西拿出来，确定没有人发现？"

"那是当然。我工作的地方就是我的地盘，那帮官老爷可不会到精神病院来发神经，一年来一次就很不错了，走走过场罢了。"

"对了，那个人的情况，你跟进得怎么样了？"

黑皮眉毛一挑："你说那个'厨工'啊，我跟了三天，没什么异常，按时上班按时下班，就是有一次，很奇怪，这家伙就跟丢了魂一样穿过马路，差点被撞死，我吓了一跳，刚想着给你打电话，结果你猜他想干吗？"黑皮卖了个关子，故作神秘地看着齐志强。

"说！"齐志强瞪了他一眼。

"就为了一张海报！脑子有病。就为了一张海报，这家伙跟疯了一样，真他娘的活见鬼……"黑皮嘀嘀咕咕，一通发牢骚。

"那你看到那张海报了吗？"

"那张海报，谁不知道啊，现在大街上到处都是！"

说着，黑皮从牛仔裤口袋里摸出了一张叠得皱皱巴巴的海报，把它打开，推到齐志强面前："就是这个，我还真看不出，这家伙还有这方面的雅兴。"

齐志强愣住了，海报上写着——著名女雕塑家司徒敏女士作品展会。地点：苏川市体育馆。他的目光落在了司徒敏身后的那尊少女雕像上，双眉紧锁。也不知道过了多久，齐志强抬起头，黑皮早已经走了，既然拿了钱，他肯定会立刻去赌。不过对于这一切，齐志强都不在乎。他把海报放到一边，随手拿出了那个信封，迫不及待地撕开封口，从里面倒出了几张相片。他等这些相片已经等了好几年，现在终于拿到手了，尽管拿到的方式有些不光彩，但他必须这样做。因为激动，齐志强布满皱纹的嘴角微微颤抖。

相片一共有四张，已经有些发黄，拍摄的地点在房间内，相机的像素虽然不是很好，但一点都不妨碍相片的成像效果。

房间里的墙壁是白色的，墙上涂满了血红的眼睛，除了天花板以外，绘画者几乎涂遍了所能够到的每个角落。光是看照片，都让人感觉快要窒息了。难以想象，绘画者是在怎样一种近乎痴狂的状态下画出这些眼睛的，一个套一个，密密麻麻，有些地方还重叠了起来。

齐志强不敢再继续看下去，他感觉到自己的呼吸正在变得越来越急促。他终于明白，这些相片为什么会被精神病院作为机密医疗档案而永远封存，也终于理解了女儿为什么会选择跳楼来结束自己年轻的生命。因为这些眼睛，是女儿亲手画的，也是她留给这个世界的最后的画作。齐志强的脑海里刮起了狂风暴雨。

一片云雾飘过，天空变得有些昏暗。阳光下一架飞机似银针般穿过天空，拖着一条长长的白线渐渐地消失在云端尽头。司徒敏仰头看着那条凝结的白线慢慢扩散，直至消失。良久，她的嘴角露出了一丝淡淡的微笑。

在她的身后，是杂乱无章的工作间。在房子正中央，一座一人多高的雕像被一块红色的天鹅绒布整个儿覆盖着，以至于根本就看不到雕像的真正面目。

这是她一周以来不眠不休的劳动成果，司徒敏虽然感觉到了难以言表的疲惫，但是此刻的她是如此兴奋。难得的晴朗天气，虽然没有下雪，但还是有些寒冷。

她伸手关上了窗，没多久，那股熟悉的咖啡香味弥漫了整个房间。司徒敏走到雕像前，伸手拉下天鹅绒布，用骄傲的目光开始欣赏起了自己的作品。她知道自己的付出是值得的，因为她给予了这座雕像真正的灵魂。而在这个世界上，没有第二个人能够做到！

过了一会儿，司徒敏伸手摁下了桌上电话的免提键，接通后，没等对方开口，她就兴奋地说："成功了，妈妈，太完美了。这一次，肯定会引起轰动！"

枪指着自己的时候，时间并不会因此而停止不前。相反，它会走得更快，快到自己根本就没有时间去思考如何逃脱。欧阳景洪本能地伸出双手高举过头顶，用这个最原始的手势来表明自己内心深处的恐惧。他心跳加速、呼吸急促，脑海里只有这黑洞洞的枪管紧紧地抵着自己的额头。他没时间去做任何反应，更没有办法去问一问对方为什么要杀了自己。

他的耳边安静极了，以至于能够清晰地听到扳机扣动的"咔哒"声。

完了，自己就要死了。

就在这个时候，耳边传来了敲门声。欧阳景洪一声惊叫，从床上猛地坐了起来，这时候，他才意识到刚才发生的那可怕的一幕，只不过是自己的梦罢了。虽然很多年前就不当警察了，但是这内心深处的对死的恐惧仍然深深地缠绕着自己，并且随着时间推移愈演愈烈。

欧阳景洪为自己的懦弱感到羞耻。他伸手拽过床头一块脏兮兮的毛巾，一边擦汗一边心有余悸地闭上了双眼，试图不去理会那不断响起的敲门声。但是对方不依不饶，非常确定欧阳景洪此刻就在家里似的，一边敲一边还隔着门大声地叫了起来："欧阳，快开门！听到没有，我知道你在家！快开门！"是大楼管理员。欧阳景洪不再犹豫，他跳下床，随便披上一件衣服，趿拉着拖鞋走到门口，伸手把门打开。

他不想去招惹管理员，因为现如今愿意把房子租给像他这样刚出狱没多久，并且允许拖欠房租的大楼管理员几乎没有了。欧阳景洪可不想在这一年中最冷的日子里被毫不留情地扫地出门。

房门被打开了一条缝，但已经足够把门口站着的人看得一清二楚。

欧阳景洪感到很讶异，因为门口站着的不只有那胖胖的大楼管理员，还有两个陌生的年轻人。

"丁老大，有事吗？"大楼管理员姓丁，他很喜欢别人叫他"丁老大"，这样一来可以显得身份尊贵许多。"欧阳，把门打开，这是公安局的人，想和你谈谈。"丁老大的神情有些说不出的尴尬。

欧阳景洪点点头，一声不吭地伸手卸下了门上的安全链，弓着背，转身向里屋走去。进里屋坐下后，其中一个年轻人掏出自己的证件亮明了身份："我是市局刑侦大队的童小川，这是我的同事小陆。"

欧阳景洪的心不由得一颤："你们不是监狱的？"

童小川摇摇头。

"刑侦大队来找我干什么？"欧阳景洪的目光渐渐黯淡了下去，他在一张油漆斑驳的椅子上坐了下来。

童小川看了一眼身边的小陆，小陆解释说："你别担心，我们是为了13年前你女儿欧阳青被害的案子来的。希望你能配合我们调查。"

房间里一片寂静，许久，欧阳景洪淡淡地说："事情早就已经过去了，人没了也都已经13年了，还提她干什么？我都已经忘了。"

"目前我们手头有线索可以证实，当年杀害你女儿的凶手又出现了。欧阳先生，在来这里拜访你之前，我们找过你以前的上司——禁毒大队的齐志强，他从来都没有忘记过你。从他那儿得知，案发后你曾经自己调查过，所以，我们需要你的帮助，因为目前来看，最了解这个案子的人就是你了。"童小川诚恳地说道。

欧阳景洪布满皱纹的脸上依旧看不到任何的表情变化。他站起身，默默地走到门口打开门，没有回头，说道："你们走吧，你们的好意我心领了，但是请原谅我帮不了你们，我年纪大了，记忆和身体都不如以前了。再说，我还要去上班，像我这样的人，能找到一份工作来养活自己，是很难的。"

童小川呆了呆，虽然来之前，他已经预想到会有这种情况，但没想到他会如此坚决，显然短时间内是没有办法改变的。他重重地叹了口气，决定不再勉强，点头示意身边站着的小陆一起离开。

临出门的时候，童小川注意到卧室门口的那个空狗笼子，便随口问道："欧阳先生，你家养狗是吗？"

欧阳景洪尴尬地笑了笑："以前捡过一条流浪狗，但是因为我对狗毛严重过敏，所以后来就不得不把狗送走了。笼子空着也是空着，舍不得扔了，留着以后装东西。"

走到楼下，小陆打开车门钻进了驾驶室，童小川却并没有马上上车，他抬头看了看七楼临街那个狭小而又破旧的窗户，心里很不是滋味。

"童队，你不上车吗？"

"你觉得欧阳景洪会忘了他女儿这件事吗？"童小川伸手抓着车顶，若有所思，"我觉得他是在回避我们。"

"童队，你别想那么多了，我听禁毒大队的人说过，欧阳景洪当年可是出了名的'勇探'，疾恶如仇不说，还曾经单枪匹马对付过贩毒组织的七八号人。我想，他的心理素质是极强的，你要想从一个曾经执行过多年卧底任务的警察脸上看出什么破绽来，那简直就是白日做梦！"

童小川点点头，迅速拉开车门钻了进去："赶紧回局里。"

警车驶出小巷，飞速拐上对面的高架桥，疾驰而去。

欧阳景洪站在窗口，看着警车开走后，他轻轻地叹了口气，放下窗帘，转身离开了。

傍晚，雨停了。章桐走出警局大门，刚要转身向公交车站走去，迎面就和一个人撞了个满怀。

是刘东伟。此刻，他正面带笑容地看着章桐。

章桐皱眉："你有什么事吗？"

"我找你！"刘东伟伸手指了指章桐，依旧一脸笑容。

"我下班了，明天再说吧。"章桐没再搭理他，继续向前走。

"公事。"

章桐停下了脚步，看着他："你把苏川的申请函带来了？"

刘东伟摇摇头，他把早就准备好的一份检验报告塞给了她："我知道这不是你的案子，这是蛇的样本检验报告。我请我同学帮忙做的检验。我们去咖啡馆谈吧。你慢慢看，我也正好请你吃晚饭。"

章桐点点头，一声不吭地向马路对面走去。就在这时，一辆迎面开来的黑色奥迪在两人面前突然急刹车，轮胎与地面摩擦发出了尖锐刺耳的刹车声。章桐本能地闪在一边，她还没有反应过来，一个打扮入时的年轻女人迅速打开车门，绕过车头，走到两人面前，毫不客气地伸手指着刘东伟的鼻子发起火来。

"都过去这么多年了，你还是改不了这老毛病！狗拿耗子，多管闲事。你还有完没完啊？我和你早就离婚了，我家的事与你无关！你给我能滚多远就滚多远，别再让我看见你！不然的话，下次我就不会这么客气了！"

章桐惊得目瞪口呆，她注意到刘东伟阴沉着脸没有还嘴，自己也就不好多说什么。

年轻女人丢下这几句话后，怒气冲冲地坐回车里，"嘭"的一声用力关上车门，驾车扬长而去。

"刚才那女人就是你的前妻？"在咖啡馆坐下后，章桐依旧一脸诧异。

刘东伟并不否认："她就是我前妻，叫司徒敏。我们离婚三年了。"

章桐扬了扬手中的检验报告，皱眉说道："你也不征得她的同意就着手调查她父亲的案子，怪不得她会生气。要不，你和她好好谈谈，或许她会改变态度，毕竟你所做的一切也是为了她的父亲。"

"和她？"刘东伟不由得苦笑，"章医生，要是能和她谈，哪怕只是心平气和地说上一句话，我想我们俩就不会离婚了。她脑子里除了她自己，根本就听不进去别人的话。没办法的，我比谁都了解她。"

"那好吧，这是你们之间的私事，我就不过问了。"章桐尴尬地清了清嗓子。等待咖啡端上来的时候，她打开了手中的检验报告扫了一眼，"上面写得很清楚，基因序列组合与烙铁头蛇相似，确实是毒蛇。这与死者的尸体所呈现出来的中毒状态相吻合，但是我不太明白凶手为什么要把死者的舌头割了？这不是多此一举吗？"

刘东伟听了，脸上露出了凝重的神情。

章桐接着说道："尸体没了，我就只能做这么多了。但是靠那张 X 光片，应该可以申请立案。"

刘东伟点点头："我回去后会找她谈谈。"

"她"指的就是司徒敏。虽然刘东伟并不愿意再去面对那张脸，但是他也很清楚，没有直系亲属的同意，这样的调查不可能在法律程序上得到认可。

他的心情糟糕透了。

司徒敏怒气冲冲地把车钥匙丢给了酒店的门童，然后径直穿过大堂，走向电梯口。对早就守候在大堂里的娱乐周刊记者，她连看一眼的兴趣都没有。回到房间后，司徒敏一边甩掉脚上的高跟鞋，一边掏出手机拨通了远在苏川的母亲的电话。

"妈，到底怎么回事？刘东伟那家伙怎么跑到安平来了？他还找了公安局的人……没错，我今天路过警局附近的时候看到他了，他还不死心啊！这么东打听西打听有什么好处……我跟你说过多少遍了，我没看错，后来我还问了门卫，那人是法医！他烦不烦啊……好吧，你自己处理，展会就快开始了，我可没这个闲工夫来陪他玩！"

挂断电话后，司徒敏重重地倒在了席梦思床上，看着天花板，脸上露出了厌恶的神情。

"假惺惺的家伙！"

她嘟囔了一句，因为这几天十分劳累，很快就进入了梦乡。

看着眼前一桌子的相片，童小川毫无头绪。他一根又一根不停地抽烟。希望能够借此让自己的头脑保持清醒。

东大尸骨案，虽然说模拟画像和相关特征早就已经公布出去，但是想要寻找一个在三年前失踪的女性，就如同大海捞针，真的很难。章桐在把模拟画像交给自己时，曾经提到过可能在死者体重方面会有些偏差，因为在现场并没有发现死者的衣物，而死者的衣物是最能直接拿来判断死者体重的标准了。

童小川感觉这就像是一场赌博。

东湖大学作为东部沿海最大的一所国际性大学，每年来自全国各地乃至全世界的学生和访问者有很多，在册的和没有记录的，更是无法清点。学校的花名册早就查过了，毕业后还能联系上的只是一小部分，剩余的，杳如黄鹤。而随着时间一天天地推移，童小川越来越担心这个案子也会像13年前的明山中学女生被害案那样，最终变成一件冰冷的悬案。

这时，门被敲响了，专案内勤小陆探头说道："童队，我接到个电话，对方说他知道东大的死者是谁！"

真是绝渡逢舟啊！童小川咧嘴一笑。

雨过天晴，阳光灿烂。

章桐接到了刘东伟的电话。

"我已经买了一个小时后回苏川的高铁车票。我是来向你告别的。如果司徒老师的案子能顺利立案的话，我有可能会需要你的帮助，因为你的鉴定证词非常关键。"

"你前妻不是在这里吗？"章桐问。在她面前的办公桌上放着一张当天的报纸。头版头条就是刘东伟前妻司徒敏的一张相片，旁边写着——著名女雕塑家司徒敏女士作品展会将在本市隆重举行。标题下的简介中，出现了"原籍苏川"的字眼，还有她下榻在凯宾斯基酒店的消息。

"还有不到一周的时间，她的作品展会就会在安平市展出，报纸上都已经登出来了。她现在就住在凯宾斯基酒店。"

"是吗？"刘东伟似乎并没有太在意，"那就祝贺她了。但是这和我一点关系都没有。我也不想见到她。再见，章医生。"说着，他挂断了电话。

细雨无声，郊外，一道悠长的小巷子尽头，宽阔的场地上高低起伏堆满了各种各样的垃圾。蒙蒙细雨中，谁都不会知道那里面究竟藏着什么样的秘密。

然而此刻，一条正处于青春躁动期的阿拉斯加犬挣脱了牵引绳，正一路飞奔穿过小巷子而来。身后，它可怜的主人一边跌跌撞撞地追赶，一边大声怒吼着。

没多久，主人欣慰地停下了脚步，他看到自己的狗正跑向自己，他很惊喜，因为这条阿拉斯加犬很少如此向他示好。它嘴里明显叼着东西。由于兴奋，阿拉斯加犬不停地朝自己的主人晃动着粗大的尾巴，鼻孔"呼哧呼哧"地喘着粗气，喉咙里发出骄傲的低吼声。

这是狗捕获猎物时特有的动作。只不过平时捡回的，是训练时自己扔出去的飞盘罢了。

主人心满意足地一边抚摸着狗的脑袋，一边俯身去拿狗嘴里的东西，可是这一次，狗却露出了本能地保护自己食物时的那种吠叫。

主人急了，他摸出随身带着的火腿肠，和自己的狗做了个"以物换物"的交易。当他终于看清楚自己换到手中的那冻得坚硬的灰黑色不规则物体竟然是一块人类残缺的手掌时，他顿时感到自己胃里一阵翻江倒海，立刻扔掉手掌残肢，转身弯下腰呕吐了起来……

第六章　我知道她是谁

车停在案发现场的小巷子入口处便再也开不动了，章桐提着工具箱走进了小巷子，陈刚跟在身后。迎面风一吹，冻得他浑身发抖。

寒潮是突然降临的，而这寒冷的天气对于死去的人来说，或许是一件好事。

尸体就在小巷子尽头的那片空地上，说是空地，其实就是由各种垃圾堆积起来的无数个小山坡。章桐必须小心翼翼地在其间穿行，防止一不小心就会被地面上的垃圾绊倒。

她在尸体边弯腰蹲了下来。

"章医生，情况怎么样？"专案内勤小陆不知道从哪里钻了出来，脸冻得通红，眼睛里布满血丝，双脚不停地来回踱步，发出了轻微的撞击声。章桐注意到在他的脚下，有一块被冻得硬邦邦的海绵垫子，脏兮兮的，根本看不出它原来的颜色。

被冻得硬邦邦的不只是小陆脚下的海绵垫子，还有眼前这具全身发黑的女尸。死者呈现出仰卧状，除了面部有明显的被啮齿类动物啃咬过的痕迹之外，其他的身体部位基本上还是保持完整的，唯一残缺的左手手掌残肢在离自己不到 10 米远的地方。痕检组的工作人员已经在它旁边摆放了醒目的证物标记。

尸体关键部位的关节韧带还连接完好。幸好是冬季，如果是在夏天的话，室外 40 摄氏度的高温，这具尸体没多久就会膨胀腐烂得根本不可辨认。虽然说人体的肌肉组织、韧带和软骨都是相当顽强的，要想轻易折断有些不太可能，但是对于蛆虫而言，只要有充足的时间和合适的温度，就会把这些东西吃得一干二净。

"按照现在季节的温度来推算，她在这里躺了已经有一个星期以上的时间了。"章桐小心翼翼地检查着尸体的腐烂程度，"死者身材娇小，是典型的南方女孩的体形。没有衣物。具体死因还要回去解剖后再说。"

"那死亡时间呢？"小陆问。

章桐注意到死者尚且完好的双眼紧闭着，她伸手去检查死者的眼睑部位。可是，死者的双眼眼皮根本就翻不开。被冻僵的尸体章桐不是没有见过，她随即用右手食指依次触摸死者的眼球，但从指尖传来的异样感觉让她心中一惊。

"章医生，怎么了？有什么不对吗？"细心的小陆注意到了章桐脸上所流露出来的诧异的神情。

"尸体的眼睛有异样，我怀疑她的眼球被人替换走了！"说不清楚是寒冷，还是内心深处隐藏着的一丝恐惧心理在作怪，章桐浑身起了一层鸡皮疙瘩。

"难道说又是……"小陆没有说下去，但是脸上的表情已经显露无遗。

章桐摇摇头，站起身，一边和陈刚一起把尸体装进运尸袋，一边神情凝重地说："还不知道，因为尸体眼球部位有异物，我需要回去打开后看了才能确定两起案子之间是否有关联。"

"童队呢？"章桐这时候才注意到小陆是独自来到现场的。

"他啊，走不开，东大女尸案，有人打电话来说知道死者是谁，他亲自跑去东大了。章医生，回头我派人过来拿尸检报告啊。"说着，小陆缩着脖子，头也不回地一溜小跑钻进了巷子口。

难道说"东大女尸案"的尸源找到了？这是最近几天里自己听到的最好的消息了。

天渐渐黑了，抬着运尸袋的警员在昏暗中小心翼翼地一步步走着，厚重的靴底和地面接触，时不时发出了"擦擦"的声响，章桐默不作声地紧跟在身后。很快，一行人就来到了巷子口，阴冷的风几乎让所有人都忍不住打了个哆嗦。

新买的法医公务车停靠在马路对面，里面设备齐全。这是局里刚刚配置的，遇到突发情况时，可以随时在车上进行必要的尸检工作。这对需要尽快提取保全生物样本证据的案子是非常有帮助的。但是眼前这个案子不需要，因为在这种条件下发现的尸体，需要有足够的时间让尸体的肌能复原到最初的状态，这得在解剖室里那可以控制的温度下才能够实现。

法医公务车后尾板上的扣环能够扣紧运尸袋上的扣子，保证尸体在车辆运输的过程中不会受到二次伤害。把这一切都处理好后，陈刚用力拉上了不锈钢的后车门，然后和章桐一起钻进了前面的车厢，系好安全带，准备启动车辆。

车窗外，扛着"长枪大炮"的摄像师和记者早早就等候在这里了，一见到有人在巷子口出现，他们立刻聚拢了过来。刺眼的闪光灯下，章桐看到了其中一台摄像机上的标识——电视一台。这是本市最大的一家电视台，也是以真实报道各种犯罪案件出名的电视台，收视率极高。章桐皱眉，她催促陈刚赶紧开车。就在这时，两个记者模样的人拿着采访本和话筒挡在了车前头，后面的摄像师寸步不离。"你们是这个案子的法医吗？能不能简单给大家说说这个案子？听说死者是个妓女，是吗？"

"无可奉告！"章桐冷冷地回答。

虽然隔着厚厚的车窗玻璃，但是那让人窒息的问题仍然一个接着一个，其中一名长相秀丽的年轻女性记者竟然直接拉开了陈刚那一侧的车门，冲着他激动地大喊："请说说这个案子，你们作为公安人员，不要逃避！应该让大家知道真相！你们有这个义务！"

陈刚尴尬极了，他赶紧强行关上车门，然后迅速启动车子，绕过几个水坑，终于冲出了记者的包围圈。

"真是一群讨厌的人！"章桐嘟囔了一句，"他们到底是怎么知道这里出了人命案子的？竟然还来得这么快！"

"应该是报案人提供的新闻爆料吧，据说现在一条爆料一百块钱。"陈刚有一句没一句地说着，脸颊微微泛红。

章桐看了陈刚一眼，没有再说话。

行驶了十多千米后，车终于开进了公安局的大院。由于是下班高峰期，路上的车非常多，为了避免堵车和引起不必要的围观，本来半小时不到的路程，却花了两个小时才到达目的地。

章桐下车打开地下通道的后门，摁下内墙上的红色按钮。现在正好是吃晚饭时间，没有人在这里值守，所以运送尸体的工作就只能靠自己。卷帘门在打开时发出了"吱吱嘎嘎"的声响，伴随着卷帘门的上升，里面雪白的走廊灯光逐渐显现出来。章桐走回车旁，打开后车门的挡板，拉出担架，放下轮子，然后把运尸袋移到上面，扣紧，这才放心地用力向斜坡上推过去。

"章医生，你来得正好，局长找你，让你马上去一趟办公室。"刚从电梯里走出来的痕检组技术员向章桐打招呼。

"谢谢你，我马上过去。"章桐点头答应。她小心翼翼地推着活动担架，生怕撞到迎面而来的两个技术员。她安静而又快速地在通道上行走着，终于来到了解剖室，她用担架撞开了解剖室的门，穿过房间，走到了冷冻库门口。她拿出一把钥匙打开了不锈钢门上的扣锁，然后把尸体推了进去，在尸体的脚趾上挂了一个扣环，填妥资料后，锁上门，摘下柜门旁边的记录本，签上自己的名字和时间以及尸体编号。今天的任务就算是暂时完成了。

简单换了一身衣服后，章桐这才坐电梯去八楼的局长办公室。

经过多番问路打听，童小川终于推开了东大教工宿舍底楼车库最尽头的一间小房间。这里本来是不住人的，连窗户都没有，狭小阴暗的空间里弥漫着刺鼻的中药味，空气混浊呛人。他难以想象这竟然就是一个人每天生活的空间。

房间里亮着一盏只有 15 瓦的老式灯，昏黄的灯光下，屋子一角传出了一个男人苍老而又微弱的声音："是公安局的同志吗？"

"是我，请问是赵老伯吗？"童小川尽量使自己的嗓音听上去很柔和，"您给我们打过电话是吗？"他一边说着，一边朝发出声音的地方走去。

眼前出现了一张歪歪扭扭的床，床脚堆满了各种杂物，从看过的废旧报纸杂志到空矿泉水瓶，一应俱全。床上，一个满头白发的老人正蜷缩在脏兮兮的被窝中，背靠着床头坐着，神情倦怠地看着童小川。

"对不起，我老毛病犯了，出不了门。"老人很过意不去，言语中充满了歉意，"还要麻烦公安同志特地跑一趟。"

"没事，赵老伯，我姓童，这是我的警官证。"童小川在床边一张堆满了衣服的椅子上勉强找了一块空地坐了下来，"和我谈谈您电话中提到的那件事吧。"

老人轻轻叹了口气："我就知道是她，肯定是她！但是怎么也没有想到，她会死得这么惨！"

"赵老伯，您说的是谁？"童小川抬头看着老人。

"她叫李丹，我们都叫她李博士。她是一个交流学者。在东大待了有四个月的时间，后来就失踪了，再也没有见过她。"

"您是怎么判定她就是李丹的？"童小川问。

"你们的画像，和她的面貌几乎一模一样！"说着，老人颤抖着双手，从自己的枕头底下摸出了一张叠得四四方方的纸，递给了他，"这是我前天去教工楼领薪水的时候，无意中在布告栏里看到的。除了头发有些不太一样以外，别的都像！还有就是那副耳环，我记得她说过，是她母亲去黄山旅游买回来的纪念品，送给她的。很特别的图案！"

老人说得没错，那对并不是很值钱的耳环背后，就印着"黄山旅游纪念"六个小字。"您对她的印象怎么会这么深呢？"童小川将信将疑地接过那张模拟画像。

"警官先生，她是个好人。我因为薪水不多，又常年患有腿疾，所以经常入不敷出。一次在校医院看病时，我带的钱不够，没办法买药，这小姑娘看见后就主动帮我付了药钱。在知道我的境遇后，她几乎每周都会来看我，陪我聊天，还帮我买药。我之所以一直记得她，不只是因为她帮我买药，更主要的是，她好像有心事，因为她一直抽烟。我劝过她，说我年纪大了，抽烟没关系，反正很快就要死了，但是她还很年轻啊。可是，她好像根本就没有听进去。直到最后一次，她来看我的时候，突然变得很开心，说自己终于下定决心了，要戒烟，还要去做一件非常重要的事情。她说在临走前会来跟我道别，结果……她再也没有出现过。"老人显得很落寞。事情虽然过去这么久了，但是对他来说，这份温暖会一直留存心底，"这三年来，我一直都在等她。"

看着这一幕，童小川的心里突然感到很悲哀。

"她失踪一个多月后，我觉得不对劲，就去她所在的宿舍周围打听。结果人家说她早就走了，因为是交流学者，本来就没有什么条件上的限制，有人中途离开也是再正常不过的事情。我知道她是一个有身份的女孩，能来照顾和关心我这个老清洁工，我已经很知足了。我做不了什么来回报她对我的善意。只是我做梦都没有想到，再次听到她的消息，竟然是这样一个噩耗！"

"您为什么会觉得不对劲？"童小川小心翼翼地问。

"因为这个小姑娘非常守信用，只要她答应的事情，她就会去做。她说过来看我就一定会来看我，绝对不会不守信用！"老人突然哭了，"老天不长眼啊！多么好的孩子就这么没了！是哪个杀千刀的干的缺德事啊！"

童小川想安慰一下老人，却又不知道该怎么开口，也就只能静静地看着老人哭。

临走时，他从兜里摸出几百块钱塞在老人的手里，指着一张名片："老人家，以后有什么困难，打这张名片上的电话找我。"说着，便头也不回地离开了小屋。

窗外，已是一片漆黑。童小川一边开车一边伸手从仪表盘下摸出了一包烟，想了想又丢了回去。在他身旁的副驾驶座椅上放着一个薄薄的卷宗袋子，里面装着为数不多的有关李丹的介绍资料以及其家人的联系方式。虽然说还需要进一步通过DNA来核实死者的身份，但是童小川的直觉告诉他，树林中的死者就是李丹。

只是他不明白，为什么有人要杀害李丹，她只不过是一个做学问的小姑娘罢了。

曾经和李丹接触过的同事都一致表示，这女孩人好、心好、善良、温柔，而且可爱，工作时尤其认真。在李丹的身上似乎找不到任何缺点。

但是这个世界上没有完美无缺的人，难道不是吗？

而且，她的家人呢？三年来，难道就没有寻找过她吗？李丹最后要做的事情究竟是什么？会不会和她的死有关系？

童小川恍过神来，前面车辆停滞不前，应该是一起事故，隐约可见两个男人正站在场地中央争论着什么，公路巡警站在一边。童小川皱眉，他腾出右手，从座位底下摸出无线警灯，同时打开车窗，把警灯用力按在了车顶上。

刺耳的警报声骤然响起，前面的车辆纷纷靠向两边，童小川猛踩油门，公务车顿时如离弦之箭，把事故车辆远远地甩在了后面。童小川不想再等了，今晚还有好多电话要打。

第七章　凝固的生命

周一早上，齐志强来到欧阳景洪工作的小饭馆。这时候，饭馆还没有开店营业，但是后厨那边早已经忙得脚不沾地，切菜配菜声和厨师的吆喝声不绝于耳。齐志强站在门口背阴处，耐心地等着。终于，欧阳景洪满身油污地走了出来，他一抬头看到齐志强的刹那，表情顿时冻结，眼睛睁得大大的，惊讶得说不出话来。

"……你，什么时候来的？"

"我终于找到你了。"齐志强说，"欧阳，能谈谈吗？"

欧阳景洪刚想开口，齐志强微微一笑："放心吧，我已经和你们老板说过了，给你十分钟的假。"欧阳景洪便不再言语，两人一前一后走向对面的小巷子。直到僻静处，齐志强才停下了脚步，转身看着欧阳景洪。

"欧阳，小丽没了。"

小丽，也就是齐小丽，是齐志强的女儿，曾经是欧阳青最好的朋友。

欧阳景洪抬起头："什么时候的事？"

"一年前。不过，她是自杀的，从七院的楼顶跳了下去。"

"是吗？"欧阳景洪当然知道七院的另一个名字——精神病康复中心。他缓了缓，说："老齐，节哀顺变！"

齐志强苦笑："都走了一年了，最困难的时候都已经过去了。"

"你找我有什么事吗？"

齐志强默不作声地掏出一个信封，从里面倒出两张相片，递给了欧阳景洪。

"这是在小丽的房间里拍摄的，医院里一直封存，我想办法找人弄了出来。告诉我，你能看出什么吗？"

"我看不出来。"

"当初你家青青和我们小丽是最好的朋友，两人形影不离，后来青青遇害，紧接着小丽发病，难道你就真的看不出其中的联系？"齐志强走近了一步，双手紧紧地抓着欧阳景洪瘦弱的肩膀，追问着。

欧阳景洪默默地摇头。

"十年啊，小丽在精神病院里住了整整十年。精神分裂，这该死的病害了我们全家整整十年啊。小丽是解脱了，可是我呢？我老婆呢？整个家都垮了啊！欧阳，我也对你不薄，我就不信你不知道凶手是谁！那天，她们俩是一起出去的！结果一个死了一个疯了。我家小丽胆子小，整天就是跟在你家青青屁股后面转。你敢说你不知道凶手是谁？"齐志强终于爆发了，欧阳景洪却自始至终都没有说一个字。

末了，齐志强终于放弃了，他面如死灰，稍稍抬起手，便头也不回地向小巷外面走去。

欧阳景洪看着他的背影，心里默默地念叨着什么，眼角的泪水无声地滑落了下来。

和司徒敏不同，刘东伟不喜欢雕塑，其程度甚至达到了厌恶，尤其是那些人类的雕像。他也说不清楚为什么，只是每次看到那被定格在或痛苦、或喜悦、或躁狂的一瞬间的扭曲变形的人类的脸，他都会有一种说不出的恶心感，然后立刻把头转开。

刘东伟曾经为此去看过心理医生，得到的结论也模棱两可：没病，心理原因，或许是小时候受过刺激。可是刘东伟就是想不起自己小时候究竟是在哪里受过刺激，以至于见了雕塑，他就浑身难受。

此刻，他正站在苏川艺术中心的门口，犹豫着自己究竟要不要进去。司徒老师虽然已经下葬，但是他的死亡事件还没有被立案。刘东伟是绝对不会去找司徒敏的，但除了司徒敏以外，他就只能去找师母丁美娟了。

丁美娟是这家艺术中心的负责人，她曾经是一个著名的雕塑家，现在退休了，只是负责一些简单的教学工作。如果说司徒敏的成功有天赋的因素的话，那么，这天赋绝对是来自她的母亲丁美娟。

丁美娟的办公室并不大，房间里到处都是人体雕塑的半成品，还有一些不知名的瓶瓶罐罐。办公室的门开着，一股浓重的石膏味扑面而来，还夹杂着一股说不出的土腥味。刘东伟轻轻敲了敲身旁的门。

丁美娟抬头一看："你怎么来了？有事吗？"很显然，老太太并不欢迎这个前女婿的到来。

"我……师母，我是为了司徒老师的事……"

话还没有说完，丁美娟一下子从椅子上站了起来，几步走到门口，用力把刘东伟推了出去，然后一脸不客气地说："你和我们家已经没有关系了，请你不要再出现在我面前。我再一次警告你，我老公是死于意外，根本就没有人要害他。你这样做，只会败坏他的名声和清誉！"话音刚落，她就要关门。

见此情景，刘东伟急了，他赶紧用脚挡住门："师母，你听我说，我已经找到了足够的证据，司徒老师就是被人害死的。我刚从安平过来，那里的法医找出了证据，能够证实司徒老师的死绝对不是意外！"

或许是"安平"二字触动了丁美娟，她的口气缓和了一些，但依旧充满了敌意："小敏给我打电话了。请你不要再去骚扰她！"丁美娟在遗传给司徒敏高超的艺术天赋的同时，也把自己高傲和目中无人的个性遗传给了她。

刘东伟有些意外，他的目光停留在了丁美娟残缺的右手上，就是这只右手，如果不是意外失去了三根手指的话，现在报纸上出现更多的将是她丁美娟的名字，而不是司徒敏。

"师母，你能和我好好谈谈吗？我真的没有恶意。小敏和你肯定误会我了。再说了，我对老师留下的遗产没有丝毫的兴趣，如果你实在不放心的话，我可以签署放弃声明。"

丁美娟抬头看了看刘东伟："算了，进来吧，就五分钟，我马上有个讲座！"刘东伟连忙跟着走进了办公室。

"师母，请您一定要签这个字，不然的话警方没有办法立案的。只有死者的直系亲属提出来才能立案。"

"你为什么要紧追着这件事不放呢？老头子走了这么久了，死了都不让他安宁吗？"丁美娟看都没看一眼刘东伟手中的立案申请书，只是烦躁地问他。

"司徒老师虽然死于蛇毒，但是他的舌头被人割掉了！师母，蛇不会割人的舌头，只有人才会。而且毒蛇不会主动攻击人类，绝对不会。再说了，那天老师也只是在长椅上休息而已，我见过那条后来被警方打死的蛇，它不可能自己钻进老师的嘴里去的，除非有人刻意把它放进去。师母，这么多疑点我再视而不见的话，我后半辈子都会受良心的谴责！"刘东伟的情绪有些激动。

丁美娟沉默了，她转过身，背对着刘东伟，口气坚定地说道："我已经知道真相了，小敏她爸就是被蛇咬死的，那就是一场意外。他一辈子都没有得罪过人，老老实实过日子，谁会想要害死他？更何况现在尸体都没有了，怎么查？所以，你走吧，不要再来了。你和小敏都已经离婚了，你以后也不要再叫我师母，走吧。知道吗？别再回来了！"

刘东伟脑袋有些蒙，情急之下，他突然想到了日记中的两张车票，赶紧从书包里拿了出来："好吧，师母，我可以不打扰你，但是我有最后一个问题，只要你回答我了，我就走，并且以后再也不会回来了。"

"你问吧。"丁美娟冷冷地说道。

"老师生前应该很少离开苏川的对吗？"

丁美娟有些诧异，她转过身看着刘东伟，点点头："没错，他心脏不好，40岁那年动过手术，不适宜坐车外出。所以他一直都没离开过苏川。"

"不，他13年前离开过这里！"刘东伟把日记本和两张车票递给了丁美娟，"老师的死或许和13年前发生在安平的一起案子有关！"

看着发黄的日记本中那熟悉的笔迹，丁美娟的脸色渐渐发白。

"师母？"

"我不知道这件事。这日记本，你到底从哪里拿来的？"丁美娟问。

"是老师的一个老朋友给我的，他说老师生前有一个木箱子寄存在他那里，现在老师走了，他便按照老师当年的嘱托，特地打电话找到我，然后通知我去拿的。"刘东伟回答。

"那他……还留下了什么？"丁美娟的声音微微有些发颤。

就在这时，刘东伟的手机响了起来，他刚接起电话，那头就传来了警局朋友的声音。对方只说了一句话，通话就结束了。刘东伟抬头看着丁美娟："师母，你知道李丹吗？"

"李丹？"丁美娟想了想，"是不是那个女孩？和小敏年龄差不多的？瘦瘦高高的，好像还曾经是你们的同班同学。"

"师母，你的记性真不错。"

丁美娟笑了："有特长的好孩子我都会记得的，就说丹丹吧，她在绘画方面很有天赋，不输于小敏，就是性格有些太内向了，也很倔强。她怎么啦？"

"她死了！"刘东伟若有所思，"被人发现死在安平的一所大学校园里！这时候她的亲戚正赶过去。"

笑容一点一点地在丁美娟的脸上消失了。

走出苏川艺术中心的大楼，刘东伟走到马路边上等出租车。在右手边的布告栏里，他又一次看到了司徒敏的作品展广告。相片中，这个曾经是自己妻子的女人正骄傲地站在最得意的作品面前，脸上流露出自豪和目空一切的笑容。

刘东伟很熟悉司徒敏这招牌式的笑容，也深知那笑容背后只有轻蔑和高傲。如果不是司徒老师对自己有恩，刘东伟也不会有那段让他痛苦不堪的婚姻。所以，后来离婚的时候，刘东伟特地前去向司徒老师致歉。可是老人一点都不责怪他，相反还拉他去小酒馆喝了个酩酊大醉。第二天，刘东伟就带着简单的行李，离开了苏川。

离开苏川后，刘东伟去了外地工作，虽然还和司徒安保持着联系，但是因为工作忙碌，打电话的次数也越来越少。如今想来，这成了他心中最大的遗憾。

司徒敏长得很漂亮，家境在苏川也是数一数二的，但是直到刘东伟答应婚事的那一天，他才知道司徒敏一直嫁不出去的原因是什么。她的尖酸刻薄和目中无人，让身边的所有人都对她敬而远之。

刘东伟感觉自己曾经的"婚姻"生活就像一场噩梦。

他的目光落到了相片中司徒敏身旁的那座雕像上，他很熟悉这座雕像——一个正在沉思的少女，手中捧着一束菊花。据说雕像的模特就是司徒敏自己。刘东伟记得，她曾经不止一次地在他面前抱怨说自己总是塑不好雕像的面部表情，为了这个，她几天几夜不回家，吃住全都在工作室。

这座雕像有个名字，刘东伟有些记不清了，只是印象中，司徒老师曾经说起过一次，好像是叫"爱人"。

他那时候只是觉得很奇怪，因为在周围人的眼中，司徒老师的女儿如此出名，作为父亲的他应该感到很骄傲才对，但是不只是别人，哪怕刘东伟自己，只要在他面前偶尔提起她女儿的名字，老人立刻就会拂袖离去。而这样的情况，直到自己离婚后，才发生改变。

"我早就想叫你离婚了……没错，离婚……早……早就该这么做了……对不起，小伟，是伯伯不对，伯伯害了你……"记忆中，在小酒馆里老人语无伦次，借着酒劲儿时而高歌，时而低语，几乎到了疯癫的地步。

可是事后，老人却什么都记不得了，刘东伟也只是模模糊糊地有一星半点的印象。

他也好奇为什么老师会这样想，但是想着自己已经离婚了，也就不想知道了。

时间过得真快啊！

身边响起的出租车喇叭声打断了刘东伟的回忆，他没再犹豫，转身打开车门钻了进去。

"师傅，去苏川市公安局。"

局长办公室并不大，尤其是挤满了人的时候，更加显得拥挤。和身边这些身材高大的侦查员们相比，章桐的身躯尤其显得娇小柔弱。在这群男人堆里，不仔细看，很容易忽视她的存在。

大家讨论的议题很简单——新发现的尸体是否也是13年前的凶手所为？

其实大家都很清楚，不管是不是，都是一件棘手的事。局长一边翻看着章桐加急做好的尸检报告，一边头也不抬地问："章医生，你对这个问题有没有什么看法？"

"我认为不是，至少从手头证据来看，凶手应该不是一个人。因为 13 年前的尸体，死者的眼球被人挖走了，眼眶内无填充物。但是这一具尸体，死者原来的眼眶部位空了，但被填埋进了沙子。像这样的凶手一般不会改变自己的作案手法，这一点，我觉得不太可能是同一个人做的。

"而这种沙子，痕迹鉴定那边已经有结果，是市场上非常常见的用来养热带鱼的细沙，三块钱就可以买一大包，没有具体来源可以追踪，要知道花鸟市场这种沙子每天的进出交易量都有好几百斤。"章桐回答。

"凶手为什么要在死者的眼眶中放沙子？"

章桐回答："只有一种解释，那就是不想让死者的眼窝部位变得空荡荡的，据我所知，死者的这一特征是和 13 年前的案子唯一不同的地方。而凶手用来固定这些沙子的，是普通的 502 强力胶水，市面上也是随处可见的。"

"死者身份确定了吗？"有人问。

童小川摇摇头："还没有，但是脸部复原画像已经发出去了，应该很快就有结果，毕竟死亡时间没有很长，死者周围的人应该对她还有印象。"

"那有没有可能是'模仿犯'？毕竟 13 年前的那个案子，为了寻找线索，对外公布了大部分案件细节。"痕迹鉴定组的工程师小九问道，"我总觉得这个凶手肯定知道 13 年前明山的那起案子。章医生，你前段日子收到的那个包裹，可不可以认为是凶手传递出来的一个信息？"

章桐并不否认："13 年前经手那起案子的法医，除去退休或者调动的，还在本单位的就只剩下我一个了。如果确定是这个凶手做的，那这 13 年，他究竟去了哪里？他突然改变作案手法，把眼球寄给我，又代表着什么？如果是模仿犯，为什么是在 13 年后？13 年了，谁会想要重新提起这个案子呢？"

这些话让在场大部分人的心都"咯噔"了一下。他们心照不宣地想到了一个人，可是，却又很快打消了这个念头。因为他是最不可能作案的人，根本没有作案动机。

"而且寄包裹给我的人，非常熟悉我们警方办案的程序，尤其是法医物证的转交和配合检验步骤。我担心的是这个人我们可能认识！"章桐皱眉，她双手插在工作服的外套口袋里，神色凝重。

"不可能是欧阳，禁毒组的警察不可能杀害无辜！"童小川深吸了一口气，"大家有没有想过，既然13年前的死者在生活中没有什么仇怨，也没有被人劫财，那有没有可能那个凶手是个连环杀手？"

"理由呢？"局长合上了尸检报告，饶有兴趣地看着童小川。

"以我接触过的罪犯来看，如果只是劫财劫色，他们一般不会杀人，并且挖去受害者的眼球，这种行为太过残忍。而受害者眼球上所覆盖的植物，我赞成章医生的观点，还有一种可能就是心理学中所说的'后悔和补偿'。我记得民间有种说法，人的眼睛是可以通往阴间的桥梁，而死者生前最后看到了凶手的样貌，就会把他带到阴间。所以，我大胆推测，之所以覆盖住死者的眼眶，很有可能就是凶手不希望死者记住自己的样貌。我查看过资料，死者欧阳青，中学女生，单纯天真，对他人不存在威胁。而脱去死者的衣服，并不表示就是对死者进行了性侵害。这很有可能是混淆我们警方办案的一种反侦察手段，甚至可以理解为是一种羞辱。所以，我觉得这个凶手挖去她的眼球，肯定另有所图！"童小川一口气说完了自己的看法。

屋里一片寂静。

"那照你所说，凶手还会作案？"局长不解地问。

童小川点点头："迷信归迷信，杀人动机方面是我最担心的事，我觉得凶手很有可能再次犯案。所以，我对周边的兄弟单位发出了协查通报，看看有没有类似的案件发生过。"

"见过形形色色收集各种东西的罪犯，这收集人类眼球的家伙，还真是头一回遇到。"专案内勤小陆在旁边嘟囔，"但是童队，郊外废弃工地发现的这具女尸和这两个挖眼球案件也有联系吗？"

"在这一点上，我持保留意见。连环凶手改变自己的犯罪模式的可能性也是存在的，毕竟我们只是将 13 年前发现的那具尸体作为参照物，我担心会有我们没发现的死者。"童小川心事重重。

"那最快的话，你们刑侦大队多久能把尸源确定下来？"

"我下属走访过那边周围的居民，由于大部分已经拆迁走了，剩下的人并不多，也没有目击证人。现在正在查看案发时间段废弃工地附近的监控录像。目前对我们有用的线索就是，据说案发现场是街头流莺经常出现的地方，再加上死者被发现时并没有穿衣服，所以不排除是失足妇女的可能。这种因为嫖资纠纷而被害的可能性非常大。"童小川回答。

章桐突然想到了什么，她紧锁眉头。

"你们那边一有结果立刻汇报给我。对了，章医生，那对随着包裹一起寄来的眼球，有没有可以匹配上的 DNA 样本？"局长问。

章桐摇摇头："和废弃工地的女尸暂时还没有办法匹配上，因为数据链有缺损，所以还需要一段时间。我会尝试另外的方法。"她想了想，继续说道，"有一点我觉得很奇怪，那就是尸体身上虽然有腐烂肿胀的痕迹，但是并不和死亡时间所对应的腐烂程度相匹配，我怀疑尸体被做过特殊处理。也就是被用驱虫消毒水一类的东西擦拭过，尤其是在脸部和隐私部位，那里是我们人体最先腐败的地方，却没有发现相同程度的蛆虫的卵。这样一来，废弃工地就不可能是第一现场。我会尽快对尸体做进一步的检查。"

局长点点头："也就是说，还有一个受害者我们没有找到。童队，你找人尽快重新开启对 13 年前那件案子的调查，我们总该是要向死者家属交代的。"说着，他站起身，环顾四周，严肃地说道，"最后，我有一句忠告，大家一定要对外保密有关废弃工地这件案子的各个细节，尤其是媒体，一定要密不透风，谁要是泄露出去，就处分谁！"

章桐的脑海中又一次出现了案发现场那神速出现的电视一台记者和摄像师，这些人真是太烦人了。

散会后，童小川在走廊里叫住了章桐："章主任，死者李丹的家属马上就到，你能安排一下匹配吗？"

匹配就是DNA配对，也是确定死者身份的最后一道工序。

章桐点头："没问题，快的话，一个多小时就能出结果。"

那具在东大校园小树林里发现的尸骨虽然只剩下了散乱的骨架，但是牙齿还在，并且一颗不少。因为牙釉质的保护，牙髓完好无损地被保留了下来，这也是提取死者DNA最好的渠道。很多年代久远的骸骨都是采用这种方式来进行DNA匹配，从而确定死者身份的。

下午，检验报告出来了，虽然是意料之中的结果，但是看着满头白发、面容憔悴且哭成泪人的死者母亲，章桐的心里还是很不好受。因为尸体检验和尸源确认工作都已经完成，死者骸骨也不用再作为人体物证被留存了。而自己下一步要做的，就是整理遗骨，然后转交给家属好拿回去安葬。

章桐回到无菌处理柜旁，用力拉出长长的抽屉，然后把它放在工作台上。里面装着的是李丹留在这个世界上唯一的东西了：一堆不到三斤重的凌乱的骨头。

对照着登记簿上的记录，章桐一块块清点，虽然说死者家属不知道遗骨的数量，但是仔细核对也是对死者的一种尊重。

骨头上布满了刀痕，一道道，触目惊心。这不可能是死后留下的。虽然刀痕里面的颜色因为外在环境而发生了改变，并且改变的程度与骨头表面完好处改变的程度相同，但是章桐深知这些刀痕绝不可能发生在死尸骨头上，只有砍在活的骨头上，这些刀痕开口才可向内弯曲，而死尸不行。

也就是说，在凶手一次次伤害死者的时候，死者还活着。究竟是什么样的仇恨，才会对一个人下如此狠手？

死者李丹身高 163 厘米左右，在最初受到凶手攻击时，死者肯定是站着的，最初一刀是背对着凶手，所以在锁骨处才会出现两道小于 45 度角的刀痕，如果死者是俯卧或者是别的姿势，那么，角度肯定大于 90 度。想到这儿，章桐看着手中有些发黄的锁骨，陷入了沉思。

凶手是个身高和死者差不多的人？

几乎遍布死者骸骨的刀痕显示出这是一桩典型的激情杀人案。也就是说，出于对死者的极度愤恨，凶手临时起意，拼命地挥舞手中的刀刺向死者。

可是，死者只是一个普通的学者，并不富有，也没有感情上的纠纷，相貌也极其普通。凶手怎么会找上她？

除了善良。

突然间，章桐似发现了什么，她脸上闪过一丝狐疑，随即又严肃起来。

就在颅骨左右眼眶部位的眶下裂和眶上裂位置处，分明可以看到几处刀痕。刀痕不是很深，且因为阴影的缘故，自己先前竟没有注意到。

她赶紧放下颅骨，抬头对站在对面的陈刚说："你马上通知门外的家属，这遗骨，我们暂时不能移交，因为有新的证据出现！"

陈刚点点头，转身快步走出了解剖室，门外很快传来了低声议论的声音。

章桐利索地摘下了手套，丢进脚边的垃圾桶，然后拨通了童小川的手机，电话很快接通了。

"章医生？"

"李丹的遗骨上发现了新的证据，她的眼球也被人挖走了！"章桐的语速飞快。

"该死的！"童小川小声咒骂了一句，"你可以确定是那个混蛋干的吗？"

"差不多，我在现场带回来的泥土样本中并没有发现填充物的痕迹！"章桐对自己的草率懊悔不已，如果早一点发现的话，或许案件就不会这么被动。

早上，市体育馆门外熙熙攘攘，有人早早地就开始排队，等着进去参观雕塑展。虽然说正式的展会要过几天才会举行，但随着展品的陆续布置，已经有很多人慕名前来。

跟着队伍走进展厅后，大家就自然地解散了。周围的人三三两两，围着自己喜欢的雕塑观赏着，小声地讨论着。只有他，显得有些格格不入，他倚着铁链条，郁闷地向大厅望去，却并没有走下楼梯到展区中去。这次展会的规模不小，少说也有 20 座雕塑。

他的目光在大厅中转来转去，目光搜索着自己所要寻找的目标。终于，他看到了，那是一尊沉思的少女雕像，就在展厅的东北角，周围围了很多人。

那种窒息的感觉又来了。因为缺氧，他的心跳加速。于是，他加快了脚步，快速走下楼梯，向那尊少女雕像走去。

他满脑子就只有一个念头——靠近它！好好看看它！

雕像前围了很多人，据说这座雕像是作者的处女作，价格不菲。但是这一切对于他来说，都是次要的。

他的注意力都集中在了雕像的身上。

他看着那张脸，略微带点忧伤的脸，这是一个年轻的女孩，长发飘逸，脸庞秀美，轮廓鲜明。她身着一袭长裙，双手捧着一束鲜花，眼神中流露出一丝让人爱怜的忧伤。女孩的明眸皓齿和动人姿态被毫无保留地展现在了众人眼前。作者用心之深可见一斑。

毫不夸张地说，那层层泥坯包裹着的分明就是一个被永远凝固的生命！

两行热泪滑出眼眶，他下意识地伸手紧紧握住了雕像前的铁链，忍不住低声抽泣。

"先生，您没事吧？"身边的安保人员注意到了他的失态，上前轻声询问。虽然说痴迷于司徒敏作品的人实在太多，在现场失态的人也见过不少，但是眼前这个其貌不扬、神情颓废的男人还是让安保人员感到有些担忧。

"没……没事……对不起，我失态了，这作品太棒了！我太感动了！"他嗫嚅着，擦了擦眼泪，赶紧转身离开了展区。临走到门口的时候，他停下了脚步，回头依依不舍地看了一眼少女雕像，长叹一声，这才悻悻然离开了。

第二天一早，前来开门的工作人员惊讶地发现，少女雕像的头部竟然不见了。他赶紧打电话报警。

面对赶到现场的警察，工作人员肯定窃贼是一个艺术品惯偷，因为司徒敏女士的作品曾经不止一次被偷过。黑市上那些被偷的雕塑虽然被以成倍的价格出售却还是备受追捧，而一座人体雕像的精华部分就是头颅。对于整座沉重的雕像来说，头像也更加便于携带，所以，头颅失踪一点都不奇怪。

还好这座被命名——"爱人"的少女雕像早就已经投保，不然对于公司来说，损失就大了。

末了，工作人员尴尬地表示因为正式展出要在几天后才进行，所以监控录像还没有完全安装好。

盗抢组的侦查员在结束供词笔录时忍不住嘀咕，对于这种有钱的艺术家作品被窃案件，他真心提不起来半点兴趣，办案时还要看对方的脸色，再说了，自己手头还有很多案子。这个嘛，既然保险公司已经参与了，按照以往经验来看，保额也不会低于作品本身的价值，所以，他按照规定记录在案就可以了。于是，在填写完厚厚的一份笔录后，侦查员便轻松地离开了。

第八章 "爱人"的头颅

技术员阿庄下周举行婚礼。一早，他就乐滋滋地跑去每个科室派发请柬，但是唯独法医处，他只按照人数留下了两包喜糖。

章桐很有自知之明，所以对此也就一笑而过，并没有因此而不快。她明白像自己这种成天和死人打交道的人，遇上这种嫁娶的喜事，即使人家邀请，自己也应该找借口礼貌地回绝。

都已经下午了，章桐尽量把自己的注意力都集中到面前的显微镜下。这份样本是刚从废弃工地的女尸鼻孔中采集到的，需要尽快辨别出那些毛发状的东西究竟是什么。

时不时地，她抬头扫一眼桌上的办公电话，死者李丹眼眶上的划痕已经送去小九那里了，和先前的样本一样，迟迟都没有结果出来。章桐心中有些不安。

"哐啷"，耳边传来工作盘掉落在水泥地面的声音，手术器具也随之洒落了一地。章桐皱起了眉头，她感觉到陈刚最近一定发生了什么事，平时老成稳重的他这几天跟丢了魂一样，不是砸破了实验试管，就是把工作托盘掉在地上，还把尸检报告归错档，这些低级错误，他之前可从没犯过。

再怎么忙，也该抽时间好好跟他谈谈，毕竟人家还是新手。

想到这儿，章桐顺手摘下护目镜，刚要站起身，陈刚却犹豫着来到了自己身边。

"章医生，我……"他欲言又止，神情显得很尴尬。

"怎么了，出什么事了吗，小陈？"

陈刚的脸色很差："我今天能不能请个假？章医生，我身体不舒服。"

"是吗？去吧，好好休息，这边我能应付。有事就给我打电话。"章桐一口答应，她总觉得如果因私事影响到了工作的话，那么，还不如静下心来好好调整一下。

陈刚感激地点点头，离开了办公室。

陈刚走后，法医处的工作还算顺利，傍晚临下班的时候，样本终于匹配上了。章桐长长地出了口气，就在这时，办公室的电话突然响了。章桐一手推开显微镜，伸手抓过电话机，摘下听筒。电话是领导办公室打来的，说是有新的情况公布，需要和各个部门负责人马上进行沟通。

章桐很快就赶到了楼上的会议室。会议室里无一例外地已经坐满了几个部门的头头，章桐点点头，算是打过了招呼，随后默不作声地在门边的靠背椅上坐了下来，顺手把文件夹平放在自己的双腿上。

童小川示意下属关上会议室的灯，然后打开了投影仪。机器"沙沙"地转动着，出现在大家面前的是一段监控录像的画面。因为背景是晚上，所以画面并不是很清晰。只是看到一个人转出了小巷，提着个大袋子，一步步地向不远处的街道走去。很快，这个人就消失在了拐角。

"根据法医处提供的尸检报告，我们把近一个月以来所有的案发现场监

77

控录像都看了一遍，3.5个G的东西，总算逮住了这个家伙。所有经过那个巷子的人中，只有这个人最可疑。"

"遇害者已经排除是失足妇女了吗？"

童小川有些尴尬："我的下属走访了所有在那条街活动过的失足妇女，都说天气太冷，现在还在外面活动的人几乎没有。而在所有的监控录像中，也没有看到带着客户前去那里交易的人。法医尸检报告中已经明确指出，那个地方是抛尸现场，并不是案发现场。这家伙进去的时候，袋子很沉，他半个身子都倾斜了，但是出来的时候，就轻松多了。"

"等等，这个人有点跛足。"虽然说监控录像并不是十分清晰，但是眼尖的章桐还是一眼就看出了那人行走时的异样，"进去的时候不明显，但是出来的时候就能分辨出来了，你们注意看他的左肩，倾斜度在35度~40度之间徘徊，我推断，这个人的右脚有残疾。"

"我知道他是谁。"突然，一个苍老、陌生的声音从门口发出。会议室的灯立刻亮了，大家惊愕之际，纷纷朝门口看去。本来是虚掩着的门不知道什么时候被打开了，门口站着一位年过半百的男人。眼前的男人头发几乎全白了，胸口戴着"访客"的牌子。章桐立刻认出了他。虽然13年未见，但是他犀利的目光与消瘦的身形一点都没有变。

"你是谁？"有人问，"怎么进来的？"

来人并没有回答问题，他只是轻轻叹了口气，伸出手指指屏幕："他曾经是我的下属，也是我的工作搭档，他的名字叫欧阳景洪，你们去查吧。"说着，他放下抬起的手，默默地转身，离开了会议室。

章桐注意到，从出现到离开，齐志强自始至终都没有踏进过会议室一步。

齐志强根本就没有想过自己还能够有机会回到这个地方来，虽然已经相隔了十多年的时间，房子也翻新过了，以前的老同事留下的没有几个，擦肩而过的，都是陌生而又年轻的面孔。但是这里的一切，包括空气中的味道，对于他来说依旧是那么熟悉。当初，在自己事业最顶峰的时候，他毅然选择辞职，而如今，为了同样的一件事情，他又不得不回到了这个让他伤心的地方。齐志强此刻的心里有着一种说不出的酸楚。

"齐警官，请坐！我们童队马上过来。"小陆给齐志强倒了一杯热水。

"我早就已经不是警察了，叫我名字吧。"齐志强尴尬地笑笑，"还是年轻好啊！能够做很多事情。"

正说着，童小川推门走进房间，在齐志强面前的沙发上坐了下来："对不起，让你久等了，是我给你打的电话，齐先生，谢谢你能抽空过来。"

齐志强点点头："没事，我知道迟早都会有这么一天的。"

"那就和我们说说 13 年前的那件案子吧，说说欧阳景洪，因为牵涉到你曾经的下属，所以，你应该比我们更加清楚曾经发生的事情，对吗？"童小川看了小陆一眼，小陆便伸手打开了正对着齐志强的那架小型摄像机的开关。

齐志强叹了口气，说："其实，欧阳不愿意配合你们的调查，我是完全可以理解的。欧阳曾经是个好警察。当时我的手下总共有 14 人，他是我的副手，专门负责卧底行动。和你们刑侦大队不一样，我们禁毒人员承受的心理压力相对要大许多。欧阳的妻子在一次车祸中意外去世，只给他留下了一个女儿。他父母早亡，也无兄弟姐妹，女儿是他唯一的亲人。欧阳是个很重感情的人，女儿被害，他就彻底垮了。"

"案件卷宗中说欧阳青的社会关系非常简单，对吗？"

齐志强点点头，神情黯然："我见过那孩子，她是个很有爱心的女孩，平时的爱好就是画画，和我们家小丽是好朋友。说是中学毕业后，要去考艺术专业的。她平时也很听话，不用父亲操心。我之前经常听欧阳讲起他女儿的事。"

童小川突然想到了什么，问："死者欧阳青据说是在从绘画班回来的路上失踪的，对吗？是个怎样的绘画班？"

"就是现在很常见的那种专门针对艺术专业类考生所设置的考前培训提高班。"齐志强回答，"我家小丽没出事之前也在上这种培训班，据说经常还会有一些业内有名的艺术家前去做任课老师，就是费用贵了点。但都是为了孩子，做父母的嘛，辛苦一点也值得。"

注意到童小川和小陆一脸迷惑不解的样子。齐志强轻轻叹了口气："小丽是我女儿，十年前得了精神分裂症，去年过世了。"

"对不起。"小陆有些尴尬。

齐志强摆摆手，轻轻一笑："没事，都过去了，至少，她不用再受病痛的折磨了，有时候想想，这何尝不是一件好事。"

"欧阳对你们有所抵触，你们也应该理解，毕竟他经历了这么大的变故，后来又坐了这么多年的牢。我辞职后，也曾经去探望过他，但是被他拒绝了。给他点时间吧，我相信欧阳会走出来的。"齐志强说。

"齐先生，最后一个问题，你真的确定那视频中的人就是欧阳景洪吗？"童小川认真地看着齐志强。

"是他，他走路的样子，我永远都忘不了。他踝骨上的子弹，本来应该是在我的身体里的！"齐志强低下了头，若有所思，"我欠他的太多了。"

"是你把齐志强找来的？"警局食堂里，章桐拦住了童小川，两人在靠窗的座位上坐了下来。

童小川点点头："他是最了解欧阳景洪的人。"

这句话他没有说错，他们曾经是同事，又是上下级关系。

"现在这个案子是否是欧阳景洪做的，还是个未知数。"章桐感到疑惑不解。

"不只是这个案子，还有 13 年前的欧阳青案，他说死者欧阳青曾经参加过一个绘画培训班，我也派人过去查访了，但是因为年代过于久远，还没问线索。"

"你看新闻了吗？"童小川突然问。

"新闻？"

童小川随手从兜里拿出一张今天的《江南早报》放在桌上，然后推到章桐面前："你看第二版，社会新闻那一栏。"

"你什么时候有闲工夫看报纸了？"章桐嘟囔了句，可是当她看完标题后，脸色顿时阴沉了下来。13 年前受害者欧阳青的相片赫然在目，照片有着胶片的颗粒感。记者用"悲剧""无能""震惊""变态"等字眼大肆渲染，言辞直指因为警方 13 年前未能及时抓住凶手，导致凶手现如今又犯下可怕罪行。而旁边则是废弃工地案发现场的相片，三张不同角度的快照，其中一张照片上还有章桐，甚至可以看到章桐坐在公务车上时脸上不悦的神情。

如果只是这些的话，章桐还不会太在意，毕竟现在的媒体记者几乎无孔不入。回想起案发现场那个对自己大声叫喊着要求公布真相的女记者，虽然已经记不起她的长相了，但是对方尖利刺耳的声音深深地刻在了章桐的脑海里。

紧挨着这篇报道下面，有一篇追踪报道，里面对废弃工地案发现场的尸体描述得非常详细，而且还不断地提到，消息是由警方不愿意透露姓名的人士提供，绝对可靠……

"我想你一定会感兴趣的，所以特地带来给你看看。我一个同学的姐姐在《江南早报》当编辑，她曾经说过这份报纸在安平的订阅率非常高，不光是我们市，就连相邻的城市都有人订阅。所以给报社爆料的话，报酬绝对不会低，尤其是这么重要的版面。而且这个聪明的记者竟然把废弃工地的女尸案和 13 年前的明山中学女生被害案件联系在了一起，还出示了这么多的内部证据，甚至提到了眼球和菊花。我想这份报纸热销是很肯定的了。"童小川长叹一声，放下了手中的筷子。

"领导知道这件事吗？"章桐头也不抬地问。

童小川的脸上露出了苦笑："我想这个时候，这份报纸应该已经传遍了几个局长的手吧。"

章桐的心中生出一种不祥的感觉。

在回办公室的路上，她不断地回想着从案发现场回来以后，陈刚那异样的神情和举动，尤其是向自己请假的时候。难道是他向媒体透露了案件的详细情况？不然的话，又怎么解释那篇报道中那么详尽的尸体描述和现场情况？最要命的是，尸体眼部被塞进了填充物的这条线索也被泄露出去了。而其中的一张死者面部眼眶部位的特写相片，自己记得很清楚，因为尺寸太大，所以开会之前根本就没有放进上交的尸检报告中去。童小川虽然没有直接说出来，但是他一点都不笨，他让自己看这篇报道的目的就是让自己意识到，就在她的身边，有人泄露了案件信息。而从以往的经验来看，这样的后果往往是不堪设想的。这很有可能会让这件案子就此陷入僵局，从而也变成一桩悬案。

章桐停下了脚步，掏出手机，刚拨通了陈刚的电话，电话立刻就被接入了语音留言信箱。

"我知道你在听我说话，陈刚，你为什么要把案件讯息透露给报社？"章桐极其愤怒，"你如果缺钱花的话，我可以借给你。你难道就没有考虑过这么做的后果吗？我等你给我解释！"

玻璃门就在她的面前，走出电梯的时候，她就已经想好了，这件事的后果必须由她来承担，虽然事情不是自己做的，但是自己的下属犯了大错。逃避并不是解决问题的正确方法。

章桐伸手在局长办公室的门上轻轻敲了两下。

"章医生，你知道我为什么单独把你叫过来吗？"局长问道。他坐在办公桌后面，案头堆满了各种各样的文件和报表审批单。

他并没有叫章桐坐下。

"因为今天报纸的事情，"章桐艰难地说道，"我会为这件事情负责的，请领导放心，如果要处分的话，我愿意接受任何处分。"

"他在哪里？"局长的声音异常严厉。

"他说不舒服，请假回家休息了。"章桐回答。

"找去！尽快落实，如果确定是他，马上开除！"

走出警局大院的时候，已经是深夜了，章桐拖着沉重的步子向路边走去。这个钟点公交车早停了，除了出租车，她没有别的选择。突然，一辆黑色轿车在她面前停了下来，章桐一愣，童小川探头打招呼："章医生，我正好顺路，送你回家吧。"说着，他打开了副驾驶的门。

钻进车，章桐这才发现车后座上坐满了人，只不过大家都没有说话。

"你们这是去哪里？"

童小川说："去'拜访'一下欧阳景洪，他就住在你家后面的小区。尸体来源刚刚确认了，是一个街头的失足妇女，根据治安大队的卧底提供的线索，欧阳景洪曾经和这些失足妇女做过交易，出手还很'阔绰'。"

"怎么可能？"章桐脱口而出。她没有办法把欧阳景洪和嫖客联系在一起。

"章医生，废弃工地的尸体有进一步的检验结果吗？"他又问。此时，前方出现了一辆抢道行驶的红色皮卡，童小川很利索地一扭方向盘，避开了皮卡车。

章桐点点头："真抱歉，我本来打算给你打电话的。我检验了尸体的鼻孔，从里面发现了几根狗毛，但是是什么样的狗毛，属于哪一种类的狗，还需要进一步判断才能知道结果。"

"狗毛？"童小川有些意外，他瞥了一眼章桐，"你确定？"

"没错，狗毛。我比对过了，数量还不少，应该是她被囚禁的地方有狗，而且是那种会掉毛的狗。现在是犬类动物的换毛季，所以在和它们生活在一起的人类鼻孔中发现一定量的狗毛很正常。"

"那就有点说不过去了，"童小川突然踩下了刹车，他的目光紧紧地盯着车窗前面的柏油马路，"我去过欧阳景洪的住所，他曾经提到过他对狗毛过敏，程度很严重，还因此把收养过的流浪狗送走。你确定没看错？"

"我相信质谱仪的检验结果！"章桐肯定地回应。

童小川一愣，赶紧松开手刹，继续开车："章医生，这一点要是确认的话，欧阳景洪在这件案子上的嫌疑就减少了一部分，我必须落实清楚是否有第二个凶手存在的可能。"

车子在小区门口停了下来，章桐下车，看着黑色的车很快消失在马路的尽头，她沮丧地转身，拖着沉重的步子向小区里面走去。

第二天一大早，市局报警台的值班电话突然响起，值班员还没来得及开口，对方就火急火燎地吼道："头……头找回来了！但是眼睛不见了！你们快来！"

值班员被吓了一跳，他迅速记下对方的报案地址，并分别通知了最近的派出所和刑侦大队专案组。

很快，终于弄清情况的体育馆派出所值班员就把盗抢组值班室的宿舍大门敲得震天响，把前天出现场的侦查员叫了出来："快去，你的案子。"

盗抢组侦查员感到非常意外，他一边穿衣服，一边嘴里嘟囔着："这么快就找回来了？"

值班员回头瞪了他一眼："你动作快一点，市局专案组的人已经过去了。

所长叫你赶紧去！"小伙子立刻清醒了，麻溜地穿好外套冲了出去。

章桐看着几个侦察员蹲在地上正围着一个残破不全的泥塑头像发呆。

"你们在干吗？"她伸手指着地上的泥塑头像问。

"'受害者'。"对方嘀咕了一句。

"这不是开玩笑吗？为什么通知我们法医过来？"章桐有些不满。

"我想是因为值班员没有弄明白报案者的意思，还有，就是这个。"说着，他伸手指了指泥塑头像的脸部，"眼睛没了。"

"这是泥塑，不是人，无论它丢了什么，我都没必要来，即使要叫，也是小九他们的事。浪费时间，以后确认清楚了再来找我！"章桐拉着工具箱，转身就走。

就在这时，身后传来一阵骚动，紧接着一个女人发出愤怒的声音：

"放开！这是我的东西，你们没资格碰！"

这声音章桐太熟悉了，虽然她只听到过一次。她转身看过去，没错，就是司徒敏——刘东伟的前妻。此刻，这个怒气冲天的女人从几个侦察员手中夺过那个泥塑头像，然后狠狠地砸在地上，紧接着，就在众目睽睽之下，她扬起手就对着身边跟着的工作人员的脸打了下去。

"啪——"

被打的工作人员是个年轻的小姑娘，最多不会超过 25 岁。小姑娘低着头没敢吱声。这一巴掌让在场的所有人都呆住了。

"谁叫你报案的？多此一举！你就等着被开除吧。"丢下这句话后，这个气焰嚣张的女人就扬长而去了。看着眼前发生的一幕，章桐随口问一边站着的侦查员："这个泥塑是不是很贵重？有名字吗？"

"有，对外正式的名称叫'爱人'，市场估价在 50 万左右。"想了想，他又补充了一句，"这个雕像的头颅，应该不值钱。"

"什么意思？"

"这道理很简单啊，就说卢浮宫的《蒙娜丽莎》吧，整幅画，很值钱，但是我要是把画撕下一个角，那就和废纸没啥区别啦！"说起自己专业的东西来，盗抢组侦查员的脸上露出了骄傲的神情。

"'爱人'的头颅……"章桐喃喃自语。看着一地的碎片，她不由得皱起了眉头。

"只是偷这个东西有什么用？又不值钱。费尽心机偷了这么个不值钱的玩意儿，现在又丢回来，想啥呢？"

"谁知道，或许也是为了寻求刺激。现在有些人，就是吃饱了没事干。"侦查员埋头做着笔录，"不管怎么说，谢天谢地，总算结案了。"

章桐的心中却起了一丝警觉。

司徒敏回到办公室，狠狠地关上门，就像一头发怒的公牛一般，在房间里来回踱步。看着房间正中央那个已经被毁了的雕塑，她气得脸色发白。

"这到底是谁干的？"

丁美娟并没有回答女儿的问题，她坐在沙发上，神情淡漠："事情都这样了，除了弥补，你还能做什么。"

"可是时间不多了，'爱人'又是重推作品，我怕到时候完成不了。你也知道的，人像的面部塑造是最马虎不得的！"司徒敏愁眉苦脸，"妈妈，你说，到底是谁干的？"

"是谁干的，或者为什么，对你来说，答案有那么重要吗？"丁美娟瞥了女儿一眼，显得很不以为然。她站起身，来到墙边，摘下两条皮围裙，把其中一条丢给了司徒敏，"别愣着，我来帮你。我们时间不多了。以后小心点就是了。"

第九章　我别无选择

　　刘东伟钻出出租车，回身付过车费并示意出租车司机不用找零。在来这里的路上，刘东伟想了很多。此刻，他抬头看着眼前这栋已经有些老旧的居民楼，心里五味杂陈。

　　李丹的父母就住在三楼，公寓并不大，两居室，房屋很久都没有整修过了，一到下雨天，半面墙都会长满霉菌斑。这样的公寓在高楼林立的苏川是属于最低档的公寓楼了，有钱的住户早就搬离了这里，如今剩下的都是一些像李丹父母这样的老年人。

　　走在阴暗的楼道里，刘东伟好几次都想转身离开，但是自从在朋友那儿得知李丹的死讯后，他总觉得自己应该过来看一看。

　　朋友在电话中不无遗憾地告诉刘东伟，这三年来，李丹的父母一直都没有放弃过对女儿的寻找，如今老两口年纪大了，身体也不好，再加上生活拮据，两个老人一直在这里住着，等女儿回来。

　　敲开了房间门，李丹父亲苍老而又憔悴的面孔出现在刘东伟面前。"你找谁？"老人歪着头嗫嚅道，因为有些偏瘫，老人的嘴角有点歪斜，右手在不停地微微颤抖，右半边身体也有些不太利索。

"伯父，我是阿伟，李丹的中学同学，你还记得吗？那个经常来你家借书看的阿伟？"刘东伟的脸上努力挤出了一丝笑容。

"阿伟？"老人似乎想起来了，脸上终于露出了欣喜的笑容，"快进来坐！丹丹还没回来。难得你还特地跑来看我。"

刘东伟突然明白了什么，心里酸酸的，显然李丹父亲还并不知道自己的女儿已经不在了。

此刻，李丹的母亲从另一个房间里走出来，因为事先已经通过电话，所以李丹母亲对刘东伟的到来并不意外，只是用眼神示意刘东伟不要说出李丹的死讯。

李丹母亲随后支开了自己的丈夫，在刘东伟身边的沙发上坐了下来，神情落寞而又悲伤："阿伟，谢谢你来看望我们，大老远地还要跑一趟，难为你了。"

"伯母，是什么时候得到的消息？"

"就是前几天，现在还在办手续，本来可以领回来了，可是，法医说什么发现了新的证据，就只能继续留在那里，继续等通知。我真的很想接丹丹回家，都这么多年了，一直都没有她的消息。不瞒你说，阿伟，半年前，丹丹给我托过梦，说她很冷很冷，想回家，我那时候就知道这丫头已经凶多吉少了。"李丹母亲长叹了一声，抬起右手轻轻擦去了眼角的泪水。

"她爸爸年纪大了，身体不好。我都不敢把这个消息告诉他，就说丹丹被派到国外进修学习，现在在那里工作很忙，回不来。她爸爸年纪大了，坐不了飞机，自然也就打消了去看女儿的念头。"

"伯母，您节哀。"刘东伟小声劝慰道，"身体要紧！"

听了这话，李丹母亲的脸上露出了无奈的微笑："其实，能知道丹丹的下落，我就已经很满足了。我只是希望她走的时候不是太痛苦。"

"对了，伯母，我听说李丹是在安平东大的校园里被害的，那她失踪的时候是不是就在安平东大进修？"刘东伟刻意把话题引开了。

李丹母亲点点头："没错，我亲自送她走的，记得她走的那天，天气很好，小区门口的山茶花开了，我本来想给她拍照的，毕竟要去那么久，我舍不得她，可是时间来不及了，要赶车，她就直接打出租车走了……现在想想，我可真后悔啊。"

老太太的嘴唇微微颤抖着，竭力压抑着自己的丧女之痛："丹丹是个好孩子，还没有交男朋友，一心只知道读书、读书，人都快读傻了。"

"伯母，您也别太难过了，保重身体，以后，家里的事情你们不要担心。我通知了苏川这边的中学同学，我们大家约好了，不管是谁，只要是留在苏川的，每周都会抽空来看望你们的。这是他们的联系电话，要不，我帮你直接存进电话簿里去。"说着，他从兜里摸出了一张写满电话号码和人名的纸。

听到这话，老太太的眼泪顿时流了下来："你们都是好孩子，尤其是你，阿伟，你的心很好，可惜，丹丹没有这么好的命，不然的话，我真的很希望你们能走到一起啊。"

刘东伟轻声说道："伯母，我明白您的苦心，但是我也没有办法，司徒老师对我有恩。那时候，我那个混蛋父亲经常喝醉了酒就打我，我实在忍不住了，就偷了司徒老师办公桌里的钱买饭吃。后来被老师抓住了，他没有送我去派出所，也没有到我父亲那里去揭发我，他只是请我吃了顿面条，然后告诉我说，只要我以后不再偷东西，我的一日三餐都归他管了。阿姨，在这个世界上，谁的话我都可以不听，但是司徒老师的意愿，我却没有办法违背。"

"阿伟，你别怪伯母多嘴，可是你后来为什么又要选择离婚呢？"老太太好奇地问。

听了这话，刘东伟沉默了，许久，他才小声说道："那个女人，她的眼中只有她自己。而离婚，也是她最先提出来的。"

"你是说小敏啊，她以前确实和丹丹关系很不错，中学的时候，还经常在一起玩，小学也是同班同学，都是司徒老师教的。但是后来不知道为什么，毕业了反而不来往了。而且丹丹似乎还不愿意提起小敏，一提起就生气，我也觉得奇怪。因为丹丹很少生气的。可惜的是，我永远都不可能知道发生什么事了。"老太太一边说着，一边站起身为刘东伟倒了一杯茶水，转身递给了他。

"你喝口茶吧，也没有什么好东西招待你，真的很抱歉。"

"伯母，您见外了，中学的时候，我经常来这里借书看，您对我就像对自己的儿子一样，我离开苏川这么多年，没来看您，该是我向您说对不起才是。"

"丹丹失踪后，几乎没什么人来看过我们。除了司徒老师，只是没想到，他竟然也出了意外，先走了。"李丹母亲忍不住长叹一声。

"司徒老师来过？"刘东伟感到有些意外，在他印象中，司徒安是一个清心寡欲、很少串门的人，除了教书，他的生活中似乎很少有别的东西存在。

"是啊，他来过好几次，问起丹丹。他是个好人，真的很可惜啊！"说着，老人伸手指了指窗台上的花盆，"还送了一盆雏菊给我们，丹丹她爸爸就一直把这盆菊花当孩子一样照料。"

刘东伟的心猛地一沉，他回想起司徒安的日记和那两张车票，不由得皱眉："雏菊？"

老人点点头："是啊，司徒老师知道丹丹爸爸喜欢养花，就特意送过来的，说孩子不在身边，我们也好有些事情做做。有什么问题吗？"

"没什么，我只是问问。"刘东伟努力在脸上挤出了一丝笑容。

"伯母，除了您和伯父以外，还有谁知道李丹去安平东大进修了？"

李丹母亲想了想，然后肯定地说："丹丹是个性格内向的孩子，很少主动和别人说起什么，我想，除了她的导师、我们、司徒老师，应该就没有别的人了。"

"司徒老师？"

"没错，司徒老师，因为进修的名额很少，丹丹好不容易争取到，这孩子一直念着司徒老师的好，所以取得什么成绩都会跟司徒老师说……"

老太太还在不断地诉说着什么，刘东伟却几乎什么都听不到了，只看见老人的嘴唇在动。一阵莫名的寒意从心头涌起，他的目光转向了窗台上那盆长势喜人的雏菊。

办公室里，章桐朝前倾斜着身体，两只手紧紧地握住椅子的金属扶手，一脸怒气地看着陈刚。

"对不起，章医生，"陈刚停顿了一下，他低下了头，"是我的错，你处分我吧。"

就在五分钟前，陈刚主动找到章桐，坦白了事情的全部经过。其实说起来真的是太简单了，写那篇报道的是他的女朋友，因为太爱这个女孩了，陈刚不想失去她，所以，当女孩以是否继续交往为前提来要挟他的时候，他妥协了。有过思想斗争吗？当然有过，所以前段日子陈刚才会在工作中总是出差错。可是相比女朋友来说，陈刚还是选择了后者。尽管事后他一再努力弥补，可是，大错既然已经铸成，后悔也来不及了。看着铺天盖地的报道，陈刚几乎无地自容。

"对不起！真的对不起！我愿意承担所有责任！"

"所有责任？你背得起吗？你这样就相当于把所有的线索都公之于众了，你让我们处在了多么被动的地步啊，你知道吗？凶手很有可能又会沉寂很多年，也很有可能再也没办法把他抓住！如果是'模仿犯'的话，又有多少人会因此而被害？你对得起那些人吗？"章桐气得浑身哆嗦，"你白读了这么多年的书了！怎么是非好歹都分不清楚啊！"

"对不起……"陈刚低着头，悔恨不已，"我不知道后果会这么严重！"

章桐咬着牙挥挥手："算了，算了，我也有责任，没好好教你。这里你不能再继续待了！你走吧，走前记得把所有工作都交接一下。"说着，她低下了头，再也不看陈刚一眼。

"可是……"陈刚急了，眼泪瞬间流了下来，却不知道说些什么才好。末了，他只能重重地叹了口气，朝着章桐鞠了一躬，面如死灰般地转身离开了办公室。

耳边传来了轻轻关门的声音，章桐无力地瘫坐在办公椅上。本来，法医办公室就非常安静，这样一来，就显得格外空寂起来。也不知过了多久，房间里几乎暗得看不见了，也没有开灯，电脑屏幕发出微弱的光芒，章桐一个人默默地沉思。

又只剩下自己一个人了。

她打定主意不再去想陈刚的事情，目前要做的，就是在下一个死者出现之前，赶紧抓住凶手。

章桐伸手拧开了办公桌上的台灯，屋里的黑暗顿时被鹅黄色的光芒驱散，她准备继续刚才的工作。"叮咚"，手机上突然跳出了一条消息。"章医生，我想确认一下13年前在明山的案发现场发现的植物，是不是雏菊？"

发件人显示是刘东伟。章桐赶紧拨打了对方的电话。等听完刘东伟简短的描述后，章桐的脸色有些发白："你真的打算去找你前妻？可是你没有证据啊！"

刘东伟想了想，说："我确实没有直接的证据，司徒敏虽然说脾气坏了点，人也很自私，但是真要是杀人，我觉得不太可能。而且目前还没有作案动机的推论，我想，就先走一步看一步吧。"

"你老师的日记不能帮你什么吗？要不，你去报案吧。"

"报案？就凭这些东西？"刘东伟有些哭笑不得，"没有一个单位会接受我的报案的。人都已经死了，尸体也火化了，死无对证。"

章桐沉默了，许久，她小声说："无论你做什么，务必小心一点，注意安全。"

隔着玻璃看着坐在审讯室里的欧阳景洪，童小川若有所思，半天没有说话。小陆在一边坐不住了，他朝着自己的上司看了好几眼，见对方仍然一点动静都没有，忍不住小声问："童队，你到底问不问啊？"

"你还记得吗，我们第一次去他家的时候，临走时，我问的那些话？"童小川突然转头问小陆。

小陆点头："狗笼，你问他是不是养狗了。"

"他说自己对狗毛过敏，所以，养的狗送人了。"

"没错，他是这么说的。我们后来也证实了他的说法。童队，那你还犹豫什么呢？"小陆问。

"死者王家琪，就是废弃工地发现的女尸，章医生在她的鼻孔里发现了狗毛，位置不是很深，尸检报告中说狗毛是在鼻翼大软骨的位置发现的，可以推断应该是死前不久才接触到，很有可能是吸入的。"说着，童小川咧嘴一笑，随即以闪电般的速度从怀里掏出一块手帕捂在了小陆的鼻孔上，同时神情严肃地说道："你别动！"

小陆只能乖乖地站着，可是随即而来的刺鼻的清凉油味道让他忍不住重重地打了个喷嚏。童小川立刻把手帕拿开了，他仔细看了看手帕表面，然后立刻掏出手机。电话只响了一声就被接了起来，那头传来了章桐的声音。

"章医生，你在尸体鼻孔中发现的狗毛有没有毛囊？"

章桐很肯定地回答："没有，所以一直没有办法提取到完整的生物DNA图谱来做比对。"

"谢谢你！"挂断电话后，他推门就往外面走。

"童队，这人怎么办？"小陆追了出来。

"你好好看着，等我回来，陪他聊天，请他吃饭，随你便，只要别给我把人弄丢了就行！"童小川头也不回地径直朝着办公室外走去，一路经过几个隔间的时候，他大声叫着下属的名字，"安子，小赵，快跟我走，补一张搜查证，再叫上一个痕迹鉴定那边的人，叮嘱他别忘了带上工具，越多越好！"

两个下属赶紧放下手中的文件，一边打电话，一边跟着头儿向楼梯口快步走去。几分钟后，一辆没有标志的警车从警局大院停车库迅速开走了。

再次回到办公室的时候，已经是两个小时以后的事情了。童小川手里提着两个最大号的证据袋，手套也没有来得及脱。

"小陆呢？"他问身边经过的一个下属。下属指了指紧闭着的审讯室大门，示意就在里面。

他点点头，然后大步流星地向审讯室走去，没敲门，直接就把门推开了。在小陆疑惑不解的目光中，童小川用力把两个证据袋放在了桌面上，双手撑着桌面，身子向前倾，仿佛不认识欧阳景洪一般。他瞪着欧阳景洪面无表情的脸，一字一顿地说道：

"一个人要坚强地活下去，是很难的吧？战胜心里的不安，也是很辛苦的吧？活着的人要承受死去人的痛苦，那更是很不公平的吧？既然你知道痛苦，那么，你为什么还要这么坚持呢？欧阳先生，我突然很好奇，你究竟想从中得到什么？"

房间里死一般的寂静，童小川见欧阳景洪依旧没有任何反应，便用力撕开了面前的纸质证据袋，然后"哗啦"一声把证据袋中的东西全都倒在了桌面上。看着这些东西，小陆突然明白了他刚才为什么要把一块手帕按在自己的鼻孔上。其中一个塑料袋里，装着一条厚厚的毯子，毛很长，毯子上沾满了污秽物，使得它本来的颜色无法辨别清楚。而另一个塑料袋里，是一个四方形的靠垫，上面也是污秽不堪。

"这些证据都是从你家里搜出来的，你居然还留着，我真佩服你！它们马上就会被送去进行检验，不过我相信结果已经毋庸置疑了。我只是不明白你的动机是什么。对于你女儿的不幸遭遇，大家都很同情！但是，你如今的所作所为又有谁能够接受？说实话，我崇拜过你，我最初加入警队的时候梦想就是成为一名禁毒警察，而你曾经是整个禁毒大队的传奇，是你让我明白了一个警察真正的职业操守和信仰是什么，但是现在，我又怎么能够理解你的所作所为？被你杀害的失足妇女难道就不是人了吗？"

欧阳景洪面如死灰，依旧一声不吭。

此时此刻，童小川的心里感到一阵阵难言的刺痛。

就在这时，急促的电话铃声响了起来，他一声叹息，伸手接过了小陆递过来的内部无线电话。

"你好，我是童小川……好的，我马上派人过去。地址是哪里……明白了，我马上通知法医，她现在应该还在办公室。"

挂断电话后，童小川说："我要马上出现场，你这边把人送到看守所后就赶紧过来吧。"

小陆点点头："哪里？"

"大众电影院。"

"城东的那个？"小陆怕自己听错了，重复了一遍。

"对，你等会儿多叫几个人过去。"

"明白。"小陆转身走回审讯室，门又一次关上了，他一边整理桌上的讯问笔录，一边对欧阳景洪说，"跟我走吧。"

一直默不作声的欧阳景洪突然开口了："大众电影院里发现了尸体，是吗？"

小陆一愣，随即皱眉："这与你无关。"

欧阳景洪乖乖地站起身，等着给自己戴上手铐。在这过程中，他的嘴里不断地嘟嘟囔囔说着什么，小陆没有听清。只是在把欧阳景洪交给负责警员的时候，他突然回头看了小陆一眼，嘴角竟然露出了一丝诡异的微笑。

"你笑什么？"小陆感到很诧异。

可是欧阳景洪好像根本就没有听见一样，再也不搭理他了，转身慢悠悠地跟着警员走出了走廊。

直到警车开上通往郊外的高架桥，小陆才终于弄明白欧阳景洪在被戴上手铐时嘴里一直嘟嘟囔囔地重复着的那五个字：我别无选择。他不由得倒吸一口冷气，狠狠地把手中的烟头插进了车载烟灰缸里。

警笛声响彻大半个城市的上空。

第十章　夺命的刀

眼睛所能看到的东西，是客观存在的，但有时并不是真相。如果坚信自己的眼睛所看到的一切就是事实，那么，只会离事情的真相越来越远。

人死后，尸体的分解会是以下三种方式中的一种——腐烂、干化和皂化，具体是哪一种，那就要看它被人发现的具体时间了。但是这三种状况都会让人觉得不堪入目。

这个已经没有观众的大众电影院包厢里常年密不透风，再加上那个时不时还能运作一两天的锅炉供暖，所以，一掀开厚厚的门帘，一股热风夹杂着扑鼻的臭味熏得章桐有些头晕眼花。她不得不停下脚步，让自己先适应一下这里的空气后，才继续往里面走去。

在温暖又潮湿的环境里，细菌、昆虫迅速滋生，再愚笨的食腐脊椎动物都会被这顿大餐吸引过来。但是这个包厢里，空气干燥，又因为是冬季，小虫子和微生物并不是很多。正常情况下，尸体的水分蒸发殆尽，在内脏器官分解的同时，肌肉和皮肤由于蒸发作用而变得脱水、干硬。

但是尸体分解有时候又会以组合形式出现，眼前的尸体就是处在一个独特的微妙环境中。尸体斜靠在锅炉供热所使用的散热片上，这种老式的锅炉即使停机了，也会保持一定时间的余温，所以，温暖的气流通过散热片传遍了尸体的全身，虽然被包裹着尸体的衣物所阻挡，但是在尸体的脸部周围形成了一个相对温暖、湿润的环境。于是，尸体脸部并没有变得脱水、干硬，相反，仍然保持着一定的湿润度。头发还有，可以很明显地看出死者是女性，容貌特征也能看出个大概，脸部组织肿胀变形，薄薄的脸部皮肤下几乎透明，而躯干与四肢紧紧地缩进了一个坚硬的躯壳中去了。本该是眼球的位置，只剩下了黑洞洞的眼窝。

走进现场的时候，童小川就已经把大致情况告诉了章桐：尸体是大众电影院的看门人发现的，由于经营不善，再加上周围的城区居民搬迁，所以，这家曾经很有名气的老电影院也走到了倒闭的边缘。值钱的设备早就已经转移走了。剩下的，就只等着房产评估师前来估价，然后转卖地皮和房屋了。看门人所要做的事情，就是维持一些基本设备的正常运转，以确保将来转手时，能多少提高一点价格。而锅炉，就是其中之一。看门人每隔三天烧一次锅炉，然后巡视一遍空荡荡的电影院。而尸体，就是在看门人巡视时发现的。

看门人用自己已去世母亲的名义来不断向天发誓说，眼前这个女人绝对不是自己杀的，还有就是，三天前，自己巡视电影院的时候，这个发现尸体的包厢里还是很正常的。除了老鼠以外，没有任何东西。当然了，他也说不清楚尸体究竟是怎么出现在这里的。

章桐轻轻地抬起死者的手臂，检查她的后背。但是坚硬的皮肤表面使得这一举动变得有些艰难。

给死者拍照后，章桐吃力地把尸体平放下来，解开了死者身上的风衣，露出了里面粉红色的毛衫。

她不由得一愣，因为鹅黄色的风衣没有什么异样，但是这件毛衫，明显穿反了。她把风衣脱下，然后翻转尸体，眼前的一幕证实了自己的推断：死者的毛衫确实穿反了。而一个打扮入时，非常注重自己形象的年轻女孩，是应当不会犯下这么低级的错误的。

她伸出右手的食指和中指，在死者胸部轻轻按压了两下，指尖传来坚硬的感觉，仿佛毛衫裹住的躯体并不是人，而是一个塑料模特道具。

尸体已经严重萎缩成这样，要想做性侵检验的话，确实有些难度，不过也可以试一试。

"章医生，有没有可能就是那个人干的？"

章桐明白童小川话中所指的"那个人"到底是谁。她拿出强光手电，又一次仔细查看死者的眼窝部位，想了想，然后神色凝重地说："按照尸体腐烂程度来看，她的眼珠确实是被人挖走了，眼窝周围有刀痕，和李丹的痕迹分布差不多，但是具体死因还不知道。还有就是，我现在还不能确定她是否正是第四个死者。"

"死亡时间呢？"童小川不想放弃。

章桐站起身，环顾了一下整个包厢："锅炉最近一次运作是什么时候？"

"从今天算起，三天前。"

她随即伸手摸了摸散热片："根据面骨的腐败情况，再加上这个房间的温度和湿度，我想，应该就是这三天之内，她是被放在这里的。至于死亡时间，因为环境和散热片的缘故，会有一定的出入，所以具体要等我回实验室进行解剖后才知道。"

"你觉得这个案子会不会也是欧阳景洪干的？"

章桐看了童小川一眼，忧心忡忡地说："我们法医只注重证据，不做没有根据的推测。"

安平市体育馆，雕塑展明天就要开始了。尽管已经是深夜，馆内却仍然灯火通明。工作人员来回忙碌，布置场地。因为有了上次的不愉快经历，整个体育馆的安保措施提升了许多。

司徒敏的办公室在最里面的小隔间。对于外面大厅的熙熙攘攘，她完全充耳不闻。这个办公室被她当作了临时的工作室和卧室。因为深知自己老板的个性，几个贴身的工作人员根本就不敢打扰她。

案发后，那具残缺的"爱人"雕像被她安置在这个办公室里已经有好几天了。能不能够按时展出，没有人知道，也没有人敢问。

办公室里一片狼藉，各种各样的工具和材料、报纸、空的饭盒被扔得到处都是。此刻，一人多高的雕像前，司徒敏正认真地做着雕像的最后面部修饰。她手中不断地使用着各种各样的雕塑刀，时不时地还后退一步，仔细端详着自己的作品。看着"爱人"又一次焕发生机，司徒敏的脸上露出了难得的笑容。

终于，她放下了手中的雕塑刀，走到办公桌前，拨通了母亲丁美娟的电话。

"妈妈，我完工了。谢谢你！没有你的话，我真的不知道该怎么处理！你说得没错，这样做真的很值得……嗯，嗯，好的，再见！"

挂断电话后，司徒敏依旧处于兴奋中。她伸手拎起了一桶汽油，然后按照比例混合了滑石粉、树脂、固色漆和雕塑专用液，最后，她眉飞色舞地开始粉刷重新制作的雕像头部，因为只是部分，所以并不需要花费很多时间。刷子接触到雕塑的眼睛部位时，她格外小心谨慎。刷完两遍后，司徒敏放下刷子，开始利索地准备起了玻璃纤维纸。这些琐碎的工作虽然完全可以由自己的助手完成，但是司徒敏从来都没有这个习惯，尤其是眼前这座自己最珍爱的作品。

她必须让"爱人"重新活过来！

章桐从面无表情的值班员面前经过，乖乖地出示了自己的工作证，略做登记后，她的手里多了一个小小的访客证件。

别好访客证，章桐轻轻地松了口气，然后整理了一下外套和随身带的样本盒子，向不远处大厅左侧的黄铜质地电梯走去。

她要去的地方在三楼。当经过那段长长的、经年累月笼罩在黄色灯光下的走廊时，两边直达天花板的储存柜让章桐感觉有些喘不过气来。照理说，这个地方她再熟悉不过了，以前在医学院上学的时候，几乎每周都会来这里比对样本。这里是国立博物馆的哺乳类动物骨骼样本区，除了动物外，还储存了一万具以上的人体骨骼。所以，能在这边配备的实验室工作的专家自然也就成了业内的权威。

章桐在上回见到柯柯安博士的地方找到了她，这是一个到处堆满了不锈钢手推车的实验室。手推车中尽是各式各样的骨骼，牙齿、股骨、颞骨、腭骨……架子上还有更多的骨头和其他人体遗骸，像头盖骨、萎缩头骨，等等。

柯柯安博士是一个娇小玲珑的女人，虽然已经年过半百，但是只要她一开口，嗓音仍然温柔动听，只可惜她工作的地方几乎不需要她开口说话。

章桐把箱子打开，拿出李丹的腿骨和头盖骨。柯柯安看了章桐一眼："这就是你电话中说的？"她伸手接过了骨头。

"是的，没办法，柯博士，仪器分析不出来，要能解开这个谜题，我就只能找你了。"柯柯安拿起股骨，在灯光下仔细查看了起来。

"我可以马上告诉你的是，章医生，这些伤口都是由同一把刀造成的，并且几乎处于同一时间！"她说，"这刀痕里面的骨头颜色因为外界环境的改变而发生了改变，而且程度与其他几处刀痕所在的骨骼表面完全相同，另外，你注意到没有，这些刀痕都是向内弯曲的。所以说，应该是在活体的骨头上产生的，死尸上根本就不可能产生这样的刀痕。"

"你是说死者在被刀刺和挖眼的时候还活着？"

柯柯安点点头："没错。心脏还在跳动。"停顿了一下，她继续说，"根据腿骨的长度来看，应该是个年轻女性，年龄不会超过38周岁。"

"和我的结论一样，柯博士。"章桐伸手拉过一把椅子坐了下来，"但是这一次我跑了大半个城过来找你，不只是因为这个，我还需要知道的是，这把刀究竟是什么样子？我匹配过很多种刀具，但是在最后的伤痕比对上，总是会有一些不同程度的差距。"

柯柯安苦笑："章医生，有些东西，真的不是仪器能判定出来的。我尽力吧，但是我不能保证有结果。因为刀具种类实在太多了，而一旦走错方向的话，很有可能会离真相越来越远。你要有足够的思想准备。"

她站起身，向屋子一角的工具台走去："我们来看看吧。"

考古人类学的研究细节和工具总是能够引起法医的兴趣。再说了，这本身就是两门有着紧密关联的学科。

柯柯安把头盖骨挪到一个解剖用显微镜的下面，正中央对准了头盖骨的眼窝部位，接下来的很长一段时间里，她一直安静地透过镜头检查、比对着，时不时还在一边的拍纸簿上记下一些数据。然后，她说："真是一把奇怪的刀。我以前从来都没有见过。"

章桐耐心地等着。

"你带来的骨头属于同一具遗骸吗？"

"是的，"章桐说，"我想，由你来检查，应该会有新的发现。痕迹鉴定组的那帮家伙已经彻底放弃了。"

"我在她的其余遗骸中发现了更多的刀痕。痕迹鉴定组根据刀的弹性所产生的痕迹弧度计算出了刀刃的具体厚度，但是在判断刀的确切种类上遇到了困难。要知道，我们以前从来都没有用这种方式来反推过，再加上刀痕又是这么浅，所以很难辨别。"说着，章桐拿出一张痕迹鉴定组今天早上刚给自己拿过来的检验报告单，以及李丹的遗骸尸检报告副本，一并递给了柯柯安。

柯博士沉思着，再一次转向显微镜："相当不寻常啊！章医生，这是一把刀刃非常短的刀！你看这里，"说着，她指着头盖骨眼窝处，"不到 5 厘米，这边有一道细小的痕迹，我觉得就是刀刃和刀柄的衔接点。"

"不到 5 厘米的刀，这应该不会造成致命的伤害啊。"章桐感到疑惑。

柯柯安摇摇头，神情凝重地看着章桐："凶手太用力了，以至于刀柄都进入了死者体内，所以才会在尸骨上留下伤痕。根据测算出来的痕迹弧度推算，刀柄应该也是不锈钢材质的。"

"难道说是解剖刀？"

"不，我们习惯用的解剖刀所产生的横截面不是这样的，解剖刀比它要薄许多，这样才有助于我们切开尸体。这把刀很厚，根据你的报告显示，应该有 3～4 厘米，并且是棱形，类似于一把锥子。"

"这就是这个刀痕有趣的地方。"她说，"根据伤痕来看，这把刀的长度应该在 15～18 厘米之间，不锈钢材质，刀刃非常短，不到 5 厘米，但是厚度又很厚，足够让人发力穿透肌肉组织直达骨骼，刀刃为棱形，所以它造成的痕迹是向内弯曲的。"

"那会是什么样的刀呢？"

"我们医用手术中绝对不会用到，因为它并不是很锋利，而且不适合切割。除非，是一把特殊的工具刀，你可以参考一下建筑行业用的工具。或者说，艺术类，比如——雕塑。"

章桐的心不由得一紧："雕塑？"

柯柯安笑了："没听过这么一句话吗——雕塑家的手不亚于外科医生的手，他们的工具刀也有很多种。所以，我建议你朝这个方向先去试试看。"

章桐点点头："谢谢您，柯博士。"

走出博物馆大门，章桐犹豫了一会儿后，毅然拨通了刘东伟的电话，把凶器可能是一把雕塑刀的推论告诉了他。

"不，这不可能。"刘东伟立刻否决了，"章医生，司徒敏不可能干出这种伤天害理的事情！"

"我可没说是她干的！总之，你自己小心点，注意安全。"

话音刚落，章桐就挂断了电话。

看守所的监室并不大，40平方米的空间，被不锈钢门隔成了四间，每间都有人。按照程度的轻重分类，小偷小摸的、醉酒闹事的都关在一起，欧阳景洪的房间只有他一个人。

从进来的那一刻开始，他就一直蜷缩在墙角，面无表情，目光呆滞。

耳畔传来了打开大门的声音，夹杂着钥匙串的叮当作响声，脚步声在自己的门前停了下来。"欧阳景洪，出来一下。"拘留室的警员说。

他抬起头，然后乖乖地站起身，走出房间，跟在警员的身后，来到了外面的隔间。隔间并不大，也就三四平方米的样子，里面的陈设非常简单，一张桌子，两把椅子，为了安全起见，它们都是被固定在地面上的。

此刻，童小川和齐志强正在房间里等他。

"欧阳，是我。"齐志强看到欧阳景洪后伸手打了一个招呼。

看到齐志强，欧阳景洪微微愣了一下，随即与他们擦肩而过走到桌边，在椅子上坐了下来，手铐也被铐在了一边的扶手上。"你来这里做什么？"

"我来看看你，欧阳。"齐志强回头看了一眼站在自己身后默不作声的童小川，继续说，"我们毕竟是一起出生入死过的兄弟，我比谁都了解你，你不是坏人。欧阳，你有什么心事，完全可以告诉我的。没有了结的事情，我也会去帮你完成，你放心吧，好好配合警方的工作，相信迟早有一天会还你清白。"

欧阳景洪没有说话。

"我还给你带来了你最喜欢看的书,你在里面肯定会很无聊的。"说着,齐志强把早就准备好的用广告纸包着的几本书推到欧阳景洪面前,认真地说,"你放心吧,这些书,按照规矩,都检查过了,都是我特地给你买的,你慢慢看。"

欧阳景洪的眼皮抬了抬,目光落在了书本上,老半天,才轻轻叹了口气:"我没什么遗憾,是我干的,我愿意接受任何法律的惩罚,只求快一点!杀人偿命,我这条命早就已经不属于我了。你还是好好去养老吧,别再卷进这个是非中来了。"

此话一出,在场的人都愣住了。

童小川问:"那13年前的案子怎么说?"

"笨蛋!那当然不是我做的,天底下有哪个父亲会去杀害自己的亲生女儿啊!"一声重重的叹息过后,他接着说道,"我之所以杀了那个站街女,为的就是让你们重新调查13年前我女儿的案子,不能就这么算了!可惜的是,我不该往里面塞沙子的,我只是不忍心看她就像青青那样死无全尸。"

"你不知道她是无辜的吗?"童小川冷冷地说道。

欧阳景洪的情绪突然低落了下去,他嗓音沙哑,低声说道:"我已经做好了思想准备,一命还一命,我替她偿命就是!只是希望你们能重新调查我女儿的案子,她也是无辜的啊!"

说完,他低下头,肩膀上下抖动着,他努力压抑着自己,却还是能听到他的啜泣声。良久,他站起身,对身边站着的警员说:"请带我回去吧,我累了。"

警员把目光投向对面站着的童小川,童小川点点头,他便伸手打开了连接着桌面的手铐锁。

童小川注意到欧阳景洪离开隔间的时候头也没有回,和先前唯一不同的是他的脚步竟然有些踉跄，最后跨出门槛的那一刻如果不是警员伸手扶一把的话，他早就已经摔倒了。

拿起桌上用广告纸包着的几本书，童小川转身递给了齐志强："拿走吧，齐先生，你已经尽力了。"齐志强无奈地点点头，抱起书一脸遗憾地离开了房间。

当晚，欧阳景洪便被人发现死在了拘留室，死因是上吊自杀。

第十一章　黑色梦魇

午夜的街头，狂风呼啸，暴雨如注。

章桐缩在小区的门洞里，冻得瑟瑟发抖，面对保安同情的目光，自己只能努力挤出一丝笑容。走的时候太匆忙了，她连厚外套都没有带，只是拿了包和手机就出了门。

此时刚过凌晨两点，章桐打了十多分钟电话后，出租车公司才终于有人愿意前来接她去单位。就在刚才，值班员的电话让她简直不敢相信自己的耳朵，在床上坐了好一会儿，她才终于清醒了过来。

死者是欧阳景洪，尸体已经运回了单位解剖室，验尸工作必须立刻进行。

章桐到达单位下了车，匆匆跑进大院。小陆站在门口等她，童小川却不见踪影。

"为什么不经过我的勘验就预设这是自杀事件？"章桐质问道。

"章医生，你别急，头儿他已经查看过看守所监房的监控了，欧阳景洪是单独关押的，前前后后只有他一个人在房间，门禁显示，没有人进入过他的房间。而监控中，也是他自己把床单撕碎了，绑在床头柱子上，然后就这么坐在地上勒住脖子上吊自杀的。"小陆紧锁眉头，伸手在自己脖子上比画了一下。

"床头柱子？看守所中的床都是单人床，床头柱子是不锈钢的，固定在地面不能移动，高度不会超过1米，你确定他是上吊自杀？"

"他死的时候，监控录像中确实只有他一个人。前后过程没有超过十分钟！"小陆回答，"只是……"

"只是什么？"章桐问。

"章主任，你等下去看看现场就知道了。"小陆把头转开了，似乎在刻意回避她，"我这就带你去。"

看守所和公安局在相邻的街面上，步行很快就能到，两个单位之间用全包封的跨街道天桥连接着。

两人穿过天桥，顺着楼道来到看守所一楼的尽头。一路上与好几个神情沮丧的警员擦肩而过，毕竟出了事情，没有谁的心情会好到哪里去。他们都认识章桐，所以，只略微点头表示打过招呼了。

怕引起恐慌，其余的在押人员早就被转移到了别的楼层。出事的这一层此刻只有欧阳景洪一个人。

透过半敞开的大门看进去，两个急救医疗小组成员正在收拾散落一地的急救工具。此刻，尸体正面朝上被平放在冰冷的水泥地面上。颈部的布条被摘下来了，放在一旁的地上。离尸体不到1米远的地方就是床柱子，总共四根，被牢牢地焊接在地面上，纹丝不动。而其中一根床柱子上，正拴着另外半截长布条。

看到章桐走进拘留室，急救医疗小组的人站起身，无奈地冲着章桐摇摇头，然后拎着工具箱退出了房间。

章桐从挎包里拿出一副随身带着的工作手套戴上，然后顺手把挎包和手机递给了一边站着的小陆："帮我拿着。"

死者身穿一套浅灰色的运动服，光着双脚，面朝上躺在地上。胸口的衣服因为刚才的急救已被解开了，露出了青灰色的皮肤。他张大了嘴巴，瞳孔放大，无神的眼珠注视着空中。颈部，一条深深的紫色勒痕清晰可见。

章桐伸手触摸死者的胸腔和腹部，然后是双手。尸体还是温温的，尸僵还没有形成，死亡是在不久前发生的。

"章医生，他的死因能确定是自杀吗？"小陆在一旁问。

章桐伸手翻看了一下死者的双眼睑部位，角膜还没有生成明显的浑浊，而舌头却已经成了紫黑色。她双眉紧锁，死者的双手有因用力过猛而导致的擦伤，赤裸的双脚上，更是有明显的床框摩擦的痕迹。

此时，章桐脑海里再现了整个出事过程：

欧阳景洪有条不紊地把撕碎的床单编织成了一条牢固的绳索，然后分别把两端系在床柱子上和自己的脖子上，双脚死死地用力蹬踏床框，整个人用惯性的力量向后仰。渐渐地，他的意识变得模糊了起来，因为重力的缘故，他的身体没有办法往回收缩，十多分钟后，体内血液停止流动，肌肉放松，欧阳景洪瘦弱的身躯轰然倒地，斜挂在了床框上。

凌晨两三点钟，是人一天中睡得最熟的时候，欧阳景洪当了多年的警察，这一点他不会不知道。看守所的值班员不可能 24 小时瞪大眼珠子瞅着监控发呆，人总有走神的时候。而欧阳景洪就是利用了这一点，巧妙而又决绝地安排了自己的死亡。

章桐轻轻一声叹息，站起身，头也不抬地问："你们发现他的时候，是不是身体斜挂在床框上？"

"是。"一边的拘留室警员赶忙回答。

"他是自杀，可以下结论了。还有，如果你们早一点发现的话，他还是有救的。一个人要把自己活活勒死，整个死亡过程是非常漫长而又痛苦的，至少需要十分钟时间。你们要对他的死负责！"

"我还以为一个人不可能就这么把自己活活勒死，那要多大的体力啊。这个拘留室，就是怕出事，所以装修的时候，顶上横梁什么的，都没有安排，连床都是固定的单人床。我就是做梦都不会想到，自己把自己挂在床柱上也能自杀。"面色惨白的值班警员嘟囔着，神情沮丧地低下了头，"放心吧，章医生，我会承担责任的，是我的疏忽。"

"把尸体送往我的解剖室吧。我想，他在这个世界上，已经没有活着的亲人了。"说着，她默默地转身走出拘留室，没有再回头看一眼。

那是一个被痛苦折磨了十多年的灵魂，现在终于可以得到真正的安息了。

体育馆展厅，人流如织，刘东伟站在人群中，默默地注视着自己面前的这尊雕像。

刘东伟并不是第一次看见这座雕像，当初自己还没有结束那段可怕的婚姻的时候，就曾经不止一次地看到过这座雕像。那时候，他只是因为雕像动人的美而赞叹不已，并没有留下多么深的印象。如今，隔了这么多年，自己又一次站在这座雕像前，刘东伟的内心却有一阵阵说不出的冰凉。

雕像正如其名——爱人，其塑造的是一个美得几乎让人窒息的女孩，看到它的人都会被它的美丽动人所深深吸引。虽然简介中说，这座雕像是作者司徒敏以自己为原型创作的，但是刘东伟根本看不出两者之间除了性别以外，还有什么其他关联。

司徒老师留下的日记，他已经看了不止一遍，几乎每个字都能背出来了。而章桐的电话更是让他心绪不宁。

司徒敏虽然性格脾气都糟糕到了极点，但是杀人？他还是不能相信！但雕像手中的雏菊，李丹父母家中的雏菊，还有死者脸上的雏菊，这又怎么解释？难道都是巧合吗？

刘东伟陷入了痛苦的思索中。

"章桐是一个非常聪明的女人，也非常理性，如果没有十足的把握，她是不会做出任何判断的，你要相信他。"弟弟刘春晓的话一遍遍地在自己的脑海中回响着。

刘东伟举起胸前的相机，对着雕塑的脸部，从各个角度拍了几张，他的举动和身边的参观者没有什么异样，但是他并不是为了保留对这座雕塑的回忆。他要做的，就是找到一个纠缠了他很久的问题的答案。

做完这一切后，刘东伟收起相机，转身离开了展厅。

很快，章桐的手机上出现了一条信息：我想见你，我有东西给你看，或许能解开13年前的谜题。

章桐关上手机。在她的面前是冰冷的解剖台，此刻，欧阳景洪正躺在上面，身上盖着白布。房间里异常安静。

尸检过程非常顺利，死因也很简单，章桐摘下手套，把它们丢进脚边的垃圾桶里，然后拿起尸检记录本，在上面认真地写下了一句话：结论：符合机械性外力所导致的窒息死亡，是自杀。

一个生命就这样结束了，并且是以一种常人无法想象的方式结束的。人们常说，哀莫大于心死。虽然欧阳景洪的死在理论上并没有什么可疑的地方，但是章桐想不明白，为什么等了这么多年，却突然放弃了？真相或许不久后就会被揭开，欧阳景洪坚持了13年，经历了牢狱之灾和生活的艰辛，甚至不惜用激进的手段来促使警察为他寻找13年前的真相，为什么不等到真相大白的那一天呢？

还是说，他的死也是他获得真相的手段？

章桐突然感觉自己有些不寒而栗。

局长办公室内，童小川脸涨得通红。

"好好一个人就在你的眼皮子底下自杀了，你怎么向我解释这件事情？"

"对不起，这是我的疏忽，我没有多派人手，所以才会出现这样的事情。我请求处分。"

"处分你有什么用？难道死者就能活过来？"

一听这话，童小川抬起头："局长，你放心吧。我会很快把事情弄清楚的。"

局长摇摇头："重点不在这里，我给法医处的章医生打过电话，确认死因是自杀。而根据你们专案组之前交上来的报告，死者态度非常坚决，甚至不惜做出违法的事情，怎么又会突然选择自杀呢？"说着，他把右手边的两本厚厚的卷宗递给了童小川，"这两本卷宗，我刚从档案室调过来，你仔细看看，或许对你的案子会有帮助。"

童小川伸手接过卷宗，上面的标记非常熟悉，一本是"13年前明山中学女生被害案"，而另一本，严格意义上来讲，并不是一个案件，应该说是一个"事故"，记录的正是欧阳景洪失手杀死自己搭档的详细经过，包括证人证言和相关尸检相片，以及弹道检验记录。

"局长，你认为欧阳景洪身上有问题？"童小川感到很不理解。

"你仔细看看吧。"局长叹了口气，"我找过以前局里的老警察，尤其是禁毒大队曾经和欧阳景洪共过事的，他们都说欧阳景洪是一个为了搭档的安危可以不要自己性命的警察。虽然都过去这么多年了，可他们还是没有忘记当年这个禁毒大队的传奇人物。"

他站起身，走到窗前，伸手推开了窗，一股寒冷的北风瞬间充满了整个房间。

"不管怎么说，他曾经是个警察，虽然经历了很多，但是我想他应该不会背弃自己当初的誓言。这件事有太多的疑点了，你着手调查一下，对他、对当年的死者和局里所有的同事也是一个交代。去吧。"说着，他挥挥手，便不再言语了。

海湾不是很大，波涛声阵阵传来，海鸥从天空掠过，发出阵阵鸣叫声。

"你这么早就来了？"刘东伟的声音在耳边响起，章桐闻到了一股酒味。

他走到章桐的对面坐下。两人坐在防波堤的柚木椅子上，中间隔着一张桌子。夏天的时候，这里无疑是欣赏海景最好的地方，但是现在这个季节很少有人来。

刘东伟把手里的罐装啤酒递给章桐："要吗？刚买的，这罐我没喝过。"

看见章桐犹豫，他笑了笑，显得很不以为然："放心吧，我没坏心。我弟弟喜欢你，所以我也很尊重你的。"

"我没有这个意思，只是不习惯喝酒。"章桐轻声说道。

刘东伟轻轻叹了口气："小时候，我父亲就经常喝酒，一喝完就拼命打我们，往死里打。母亲就是因为这个，才带着弟弟离开的。那时候我还不明白父亲为什么老要喝酒，现在呢，终于懂了，因为酒能让人忘掉很多东西。"

"可是有些东西，是永远都忘不了的。"章桐说，"你喝醉了。"

"我没醉，"刘东伟咕哝了一句，"我清醒得很。这么多年来，我一直在回避，现在我才终于鼓足了勇气。我也不怕你笑话，我曾经发誓这辈子绝对不喝酒，因为我不想成为我那酒鬼父亲的翻版，我不想我将来的孩子像我一样去恨自己的父亲。可是，我还是喝酒了，可是，我心里难受。"

章桐静静地听着，思索着刘东伟说的话。

"对了，我给你看样东西，"说着，刘东伟放下啤酒罐，从兜里摸出一个信封，递给了章桐，同时还给了她一个强光手电，一脸的歉意，"不好意思，让你听我唠叨了。"

"没关系。"章桐一边掏出信封中的相片，一边打开了手电。

信封中是两张雕塑头像的正面特写。"告诉我，你看到了什么？"刘东伟小声问。

"你想知道什么？"章桐不解地问。

"这张脸，我想知道这张脸，为什么司徒老师在看了这张脸后，就再也没有去看过他女儿的雕塑展？甚至于都不愿意提起他女儿的名字！"

章桐心里一惊，她把手电光集中到了相片中雕塑的脸部，尤其是眉宇轮廓之间。仔细端详后，她抬起头，海风阵阵，刘东伟的脸在摇曳的路灯下忽隐忽现。

"我知道这个问题只有你才能找到答案。"刘东伟的声音微微发颤，"你是法医，人体骨骼的结构对你来说是最清楚不过的了。"

章桐点点头："我还需要经过测算才可以最终确认。不过，现在基本上可以肯定的是，这个模特应该就是欧阳青，因为她有着和欧阳景洪一模一样的下颚骨，而且鼻骨的形状也很相似。但是，这些还都只是间接证据，只能认为司徒敏当初是以欧阳青作为原型创作了这个雕塑，并不能和杀人联系在一起，除非……"

"除非什么？"刘东伟急切地追问道。

章桐把目光投到了海上，说："眼睛！"

"你说什么？"刘东伟怔住了。

"我也只是猜测，你仔细看这张相片。人类的眼睛共由三个部分构成，分别是眼球、视觉通路和眼附属器。它们就好似灯泡、电器和灯罩，彼此紧密相连，缺一不可。眼球的构造十分精致，成人的眼球直径约为 24 毫米，而包容着眼球内容物的眼球壁总共有三层，也就是纤维膜、葡萄膜和视网膜。"说到这儿，章桐深深地吸了口气，"再怎么高明的雕塑家，都不可能把人的眼球葡萄膜塑造得这么逼真！上面的脉络清晰可辨。"

"天呐……"刘东伟双手紧紧地抓着相片，嘴里不断地重复着这两个字。或许是夜晚海风寒冷的缘故，他不由得浑身发抖。

"你也不要想太多，我这还只是推测。如果能让我看见雕像就最好了。"章桐轻声安慰，"很有可能是我错了。"

刘东伟没有说话，低着头，一声不吭。

章桐突然想起了一件事："我差点忘了告诉你，前几天，我接到出警通知，说是出现了分尸案，结果我到了现场才发现接警台把情况搞错了，是司徒敏的雕塑被盗了，确切地说应该是头部被盗。我去的时候见到头部被还了回来，但是眼睛，也就是雕塑的眼睛，不见了。最后，这个案子就被盗抢组按照程序结案了，因为没有出现人命案，所以，也就不在我的职责范围之内。"

"是谁报的案？"

"司徒敏的助理，"章桐不由得哑然失笑，"我当时还在想，你前妻确实很厉害，因为当她知道是自己的助理报案以后，还居然跑过来当着我们在场所有人的面，狠狠地扇了她一巴掌，那小女孩连吭都不敢吭一声。"

"她就是这样的人，一点都不奇怪。"刘东伟幽幽地说。

"后来，她当着我们的面，把那个失而复得的头像给砸碎了。"略微停顿后，章桐站起身，把相片重新装回了信封，递还给了刘东伟，"我那时候只是觉得有点不可思议，并没有往这个方向去想。目前还没有直接证据可以证明司徒敏的雕塑有问题，我想重案组还不能够仅凭借你手中的这两张相片就出具搜查令，毕竟那尊雕塑非常值钱。而从眼球部位取样做化验的话，就必须损坏原来的构造，风险太大，警局迫于压力不会出面的，所以我想，目前我还真的没有办法来帮你。"

"是吗？我知道了，谢谢你。"刘东伟晃了晃手中的易拉罐，抬手把最后一点啤酒倒进了嘴里。

夜深了，一股寒意袭来，章桐赶忙裹紧外套。她起身打算走，想了想，回头说："你走吗？都这么晚了。"

"不，我想一个人静一静。你先走吧。"刘东伟从兜里摸出香烟和打火机，趁海风还没有来得及把火苗熄灭，赶紧点燃了香烟，然后深吸了一口，上身向后靠在椅子上，再无言语。

章桐感到心里酸酸的，但也不知道说些什么："那好吧，你自己也保重身体。再见！"说着，她迎着越刮越猛的海风，艰难地向防波堤的出口处走去。看着章桐的背影逐渐消失，眼泪从刘东伟的脸上默默地滑落下来，他叹了口气，把脸轻轻地扭了过去。

海风呼呼作响，在漆黑的夜空中穿梭肆虐着，仿佛无数个幽灵在夜空中拼命哀号。因为过于疲惫，在酒精的作用下，刘东伟无力地蜷缩在椅子上渐渐地睡去了。

第十二章　寒蝉悲泣

"章医生，有人找你。"值班员的声音在耳畔响起。

章桐转过身，眼前站着一个年轻的女孩，年龄不超过 20 岁，身材高挑，穿着一件浅咖色的风衣，黑色铅笔裤，齐膝黑色长筒靴。她的双手插在兜里，脸部上颚向外凸起的程度比较明显，中切牙有些畸形。

"请问，你是法医吗？"年轻女孩大声地问。

"你找我有事？"章桐反问。她感到有些诧异，难道校管处的研究生部这么快又给自己派人过来了？

"我是来认尸的。"或许是担心章桐想不起究竟是哪一具尸体，她特意又强调了一句，"报纸上的那则认尸启事，就是你们在电影院发现的那具尸体。我知道她是谁！"

女孩从口袋里摸出一部大屏幕手机，右手食指快速地在屏幕上滑动了几下后，点点头，随即把手机递给了章桐："我想，你们要找的，应该就是她。"

没等章桐有反应，女孩继续说："她叫曹莹莹，是我同班同学。我们一起报名参加了心语高考美术辅导班。我们算是闺密加死党吧。她已经失踪好几天了，差不多一个礼拜的样子。而在平时，她是绝对不会不和我联系的！"

章桐皱眉，手机上是一张生日时拍的照片。相片里，一个年轻女孩头戴生日皇冠，一脸兴奋地在弯腰吹蜡烛。"她失踪前有什么异样吗？"章桐问道。

"没什么啊，就是很高兴，还去做了头发，说什么到时候给我们一个惊喜！"

"她是不是谈恋爱了，你们都是成年人，她是不是跟男朋友在一起？"章桐一脸的疑惑。

女孩不乐意了："她要是有男朋友的话，我肯定是第一个知道的。莹莹长得不漂亮，从初一起，就没有男孩子追过她！"

"那你为什么就这么肯定死者是你的朋友曹莹莹？"

"很简单，她身上穿的那件粉红色毛衫，尺码是七号的，胸口是星星图案，后背是月亮图案，是我送给她的生日礼物。一个月前，我们寝室刚为她庆祝完 19 岁生日！"女孩的眼神瞬间变得黯淡。她弓着背，穿着靴子的右脚开始一下一下地踢身边的大理石柱子，"这件毛衫，是我亲戚从国外带回来的，莹莹很喜欢，她穿着又合适，我就送给她了。在这边，应该不会这么快就有第二件。所以我担心死者是莹莹。"

因为死者的面部复原成像图是电脑模拟的，为了更直观地让死者的亲属能够辨别出尸体，按照惯例，还会在启事中附上死者被发现时的穿着打扮，只是不会过于详细。那具在电影院包厢中发现的女尸，章桐记得很清楚，专案组只展示了毛衫的一面图案——月亮，而另一面的图案——星星，没有透露更多信息了，更不用提毛衫的具体尺寸了。

"你叫什么名字？"章桐轻声问，声音温柔，充满了同情。

"任淑仪。"女孩努力在自己的脸上挤出了一丝笑容。

"淑仪，你跟我来吧。"

章桐冲着值班员点点头，然后带着女孩离开了大厅。

死者的身份很快得到了确认，看着毛衫和裤子，任淑仪失声痛哭，嘴里反复念叨："就是这件衣服，就是这件衣服，这上面的星星缺口还是我不小心弄上去的……莹莹，莹莹……阿姨，我到底该怎么跟她爸妈说这件事啊……"

女孩的哭声让章桐的心都快碎了。

那扇破窗子外面响起了"沙沙"声，听起来好像是有人在挖土。她急促地呼吸着，两手高举在头上，努力去够到破窗子上那似乎坚不可摧的不锈钢护栏，很显然，那是后来加装的。除了身后那道厚重的铁门，这个破窗户是房间里的唯一出口。

几天前，她也听到了相同的声音。她不记得是什么时间，也许是在晚上。她听到有人拿着铁锹在屋子后面铲土。

她坐着，蜷缩在床垫上，膝盖和手腕阵阵抽痛，让她难以入眠。破窗户还透着风，她又热又渴，额头灼烫，脑袋发晕，几乎无法思考。也许是发烧了，她知道自己肯定病得很重。或者说，自己会死在这里，永远都不会有人知道。

刚来到这个地狱一般的房间的时候，她努力挣扎，大声呼救，可是，渐渐地，她明白了，自己要保存体力。现在，她已经筋疲力尽，就连站起来伸手去够那个不锈钢护栏，都显得那么艰难。

"求求你，我不想死！"她的声音小到只有她自己才能够听得到。她开始无助地哭泣。泪水滴落在那件她刚买了没多久的粉色连衣裙上，她心仪这条裙子已经很久了，自从第一次在电视中看到自己喜欢的影星穿着同样款式的连衣裙后，她就一直想买。所以，在听说自己被选中做模特的那一刻，她第一个念头就是能够穿上这条差不多价值她整整一个月生活费的连衣裙了。如今，这条裙子早就已经面目全非。她伤心极了，可是她唯一能做的就是蜷缩在床垫的角落里，不停地浑身发抖。

"求求你，我不想死！"她嘴里来来回回地说着同一句话，可是她很清楚，除了自己，没有人会听见，也没有人会在意。

她听着窗外的铲土声，隐约之间，似乎有人在交谈，一股浓烈的腐臭味开始刺激她的鼻腔。她的眼泪流淌得更猛了。

铲土声还在继续，臭味也越来越浓，就好像一个化粪池的盖子被突然打开了一样。她有一丝不祥的预感："求求你，不要杀我，我不想死。我想回家！求求你！求求你……"她拼命挣扎，想要坐起来，可是身体刚刚移动一点距离，一阵晕眩感袭来，她颓然跌坐了下去。

铲土声变得愈来愈响，她害怕极了，本能地向墙角缩进去，仿佛钻进了墙角后，就再没人可以伤害到她。她后悔极了，想着如果自己能活着出去的话，以后一定会乖乖听爸爸的话。

可是，自己真的能够活着走出这个可怕的牢房吗？她不敢去想。越想只会越绝望。她的头发早就被剃光了，双手的十根手指指肚被硫酸擦拭过，让她痛不欲生。她不明白为什么要这么折磨自己。

"哐啷"一声，门锁被打开了，脚步声响起。她的心顿时提到了嗓子眼儿。这时候，她闻到了一股淡淡的香水味道。

"求求你，我不想死，求求你，我不想死……"

哀求是没有用的，绝望顿时袭上了她的心头。她闭上了双眼，决定不再挣扎。一根冰凉的皮绳套在了她的脖子上，皮绳的顶端是一双有力的手，它迅猛地收紧皮绳。她太虚弱了，死亡真的来得很快。双手双脚轻轻抽搐了一下后，整个身体就再也不动了。

十多分钟后，她的尸体被扔进了屋外臭气熏天的土坑，空荡荡的眼窝无助地凝视着黑暗的夜空。一锹，一锹……土不停地被铲起，然后洒落在她的身上，她的脸上，还有那件她心仪的粉色连衣裙上。坑被慢慢地填平了，就好像她从来都没有在这个世界上停留过一样，而她的眼睛，要幸运许多。

墙角阴暗的角落里，传来了一两声昆虫临死前的悲鸣。

很快，周遭又一次恢复平静，死一般的寂静。

"……我再跟你说一遍，警官先生，欧阳是好人，他绝对不会杀人的！他已经够可怜的了！女儿死了，工作丢了，又进了监狱。他已经做出补偿了，虽然说欧阳失手打死了我哥哥，但是谁能无过，对不对？他也不是有意的。而且你们警局已经给了我们全家足够高的荣誉和补偿了，人都已经死了这么多年，你们为什么还要翻旧账啊！难道你们就没有别的事情要做了吗？"

已经来了快半个钟头了，却依然一点进展都没有，看着对面的丁坤，童小川的脸上一阵红一阵白，耳根子发烫。不过这一切他都忍住了，他还没有忘记自己今天来的目的："丁先生，我想，你是误解我们警方的意思了。我们只是要查清楚事实真相。我们相信欧阳先生的为人。"

丁坤抿着嘴想了想，目光在童小川和小陆的身上来回转了一圈。

"丁先生，我们没有别的意思，你放心吧，我们只是想了解一下当初那起事故的过程，这也是最近工作调整，对老档案都要走一遍程序。"小陆非常机警，他的一番安慰明显让丁坤放下了戒备。

"你们真的保证我说的话不会被记录在案？"丁坤想了想，小声说。

童小川点点头："放心吧，我们警方说话算话的。你看，我们没有带任何录音设备，也绝对不会做笔录。"

丁坤这才平静了下来："我哥哥丁强这么死了，其实对我们全家和他自己来说，都是一种解脱！"

丁坤脱口而出的话让童小川和小陆很是惊愕："丁先生，你为什么会这么说呢？"

丁坤摇摇头，一脸的无奈："我哥哥丁强虽然是个禁毒警察，但是，因为工作需要，在一次卧底行动中他染上了毒瘾。后来，虽然说行动结束了，但是我嫂子和我们全家都明显地感觉到了哥哥的变化。他偷偷地变卖家产去熟悉的线人毒贩子那里买毒品，并且一发不可收拾。"

童小川感到有些不可思议。他知道参加卧底行动的禁毒警有时候为了不暴露身份，不得不当着毒贩的面吸毒，可能最终会染上毒瘾。但是当他真的面对这样的事情的时候，心里还是难以接受。

"他不想去戒毒所，怕丢了工作，又怕被人瞧不起。有一次在街上喝醉了发酒疯，我去把他接了回来，酒醒后，他就把事情都告诉了我，他说他不想活了。"丁坤的声音越来越低。

"你说什么？丁强曾经有过自杀的念头？"

丁坤叹了口气，用沉默回答了童小川的问话。

"事发那段时间，欧阳景洪来过你们家吗？"小陆问。

"是的，他来过我家。"丁坤把倒好茶水的杯子递给童小川。

童小川注意到对方用的是左手："丁先生，你平时习惯用左手做事，对吗？"

丁坤点点头："是的，我们兄弟俩都有这个习惯，应该是遗传的吧。"

走出丁家大门，童小川皱着眉没有说话，回到车上后，他坐到副驾驶位子上，示意小陆开车。他伸手从仪表盘下的储物柜里拿出了那份卷宗，抽出其中的尸检报告，上面很清晰地写着死者是死于贯穿式枪伤。

他隐约感到有些不安，拨通了章桐的手机："章医生，你还记不记得欧阳景洪是习惯用左手还是右手？"

章桐正好在解剖室，她拉开了装有欧阳景洪尸体的冷冻柜门，在仔细看过尸体的左右手后，她肯定地说："从他的指尖磨损程度来看，可以确定是右手。"

"我现在马上传一张尸检图片给你看，你判断一下这是子弹进入时造成的创面，还是出去时的创面，我需要尽快知道答案。"

"没问题。"

很快，章桐的手机上显示有图片传入，虽然像素不是很高，但是也足够用来进行辨别了。

章桐点开后，说："这是近距离枪击所造成的创面，是进入创口，在贴近太阳穴的地方开的枪，因为撕裂创面非常明显。创口在死者头部的左侧。"

听了这话，童小川忍不住长叹一声："根据死者丁强的弟弟丁坤说，他的哥哥是左撇子，而我刚才给你看的那一面创口，就在头部左面太阳穴。而丁坤向我们透露，他哥哥染上了毒瘾，并且曾经多次有过轻生的念头。所以，我怀疑丁强是自杀的。"

"如果丁强染上毒瘾的事情被局里知道的话，或者说丁强的死被确认为自杀，那么，他的家属的抚恤金就很有可能被追回！"章桐意识到事情的严重性，"这件事情，局里知道吗？"

童小川一阵苦笑："知道真相的人已经死了。"

"那为什么欧阳景洪要背下这个黑锅？"章桐问。

"我虽然不知道个中缘由，但我清楚欧阳景洪不只是个警察，更是一个为了朋友愿意两肋插刀的好兄弟。所以，我推测，当年欧阳景洪知道了丁强在卧底的时候染上毒瘾的事情，很有可能这件事情还和欧阳景洪多少有点关系。所以，他觉得亏欠自己的搭档。但是欧阳景洪也明白这件事情一旦被局里人知道后，丁强所要面临的处境。至于自杀，那可能是丁强一意孤行的抉择，但是为了自己的搭档，也为了他的家人，孑然一身的欧阳景洪就选择了自己承担后果，让自杀变成了事故，从而让丁强的家人领取到了一笔丰厚的抚恤金。这样一来，欧阳景洪自己也会得到安慰。"童小川的声音中充满了悲凉，"你要知道，那时候欧阳景洪的女儿死后，他是万念俱灰的。"

　　章桐的脑海中顿时出现了 13 年前那个在大雨中跪地哀号的男人。记得后来办理认领尸体手续的时候，再一次见到欧阳景洪，他已经瘦得脱了相。女儿死了，他的心也死了，如果说还要活着的话，目的也只有一个，那就是为女儿报仇。章桐重重地叹了口气，挂断了电话。如果只为了报仇而活着，那么后面所有事情的疑问就都可以找到答案了，除了他的死！

第十三章　死者的秘密

伴随着电话铃声响起，童小川从睡梦中惊醒，电话那头传来了一个男人不断抱怨的声音："公安吗？你们什么时候来把封条拆走啊？都过去这么久了，封条在那里，你叫我怎么做生意啊！别的住客看到了，都已经提出搬走了……"

童小川有些糊涂："你是谁？是不是打错电话了，我这边是专案组！"

"我找的就是你们，你是童警官，对吗？那个身材瘦瘦的小伙子？"电话那头依旧不依不饶，"赶紧过来，不然这些东西我可都要给你们扔到垃圾堆里去了！"

童小川突然想起来，给自己打来电话的，就是欧阳景洪住处的大楼看门人，也是房东，好像姓丁。

他赶紧打圆场："丁叔，你别急，我马上派人过去收拾，你别急啊，是我们的不对，我在这里向你道歉了！"

好不容易挂上电话，童小川懊恼地瞪了一眼电话机，这几天都忙昏头了。自从欧阳景洪出事后，他还没有来得及申请对他房屋进行搜查的搜查令。想到这儿，他赶紧拨通了局长办公室的电话。

这一趟确实没有白跑，虽然说上一次在欧阳景洪的床上发现了可以指证他杀人的至关重要的证据，但是还有一些个人来往信函，还没有过多地去搜寻和比对。童小川站在屋里的书桌前，看着为数不多的电费单据、水费单据等生活杂物，他的心中不免有一种深深的失落感。东西还在，人却没了。

小陆凑了上来："头儿，怎么样，这些还要查吗？"

"那是当然。"童小川开始一张张地翻阅。

"人都死了，这些都是些杂七杂八的东西，还能有什么用？"

童小川没有说话。突然，他的手指停止了翻阅，开始有意挑选一张张特殊的纸片，然后把右手边的杂物推开，腾出一个空间，把这些纸片按照时间顺序细心地排列起来。

这些都是汇款单，数额都在五六百元左右，时间跨度却有十多年。汇款单据的姓名一栏中填写的都是一个人的名字——戴玉农。

真得感谢欧阳景洪有收藏东西的好习惯。

童小川抬起头，对身边站着的小陆说："我们马上按照这个地址，去会会戴玉农。"

"他和我们的案子有关吗？"小陆不解地问。

"有关无关，去了就知道了。"

戴玉农是个残疾人，他的残疾程度还不是一般的严重，即使有轮椅，他也无法自己操作。所以，童小川看到他的时候，顿时像个泄了气的皮球，脸上露出了沮丧的神情。

戴玉农却笑出了声："警察同志，怎么啦？我这个样子，可都是帮你们干活落下的啊！"

童小川心里不由得一动，他掏出了那一沓厚厚的汇款单放到戴玉农的面前："这些，都是寄给你的，是吗？"

戴玉农瞥了一眼："没错，怎么了？"他的目光朝童小川和小陆身后看去，"欧阳呢？他怎么没来？"

童小川和小陆面面相觑，这才轻声说道："他死了，自杀。"

"这怎么可能？"戴玉农的声音顿时高了八度，"那你们以后谁负责我的养老待遇？"

童小川皱了皱眉："戴先生，你是他的线人？"

"曾经是。"戴玉农撇了撇嘴，"如果不是给你们卖命，我的脚筋、手筋，还有第四根脊椎骨，都不会被那帮混蛋给活生生地挑断、打断，我的下场也不会这么惨！也不至于厚着脸皮靠你们警察那些施舍过日子！我现在和死人相比，只是多了一口气罢了。"

"你胡说，警察根本就没有给线人福利待遇这条规定。"小陆实在看不下去了，他严肃地说道，"戴先生，这些钱，都是欧阳景洪用他自己挣的钱寄给你的，你好好给我记着，这不是施舍，这是承诺！十多年的承诺！你知道吗？"

这一番话，犹如一记耳光狠狠地打在了戴玉农的脸上。他愣住了，满脸惊讶的神情："那家伙为什么要这么做？他现在还在警局吗？不不不，他到底是怎么死的？是不是被那帮混蛋害死的？"那帮混蛋指的当然就是贩毒团伙的人。

"他早就已经辞职了。"童小川说。

"是吗？这到底是什么时候发生的事？"戴玉农急了，追问，"那个内奸呢？他有没有说出来？"

"内奸？"童小川一愣，"你什么意思？"

"那还是 13 年前的事啦，我跟他说在你们警局内部有个内奸，贩卖情报给贩毒团伙，所以你们的行动才会有几次落空啊。年轻人，你怎么就这么不开窍呢？"戴玉农越说越气。

"没有，我看过那段时间的督察报告（警局内部专门对警员设立的调查部门），没有提到过有内奸。你是不是记错了？"

一听这话，戴玉农的脸色顿时变了："难道说，他根本就没有说出来？"

"你可以跟我们说。"童小川隐约感觉到了事情的严重性，"如果你所说的这个人真的是我们警察中的败类的话，我答应你，我肯定不会放过他的，无论过去多么长的时间，我一定会亲手送他进监狱！"

可是，当戴玉农说出一个名字后，童小川的心都凉了——齐志强。

"怎么可能是他？你确定吗？"小陆忍不住追问。

"每次他从马仔手里拿钱，我都看到的，每一次，至少有这个数！"戴玉农伸出一根手指，"如果你不信，可以去监狱里问'潮州帮'的人。当初，整个'潮州帮'被欧阳景洪抓进去的人不少，没那么快放出来。"

走出戴玉农家，小陆问："头儿，你相信他说的话吗？"

"他都这个样子了，还有心思来糊弄我们警察玩儿？我看犯不着。"说着，童小川掏出手机，拨通了下属小安的电话："马上给我查齐志强的财务状况，越快越好，包括他名下和他妻子名下的所有账目，一个都不能漏掉。"

"头儿，接下来我们去哪里？"

"回去。对了，先去一趟体育馆，我要拿样东西。"安平市体育馆在有比赛项目时，它是体育馆。而平时，它还是全市唯一的一个展览中心。

在回警局的路上，小陆看见童小川怀里紧紧地抱着一大堆有关各种各样展览的海报广告纸，正饶有兴趣地一张张翻看着。

"杀死李丹的凶手是一名个子比她矮小的人。"章桐一边说着，一边把新的尸检补充报告和一个U盘递给了童小川，"我仔细登记了所有在李丹骸骨上找到的刀痕的力度和方向，根据三维模拟程序，我做了一个简单的凶案发生时的复原过程，你可以看一下。"

童小川点点头，把U盘插在电脑上，虽然整个模拟过程只有短短的一分多钟时间，而真正行凶的过程比这个持续的时间要长很多，但这个模拟过程已经非常逼真地再现了当时现场的冷酷与残忍。

谋杀是从背后开始的，当死者背对着凶手时，她做梦都不会想到接下来会发生什么：一刀直接从背后深达死者的肺部，她当场因为肺部汹涌而来的鲜血而变得呼吸困难，从而迅速失去了抵抗能力。她扑倒在地上，还没有来得及回头，一刀刀瞬间刺了下来。刚开始的时候，凶手是看准了位置下手的，而到最后，那几乎就是一场毫无目标的屠杀，凶手疯了一般地挥舞着手中的刀，刀痕遍布死者全身……

"天呐！"童小川迅速把视线从屏幕上移开了。

"一共92处刀痕。"章桐轻轻叹了口气。

童小川说："那个东大的清洁工曾经提到李丹的心事很重，性格内向，所以，如果说她知道秘密的话，她不一定会选择说出来。但是最后，那老人说李丹做了决定，说'一定要去做那件事'，说她'想通'了，我怀疑可能是这个时候，被凶手知道了。而不久后，李丹就失踪了。我后来打电话问过李丹的家人，询问她在失踪前是否给家里打过电话，她家里人说没有，但是有人去找过她。"

"谁？"

"是李丹父亲接待的，因为他得了老年痴呆症，脑子不是很清楚，一时说不出对方的身份。但是李丹母亲说，可以肯定是认识的。不然的话，李丹父亲不会放那个人进门。"

"那人很有可能就是凶手了。"章桐一脸的无奈。

"是啊，但是没办法确定身份，只知道对方问了李丹在东大哪个学院进修，以及联系方式。不过，有一点可以肯定的是，那人来的时间，李丹父亲记得很清楚。"

"是吗？"章桐来了兴趣，"不过按照医学上来说，一个老年痴呆症患者虽说有可能会记住某个特定的时间段发生的事情，但是概率不会很大。"

童小川有些尴尬："章医生，这回，你可是犯了个逻辑性错误。李丹父亲因为脑子不太能记住东西，所以，每次发生什么事情，他都会想办法记下来。在他的衣服口袋里装满了纸片，所以，我们才能够知道那人拜访的时间和李丹失踪的时间相差无几，都是三年前，不过一个是4月2日，一个是4月4日。"

"李丹失踪的日子，你怎么查出来的？"

"她的正常离校时间是4月5日清明节假期，所以，4月4日，按照惯例，她还会去食堂用餐。但是总务处的老师后来查了刷饭卡的记录，证实那天李丹没有去吃午饭，而以前的几乎每一天，李丹都会去吃午饭。起先，他们还以为李丹已经提前离校了，但是一个月后，她还没有归还饭卡换取押金，因这样的事情很常见，校方也没有进一步查。谁都没有想到的是，那时候李丹已经被害了。"童小川叹了口气，"如果能早一点发现李丹失踪并且报案的话，这个案子就不会这么难处理了。"

"她只是一个普通的交流学者，校方不会像管理学生那样去管理她的，你也不能怪别人。"章桐说。

"对了，章医生，李丹的死因能判断出来吗？"

"虽然说骸骨还没有找全，但是按照这个模拟三维立体复原过程来看，脏器破裂导致失血性休克死亡，这个死因基本上是可以确定的了。"

"如果按照男性犯罪嫌疑人的作案方式来看，一般不会采取这种激情杀人的方式，因为男女肌体不一样，男性在体能上占有完全的优势。如果我是男性凶手的话，我会是一刀毙命，或者说以别的比较干脆的方式，而不是这种多处锐器伤导致失血过多死亡。"

章桐点点头："你说得没错，所以，根据凶手是个个子矮小的人这个条件来判断，不排除凶手是女性的可能！"话音刚落，章桐心中一惊。她暗暗告诫自己，在这件事情没有任何定论之前，包括以后，都不应该再继续跟刘东伟谈起这件事了。不管怎么说，司徒敏毕竟是他的前妻。

"我们的女儿不见了，警察同志，我们是来报案的，请你一定要帮帮我们！"眼前的这对中年夫妇泫然欲泣，神情疲惫。今天轮到重案组的小安值班，因为接连几天都没有休息好，他的精神很差，桌上的咖啡已经是从早上到现在的第四杯了。

小安一边在记录本上"刷刷"地填写着，一边头也不抬地问："孩子多大？"

中年夫妇互相看了一眼，孩子父亲叹了口气："还差一个礼拜就满 20 岁了。"

小安停下了手中的笔，抬头看着他："都这么大了，那已经算是成年人了啊。你们确定她不是和你们闹矛盾，自己离家出走了？"

一听这话，中年夫妇急了，孩子母亲赶紧抢着说："警察同志，我女儿子墨是个很听话的孩子，非常听话的，她不可能离家出走的。她到现在都还没有谈男朋友。要是有什么事，肯定会第一时间告诉我和她爸爸的。再说了，她失踪前，我们根本就没有闹过矛盾。"

"那她从失踪到现在有多长时间了？"

"四天！我们本来是去派出所报案的，后来他们说现在不是'特殊时期'吗？找了好几天都找不到人，肯定出事儿了，所以建议我们到你们市局刑侦大队来报案。"中年男人恳切地看着小安。

"特殊时期？"小安愣了，不过随即就明白了派出所的意思，那个电影院的案子虽然说已经知道了死者的身份，也在安排死者家属的确认手续，但是案子没破是一个不争的事实。所以，面对相同类型的年轻女性失踪案件，如果无法确认案件的发展方向，为了不耽误调查，下属派出所都会在直接报给市局的同时，建议失踪者家属去市局刑侦大队报案。

"你们把女儿的相片带来了吗？我是指正面大头照。还有她的私人用品，比如说发梳。"小安拉开抽屉，拿出几个塑料证据袋，同时戴上了手套。他接过中年夫妇递给自己的一些私人物品和相片后，直接就把它们装入了证据袋，填上标签。看着小安忙个不停，中年夫妇不免有些担忧："警察同志，我们女儿不会有事吧？"

"没事，没事，你们别太担心，我们马上安排人手去找。"

"那这些东西？"

小安微微一笑："这是正常的接警程序，只要我们刑侦大队接下的失踪案子，都会这么处理的。有备无患，你们不要太担心！"

小安努力装着轻松的样子，但是他的心沉甸甸的。在登记完一切相关手续后，小安拿着这些证据袋，直接来到了技侦大队，找到了章桐，请求提取DNA留档。

"你确定这个叫叶子墨的女孩，也是案件中的潜在受害者之一？"章桐问。

小安点点头："年轻女性，喜欢画画，生活中没有异性朋友，社交圈子非常窄。自己开了一个小绘画班，收学生，收入虽然不是很多，但是维持生活还是可以的。偶尔出去打打工。已经失踪四天了。她平时没有和别人红过脸。听她父母说，失踪前也没有什么异样情况发生。"

"打工？"章桐看着相片中一脸阳光的年轻女孩，总感觉有些眼熟，她问道，"什么类型的工作？"

"我问过她父母，好像是给人做展览现场的规划设计等一些辅助工作，给人当助手。"

"是吗？"章桐仔细端详起了相片中的女孩，皱眉说，"我真的好像在哪里见过她，因为我对她面部下颚骨的结构非常熟悉，这女孩应该在小时候做过整形手术。你帮我打电话问问她父母，可以吗？"

"当然没问题。"小安立刻掏出了手机，按照报案记录上叶子墨父母留下的电话拨了过去，很快就得到了答复。

"章医生，你看得很准，这女孩确实在小时候做过整形手术。原因是一次意外的事故，在学校表演时从舞台上掉下来了，正好磕到下巴，导致下颚骨粉碎性骨折。"

章桐忧心忡忡地看着小安："马上通知你们童队，就说失踪者叶子墨曾经在体育馆打过工，她的雇主是司徒敏。这女孩凶多吉少。"

"司徒敏？就是那个著名的雕塑家？"

"就是她。那次盗抢案，值班员搞混了，以为是碎尸案，就通知我去了现场，结果是司徒敏的一尊雕塑被人砍去了头颅。当时报案的就是这个叶子墨，她是司徒敏的助手。"

"我明白了，章主任，我这就过去通知童队。"

章桐感觉到正在一步步接近真相，与此同时，她也越来越感觉到内心深处的阵阵不安。她的眼前又一次出现了司徒敏打在叶子墨脸上的那一记狠狠的耳光，女孩连吭都不敢吭一声，目光中充满了恐惧和自责。令章桐至今都难以相信的是，叶子墨之所以挨那一记耳光，竟然只是因为她报了案。

已经过去了四天的时间，人还没有找到，叶子墨还活着的希望已经逐渐变得渺茫。

深夜，章桐坐在床上，翻阅着几份报纸，却一个字都看不进去。她的目光一次次地扫过床头柜上的电话。

直到凌晨三点才勉强有了些许睡意，可是没过多久，她似乎听到门口有轻微的脚步声经过。想着应该是楼上爱打麻将的邻居半夜回家，便也没放在心上。

第二天早上，章桐打开门准备去上班时，她转身低头锁门，那一刻，她的心不由得一沉：门前的踩脚垫子上多了一个棕黄色的马尼拉纸信封。

十多天前熟悉的感觉又一次回来了，因为章桐确信这个信封里装的并不是一封信。它很厚，厚到有足够大的空间可以在里面塞上一个装着两只眼球的小纸盒！

该死的！章桐赶紧锁好门，然后小心翼翼地捏着大信封的边缘，迅速跑下了楼。

第十四章　完美的结局

案件分析会是在半小时前召开的。童小川在会上做的第一件事，就是给在场的每个人都分发了一份海报，海报的内容就是司徒敏在安平市的个人雕塑展。章桐并没有出现，原本她坐的位置，现在是空着的。小陆低声告诉童小川："章医生说要等个DNA检验报告，一会儿就过来。"他点点头，便没有再多说什么。童小川站起身，打开投影仪，上面正是两天前警局讯问室的监控记录。

"大家注意看，齐志强把手中的书推到欧阳景洪面前时，刻意没有打开外面的海报，而欧阳景洪也根本就没有接触过这几本书，他唯一做的，就是盯着这张海报看了很长时间，紧接着，他就交代了自己曾经的所作所为。"童小川神色凝重地说，"而在这之前，他几乎是一个字都不肯说的。大家心里都很清楚，作为一个曾经的禁毒卧底警察，欧阳景洪的心理素质非常过硬，而从这段监控录像中，我推测：欧阳景洪知道杀害自己女儿的凶手是谁，而齐志强想要跟欧阳景洪表示的，就是自己也已经知道凶手是谁，剩下的，就是叫欧阳景洪放心，他会替他去完成所有的一切。"

"那凶手和这张海报之间到底有什么关系？难道说凶手就是司徒敏？"

"目前并没有直接的证据指向司徒敏，不过我已经派人对她进行了 24 小时的监控。现在我要给大家看的是，当时在书的正上方，并不是司徒敏的头像，你们看。"说着，童小川指着后面投影壁上显示出的两张截图，左手边的一张，是司徒敏身旁的那尊雕像头部，而右手边的一张，则是一个年轻女孩的正面相片。

"左面这一张，是司徒敏出道后最成功的作品，荣获过无数奖项，名字叫《爱人》，作品完成的时间是 13 年前。而 13 年前，司徒敏还名不见经传，她也只有十八九岁。而右面这一张相片，如果熟悉 13 年前那件迟迟未破的明山中学女生被害案的话，就应该很容易把她认出来，这人就是死者欧阳青，欧阳景洪的女儿！你们说，谁才会对一个人这么熟悉？答案是：她的父亲！"

"可是不能光凭借雕像，就说司徒敏是凶手，对吗？你还有什么证据？"

"这个，我已经派人送去法医处等待面部骨骼对应测量的结果。如果能有三个到五个基准点相吻合的话，那么，就可以肯定这幅作品的模特原型就是欧阳青。"

一直默不作声的局长问："齐志强也是一个老警察了，他为什么要这么做？"

"欧阳景洪以前的一个线人向我透露说，齐志强曾经为了经济利益而向贩毒集团透露缉毒组的行动时间，以至于缉毒组有好几次行动都扑了空。而他曾经把这条线索告诉过欧阳景洪。但是欧阳景洪一反常态，并没有向局里报告。为此，我派人调查了齐志强和他妻子近十年来的财务状况，发现他们依然住在普通的居民区，并且生活条件非常糟糕。他妻子卧病在床，很多年没有办法工作，而他去年去世的女儿，13 年前突发顽固性精神分裂症，最后没办法，出于人身安全考虑，齐志强就把女儿齐小丽送进了精神病康复中心。那地方的医疗费用是非常昂贵的，光靠齐志强那点工资根本不够，所以，他就走上了歪路。我的推测是，欧阳景洪知道齐志强的难言苦衷，所以，他以替齐志强隐瞒情况为条件，要求齐志强收手。而齐志强为了报答欧阳景洪，在得知欧阳景洪再也没有办法出监狱大门的时候，毅然通过这种独特的方式来告知欧阳景洪，让他安心上路，剩下的事情，自己去完成。而欧阳景洪也就心领神会地选择了自杀，试图把所有的秘密都带到地底下去。"

末了，童小川叹了口气："可惜的是，我们去晚了一步，齐志强失踪了。他那次离开警局后，就彻底去向不明了。"

"那他家人呢？"

"现在看来，他早就做了安排，他把患病的妻子托付给了自己的邻居。我们查过他的家，他什么私人物品都没有带走，就这么凭空消失了。"

就在这时，章桐急匆匆地出现在了门口，她晃了晃手中的检验报告："结果出来了，放在我们门口的这只纸盒子里的人类眼球，属于13年前明山中学女生被害案的死者欧阳青，虽然过去了这么长时间，但是因为经过防腐处理，眼球还算保持完整。指纹鉴定组从纸盒的内部也发现了半枚模糊的指纹，经过比对，和我们警局档案中辞职的警长齐志强的指纹相吻合。可以确定，这个送眼球到我家门口的人就是齐志强。"

"我还在眼球上发现了石膏和油漆的成分，可以推断出，在这之前的13年中，这对人类眼球一直是被精心保存在一个密闭的空间中的，并且用石膏包裹着，所以，才不会腐烂殆尽。"

童小川突然想起了什么："我记得前几天，在体育馆的展览中心曾经发生过一起窃盗案，后来因为失窃物品被归还了，盗抢组就没有移交给我们。而失窃物品是一个雕像的头像部分。"

章桐点点头："你说得没错，我当时就在现场。"

"但是我们不能只是因为怀疑就去搜查，这是没有依据的，万一不对的话，反而会打草惊蛇。"局长问，"那齐志强这么做的动机是什么？"

"我想他应该是向我们指明应该怀疑的对象吧。可是，我记得那个雕像头颅部分后来被司徒敏，也就是那个雕塑家给当场砸毁了。所以说我们错过了这个很好的机会。"章桐懊恼地说，"我记得欧阳景洪只承认了废弃工地女尸凶杀案是他所为。所以我刚才又比对了东大案尸骨上的刀痕和废弃工地上的女尸脸部的刀痕，两者虽然都是由特殊的刀具产生，但是有着本质的不同，东大尸骨案中尸体上的刀痕要比另一个薄很多，所以，应该不是同一把刀造成的！"

"马上派人找到齐志强，传唤他。还有，现在看来，重点还要调查司徒敏。她应该还在我们安平市吧？"局长问。

"展会还没有结束，她应该不会走的。"童小川回答道。

苏川，司徒敏的家。

门铃在八点钟时响起。司徒敏正弯腰把碗碟装进洗碗机，突然响起的门铃声让她有点焦躁不安，她抓过一条毛巾擦了擦手，然后走到大门前。刘东伟正站在门外的台阶上，厚厚的风衣领子翻上来包住了他的耳朵。

司徒敏愣住了，她做梦都没有想到刘东伟会主动突然出现在自己的面前。一时之间，她也不知道自己该说什么才好。

"这么冷的天，总可以让我进去坐坐吧？"刘东伟小声说。

司徒敏犹豫了一下，随即把大门完全敞开，退后一步："进来吧。"

刘东伟并没有把自己的外套风衣脱下，他走进玄关，直到身后的大门被司徒敏轻轻关上，他依旧裹紧了风衣。

司徒敏觉得刘东伟这么做好像是在向自己表明，他并不会在这个曾经也属于他的家里停留太久。两人默默地一前一后来到起居室的沙发上坐下。

"要喝点什么吗？"司徒敏问。面对眼前这个熟悉而又陌生的男人，她突然有些恨不起来了，毕竟离婚已经这么多年。前段日子一见面就吵，但是现在看着灯光下刘东伟的脸，司徒敏内心深处最软的一块地方竟然被触动了。

"随便吧。"刘东伟努力在自己的脸上挤出一丝笑容。

司徒敏顺手把茶几上的烟递给了他："你来找我干什么？"

"没什么，就是顺路过来看看你，毕竟这么多年过去了。"

"我有什么好看的？"司徒敏一脸苦笑，"我们都离婚了，早就没有任何瓜葛了。难不成你还惦记着我老爸给你留下些什么值钱的东西？"

"你放心吧，不属于我的东西，我一点都不会拿。"刘东伟回答，"对了，你的展会我去看了，非常棒！祝贺你！"

"是吗？你就别虚情假意了，我们结婚这么多年，你从来都没有对我的任何作品感兴趣过，现在倒过来凑热闹。说吧，你到底是为什么来的？你一向都是无事不登三宝殿的。"司徒敏言辞之间充满了不屑。

"那尊'爱人'，我注意到你并没有把它列入出售的名单中。为什么？能告诉我吗？"

"我不想卖，仅此而已。"司徒敏没有看刘东伟。

刘东伟静静地坐着。过了一会儿，他从风衣口袋里取出一本日记本，递给了司徒敏："这是你父亲写的日记。你好好看看吧。"

"日记？"司徒敏惊讶得瞪大了眼睛。

"他 13 年前去过安平。有关那段时间的日记，我都已经做出了标注，便于你翻阅。对了，我忘了提醒你，你手里的这本只是副本，正本我已经保存起来了。"

听了这话，司徒敏的脸上不由得一阵红一阵白。

"看完日记后，我希望你能明白司徒老师的一番苦心，然后做出正确的选择!"说着，刘东伟站起身，向起居室门外走去。

"你去哪里？"

"洗手间。怎么，怕我偷你东西？"刘东伟哈哈一笑，推门走了出去。

这里对于刘东伟来说非常熟悉，毕竟曾经是他的家。所以司徒敏也就没有再多说什么。

洗手间在一楼的尽头，紧挨着洗手间的，就是司徒敏在家中的工作室。在刚才将了司徒敏一军后，刘东伟知道极好面子的她不会马上跟过来。于是他先走进洗手间，磨蹭了一两分钟后走了出来，见走廊上空无一人，就径直推门走进了司徒敏的工作室。

房间里亮着一盏瓦数极低的灯，鹅黄色的灯光，使得周围的一切都蒙上了一层淡淡的阴影。空气中弥漫着消毒水和石膏混合的味道，还夹杂着油漆味。他绕过房间地板上摆放得杂乱无章的工具，直接走到了正中那座一人多高的雕像前。雕像被一层天鹅绒布盖了个严严实实。刘东伟伸手拉开天鹅绒布，眼前出现的是雕像的未成品，脸部还没有做最后的修饰，只是初步成型。

刘东伟迅速从风衣外套口袋里摸出一把锋利的医用骨穿刺针筒，然后看准了雕像的眼睛部位，用力扎了进去，由于外胚还没有经过处理，所以，针筒很轻易地就穿透了雕像的眼部。刘东伟的心跳几乎停止了，耳畔一片死寂。他深吸一口气，然后单手抽动针筒尾部。

针筒尾部虽然移动艰难，但是它毕竟是在一点一点地向后挪动，刘东伟的心都凉了。虽然因为光线的缘故，他看不太清楚针筒中的东西，但是他知道，如果雕像的眼球是泥制的话，针筒绝对不会被抽动的。

"该死的家伙！"刘东伟低声地咒骂着。

事实证明，章桐的推测是正确的。刘东伟的心情糟糕透了。

半夜，章桐在家工作，电话铃声响了起来，她还没来得及接，来电者就把电话挂断了。半小时后，电话又响了起来，章桐刚拿起话筒，才说了声"喂"，线路又中断了。

是谁？这半夜三更的，想找自己，却又犹豫该不该说。这不像是骚扰电话。难道说打电话过来的是齐志强？章桐的思绪被彻底打乱了，她站起身，来到厨房，倒了一杯咖啡。

当她转身继续写报告时，门铃响了起来。章桐皱眉，迅速来到门口，右手抄起了门口角落里的那根铁棒。

她从猫眼看出去，是穿着黑色风衣的刘东伟。那些挂断的电话，章桐心想，应该是他要确定章桐在家，很显然他要当面和自己说话。

"请进吧。"刘东伟跟着章桐走进了房间，看到凌乱不堪的写字桌："这么晚，你还在工作啊。"

"我在写一份报告。你找我有事吗？"章桐给刘东伟倒了一杯咖啡。刘东伟则呆呆地坐在椅子上，双手紧紧地握着盛满咖啡的马克杯，似乎想要从温热的咖啡中汲取足够的能量。

"外面很冷。"

"都快两点了，我不会问你怎么知道我的住处的。你今晚找我有什么事吗？"章桐在刘东伟面前的沙发上坐了下来。

她注意到刘东伟左眼的下眼睑在不停地跳动，眼神迟钝，皮肤苍白，看上去比那一次在海边见到他时还要憔悴不堪。

"你没事吧？"

"我开了三个小时的车，今晚，能让我在你这里过夜吗？"刘东伟头也不抬地说，"我太累了，你这里是我唯一认识的，而且还亮着灯的地方。"

章桐想了想："好吧，不过我这儿地方很小，你不介意睡沙发吧？"

刘东伟的脸上总算是露出了一点笑容："睡沙发总比窝在车里强多了。谢谢你！"

章桐点点头，站起身："我去拿被子给你。"

第二天一早，闹钟把章桐从睡梦中叫醒，她移动了一下发麻的胳膊，身上盖着的一件大衣瞬间掉落在了地板上。昨晚太累了，她就趴在写字台上睡着了。章桐回头看了一眼沙发，上面已经空了，被子叠得整整齐齐堆放在一边。

"刘东伟？"屋子里静悄悄的，章桐的目光落在了被子上面，那是一个鼓鼓的档案袋，里面好像装着东西。

她一脸狐疑地伸手抓过档案袋，袋子没有封口。倒出来后，看着眼前的东西，章桐不由得愣住了。

一把医用骨穿刺针筒被完好无损地放在塑料袋里，袋子里的空气还被小心翼翼地抽走了。还有，就是一张手写的字条："对于里面的东西，你知道该怎么处理。"

章桐不由得长长出了一口气。

海边，除了刘东伟，没有别的人。夜色朦胧，周围一片漆黑，最近的路灯都在百米开外。刘东伟蜷缩在椅子上，身边摆着满满一扎啤酒。

他一口一口慢慢地喝着，已经记不清自己喝了有多长时间了。今晚不是很冷，风停了。在他身后不远处，是自己租来的车。他不想在车里喝酒，吹吹海风，或许能够让自己变得清醒一点。

下午的时候，章桐打来了电话，肯定了针筒中的液体正是人体眼球中的房水。虽然说通过提取DNA来确定该眼球主人的过程还很复杂，不是一时半会儿就能完成的，但是司徒敏涉案已是一个不争的事实。

末了，章桐担心地询问刘东伟现在在哪里。没等章桐说完，刘东伟就默默地挂断了电话。虽然说自己对司徒敏并没有什么感情，但是正如她所说，毕竟两人结过婚。司徒老师也曾亲自拜托自己照顾司徒敏。刘东伟心里感到深深的自责。

"对不起，老师！其实我早就该发现了！但是我没有阻止她，这是我的错，是我的错啊……"刘东伟喃喃自语，一仰头，喝完了易拉罐中的最后一点酒，他痛苦地闭上了双眼。

海风在耳畔轻轻地吹着，刘东伟感觉不到一丝寒意，他双手抱着头，无声地抽泣着。

突然，脑后脖颈处传来一阵轻微的刺痛。

因为酒精的缘故，刘东伟并没有在意，这两天自己都没有休息好，肌肉反射刺痛也是很正常的。

他正要顺手去摸，就在这个时候，可怕的一幕发生了，他感觉到头晕目眩、四肢僵硬，手臂也似乎成了摆设，不管怎么努力，他都没有办法抬起自己的手。

这绝对不是酒精的作用！刘东伟内心一阵慌乱，意识渐渐变得模糊。但是可怕的是，自己的听觉却变得越发灵敏了起来，他听到自己的脑后传来了轻轻的喘息声。他没办法去辨别发出这声音的是人类还是动物，只是他很奇怪，喘息声是什么时候开始的，为何它会突然间离自己这么近？他感到喘息声就在脑后，时有时无，断断续续。

他开始变得有些躁动不安，用尽全身的力气试图张大嘴巴，但呼吸困难。他的双眼已经看不清了，眼前的海面，还有不远处的灯塔，都消失得无影无踪。他能看到的只是偶尔闪现的点点亮光罢了，即使如此，这亮光也是如此微弱不堪。

这时候，刘东伟才真切地感受到了本能的恐惧。他的呼吸越来越困难，严重的缺氧使得他的脸色变得发紫。

他想，绝对是中毒了，如果不是血液中酒精浓度升高的话，毒性不会发作得这么快!

更为恐怖的一幕发生了,一条黑色的带状物突然从他的右手手腕处爬了上来,眼看着很快就要到达他的脖子了。刘东伟似乎听到了"丝丝"的声音。是蛇!

它根本不应该出现在这里的。可是,眼前的这条蛇,正在向自己步步紧逼,而裸露在外的颈动脉处,只要被它咬上一口,后果将不堪设想!

刘东伟突然明白了,这蛇的主人,就是杀害自己恩师司徒安的凶手!他竭力挣扎着,试图抬起左手,把这条正在自己身上盘旋而上的毒蛇给赶走。可是,他一点都动不了。

完了,难道自己就这么完了?

就在这时,突然有一双手在自己的眼前出现,耳畔传来一声怒吼,紧接着,"丝丝"的声音消失了。刘东伟的脖子上传来一阵刺痛,他感到有一种液体正在急速地渗入自己的血液中。而随着这股液体的到来,他的呼吸也逐渐恢复了。

"这是蛇毒血清,就这么点,你躺着别动,我可没第二支救你。"说话的是章桐。

"我……"

"我叫你别动!"

章桐转身,在她脚边,司徒敏倒在地上。可是尽管如此,她的手中依然紧紧地抓着一块大石头,地下是被她猛砸成两截的毒蛇。一盏应急灯被踢落到不远处。章桐赶紧扶起司徒敏,让她靠在自己怀里:"你怎么样了?警察和救护车马上到。"在应急灯的光晕中,司徒敏的嘴唇已经变得发黑,她长长地出了口气,张了张嘴,却说不出任何话来。

章桐心里一沉,顺着司徒敏的右手看去,果然,那条濒死的毒蛇狠狠地一口咬在了她的手腕上,只不过一会儿的工夫,她的半条胳膊就已经发黑肿胀了起来。章桐急了，一把撕开司徒敏的衣服，不出她所料，黑线已经快要接近心脏的位置。"怎么办，怎么办……肾上腺素用完了，你要挺住，马上就到了！"章桐焦急地呼喊着。司徒敏摇摇头，艰难地伸出左手，可是，手才伸到一半，就重重地落了下去，呼吸也随即停止了。在她的脸上，是一抹淡淡的微笑。她伸手摸了摸司徒敏的脖子，已经摸不到脉搏的跳动了。

"不！"耳边传来一声凄厉的呼喊，一个黑影发了疯一般向章桐冲了过来，怒吼道，"你还我女儿！"章桐的心剧烈地跳动着，她轻轻放下司徒敏的尸体，然后站起身，愤怒地看着失去理智的丁美娟，脑子里轰隆作响。

就在这个时候，又是一个黑影从反方向冲向丁美娟，两人接触的刹那，黑影挥动了一下自己的右手臂，丁美娟颓然倒地，在地上抽搐着，很快就不动了。

事情的突变让章桐脑子里一片空白，她刚想开口，那黑影转过身来，看着章桐。刺耳的警笛声由远至近，但是这个黑影没有离开，他反手从自己的裤兜里摸出了一副手铐，给自己铐上后，来到章桐跟前，把两把手铐钥匙和带血的匕首都递给了她，淡淡地说道："我累了，带我走吧，我向你们投案自首。"

应急灯光下，齐志强的脸显得格外憔悴，却又异常平静。似乎对他来说，这才是一个最完美的结局。

章桐走上前，在丁美娟的身边蹲下，想伸手去查看丁美娟的伤势。齐志强冷冷地说："不用费心了，她已经死了，因为我刺穿了她的肺动脉，现在谁都救不了她了！"

章桐愣住了，她无力地跌坐在地面上。

案子结束了，章桐心中却有很多疑问没有答案。

齐志强对章桐的到来一点都不感到奇怪，相反，他只是微微点头，算是打过了招呼，然后就闭上了双眼，神情疲惫，似乎不愿意再说一个字。

"老齐，按辈分来说，我应该叫你一声前辈，因为你比我更早加入警局。记得宣誓的时候，你还曾经对我们训过话。"章桐在他面前坐了下来，"我今天之所以来送你，一方面是对你的敬意，另一方面，我很想知道你为什么要这么做？难道真的只是因为对欧阳景洪的一句承诺？"

齐志强睁开眼，看着章桐，笑了："我不是圣人，所以，大公无私也是不可能的。"

"那到底是为什么？"

"我女儿，小丽，你还记得吗？"齐志强的目光直视着章桐。

章桐遗憾地摇摇头："印象不是很深了。"

"是啊，她已经疯了这么多年了，怎么还会有人记得呢。"齐志强轻轻地叹了口气，"小丽和欧阳的孩子青青是好朋友。我家小丽呢，性格很像她妈妈，非常胆小怕事，而欧阳的孩子正好相反，所以两人关系从小学时候开始就很不错。后来，小丽和青青都想考艺术类院校，在高考前，就一起参加了培训班。出事那天，青青先走的，我家小丽等了半天都没见她回来，就去找她。至于她看到了什么，我不知道，反正那天晚上回来后，小丽就彻底变了，胡言乱语，疯了一样，也认不出我和她妈妈了。没办法，我把她送到医院，结果被诊断出是顽固性精神分裂。因为她的无意识行为已经严重伤害到了周围人的人身安全，我没有办法，只能把她送到精神病康复中心去。没想到的是，这一送，就是整整 12 年的时间啊！"

"小丽是怎么死的？"

"跳楼，趁管理人员不注意，溜到天台，跳了下去。我事后才知道的。院方怕承担责任，隐瞒了所有在她房间里发现的东西。我后来看到了相片，她在房间的墙上画满了眼睛。"

"天呐！"章桐突然意识到了什么，心里一阵悲凉。

146

齐志强继续说："我知道你会来，其实我一直在等你。"

"为什么要等我？"

"13 年前，欧阳青的案子你是经手者之一，也是唯一一个还在岗的法医。欧阳把盒子寄给你，就是想引起你的警觉，让你出面要求重启那个案子。不过，他犯了两个致命的错误。第一，不该滥杀无辜。第二，不该在死者的眼中填上沙子。"齐志强苦笑，"现在他已经为自己的所作所为付出了代价。"

"你难道不也是吗？"章桐忍不住反问，"你能告诉我，你到底是怎么发现丁美娟才是真正的凶手的？"

"其实应该说是欧阳发现的，我只不过是请了个人一直跟着他而已。他注意到了海报，我跟着他发现的线索去了苏川，我查了所有司徒敏名下的房产，后来在她家后院发现了一个小屋，我在小屋外蹲守了很长时间，拿到了足够的证据。那疯子就是在那里杀人的！尸体也被埋在了小屋外的空地上。"

"那你为什么不报案？你不应该杀了丁美娟！应该让法律来对她做出严惩！"

齐志强的脸上露出了不屑的神情："我干吗向你们报案？那女人聪明得很，所以，我要自己来处理这件事，你明白吗，章医生？每个人的内心深处都有一个魔鬼，是好人还是坏人，只取决于你什么时候把魔鬼放出来罢了。"

章桐哑口无言。

临走的时候，齐志强突然问："那些在小屋外面的坑里发现的尸体，都找到她们的亲人了吗？"

"谢谢你，都找到了。"章桐淡淡地说。

"那我就放心了，这下我终于可以放心了。"齐志强喃喃自语。

章桐无奈地叹了口气。她拍了拍门，看守的警员便把门打开，让她出去了。

铁门在她身后被重重地关上了。

刘东伟要走了，他是特地到警局来和章桐告别的。和来的时候一样，他没有行李，只有一个随身的挎包。住了两天医院，本就瘦弱憔悴的他看起来更加弱不禁风，脸色非常差，不过和海边的时候比起来，还是要好多了。毕竟捡回来了一条命。

章桐和刘东伟一起站在警局外的花坛边上，阳光温暖宜人，街上的车辆忙忙碌碌地穿梭着，行人也渐渐多了起来。

"谢谢你及时赶到救了我。"刘东伟说，"如果没有那支血清，说不定我就这么稀里糊涂地被蛇咬死了。"

"蛇毒是可以解的，只要足够快打下血清就行，但是那玩意儿太难找了，就一支，我求了好几个地方才拿到，也是你命大。"

刘东伟皱眉："话说回来，这天儿这么冷，蛇应该在冬眠才对，咋会出来咬人？"

"宠物蛇除外，"章桐回答，"因为宠物蛇和我们人类生活在一起，所以生活规律被打乱了，只要主人有心，可以让蛇一年四季都不冬眠。专案组在搜查丁美娟的住所时，发现了好几个装有毒蛇的瓶罐，在她的电脑中，也查到了有关毒蛇毒液提取物对手部神经恢复的介绍。我想，丁美娟看到你在她女儿工作室里抽取眼房水了。她就像杀了你的老师一样想再次制造一个'意外'。"她转头看着刘东伟，"我希望你不要再恨司徒敏，她虽然是一个性格倔强的女人，但是她的心不坏，更主要的是，这次应该说是她救了你。"

"她为什么要这么做？"刘东伟轻轻叹了口气，"还要搭上自己的性命！这太不值得了。"

"一个女人只有为自己所爱的人，她才会这么做啊。司徒敏依然深深地爱着你，你真的看不出来？你们从小一起长大，青梅竹马，如果说你结婚，是因为老师的嘱托，而司徒敏应该是爱吧。如果司徒敏不爱你的话，以她那样的个性，会愿意用自己的幸福来做赌注吗？"

"如果说司徒敏是知情者的话，丁美娟为什么要这么做？人命关天，她为什么要滥杀无辜？难道说只是为了对方的眼珠？"刘东伟问，他摇摇头，"我始终都没有想到凶手竟然是她！"

"丁美娟是一个艺术家，我听专案组的人说，如果不是因为手意外受伤，她不会那么默默无闻地过日子。艺术家的手不亚于外科手术医生的手，她再也做不出成功的雕塑了，所以就把所有希望都寄托在了女儿司徒敏的身上，而对于一个人像雕塑家来说，最难刻画的就是人类的眼睛了，走投无路的她就选择了残害无辜。这些都是专案组的人在搜查司徒敏家中时发现的，其中查到了丁美娟的一份自白书，而和她的自白书放在一起的是一本日记的影印本。我想，那是你给司徒敏的，对吗？"

刘东伟点点头："是她父亲的日记，我后来才明白，其实司徒老师一直在误解司徒敏，以为司徒敏就是凶手。而他的根据，就是在一次展览中，他看到了司徒敏的处女作《爱人》。因为他是物理老师，所以很容易就看出了真假眼球之间的区别。他无意中在报纸上看到了安平这边的案子，而死者的相片，和他女儿的雕塑竟然如此相似。司徒老师为此做了多方面的调查，他在日记中提到了司徒敏因为丁美娟经常要来安平讲课，所以，也会跟着到安平来，而死者生前曾经参加过的培训班，任课老师之一就是当时颇有名气的丁美娟。司徒老师知道那座雕塑出自自己女儿之手，所以，自然而然就怀疑到了司徒敏就是凶手。我把那本记录了老师心理斗争的日记留给司徒敏，就是想让她明白，自己父亲的苦衷。"

"我知道你怀疑过司徒敏，那你后来又是怎么判断出她不是真正杀害李丹的凶手？"

刘东伟不由得苦笑道："她不可能对李丹下手，李丹救过她的命，如果不是李丹，她早就在中学的那次宿舍火灾中丧命了。你说，司徒敏脾气再古怪，又怎么可能对自己的救命恩人下手？而且还那么狠！

"你说过凶手很有可能是女性，而李丹母亲跟我提起过，李丹去东大交流学习后，司徒敏的母亲曾经去她家里询问过李丹的联系方式。至于说李丹为何会被丁美娟杀死，我想只有一个解释，那就是，李丹和司徒老师一样都看出了雕像眼睛的秘密。"

章桐点点头："我记得童队曾经跟我说过，东大的老清洁工一再提到李丹在失踪前一直念叨着终于下定决心要去做某件事了，我想，很有可能就是李丹要把真相告诉警察。李丹是医学院的高才生，凶手的把戏瞒不过她的。"

"是啊，不过现在人都死了，死无对证，我想，这一回真的算是把真相带入地底下了。"刘东伟长长地叹了口气，他从随身带着的挎包里拿出一封信递给了章桐。

"这是什么？"章桐不明白刘东伟的用意。

"你看看吧。其实，我早就该把这封信给你看了，只不过我犹豫了很长时间。我今天就要离开安平了，以后可能再也不会回来。我不想留下遗憾。"刘东伟微笑着说。

姗姗来迟的出租车在两人身边停下，刘东伟打开车门，钻了进去，他突然想到了什么，拉开车窗，对章桐说："章医生，我还忘了给你一样东西。"说着，他把一张相片交给了章桐，然后挥挥手。出租车在温暖的阳光中扬长而去。

章桐低头看着手中的相片，相片中的背景是秋天，漫山的红叶，她很快就认出了左边站着的刘东伟，相片中的他一身警服，笑容中带着些许腼腆。他身边的另一位是他的弟弟刘春晓，一身检察官制服，兄弟俩互相搂着肩膀，在镜头前笑得很开心。

刘东伟胸前的警号属于国安。章桐心中的疑虑瞬间消失了。

手中的信封薄薄的，里面似乎只有一张信纸。她本想拿着信去办公室看，可是转念一琢磨，就地打开了信封，抽出信纸，站在花坛边看了起来。

信是刘春晓写给他哥哥刘东伟的。

哥：

见信安好！

国安的工作还顺利吗？很久都没有你的消息了。希望你看到信后给我回封信，报个平安。我知道你不方便接电话，所以我能够理解。

哥，我今天给你写信，是想告诉你一个好消息。我爱上了一个女孩，或许应该说，我早就爱上了她，但是，我一直不好意思说出口，我也怕伤害了她。对了，她的名字叫章桐，是我中学时的同班同学，是个非常坚强的女孩，长得也很漂亮，她是个睿智的女孩。

哥，你一直跟我说，如果爱上一个人的话，一定要告诉她，让她知道我对她的爱。这样，以后无论发生什么，才不会后悔。所以我想好了，这周，等她出差回来，我一定要向她表白，告诉她，我爱她，我会给她一个家！

哥，等我好消息吧。

弟春晓

2012年5月7日

章桐的眼泪瞬间夺眶而出。

她仰起头，远处，飞机在云中穿梭，在天空中留下了一条长长的尾巴。

故事二　霓裳羽衣

垂下的双手像柳丝那样娇美无力，舞裙随风飘起时仿佛白云浮动，那时的她美极了！

楔　子

刚下过雨的老城区，空气湿漉漉的。

"刺啦——"火柴燃起，火光迅速被吹灭。

王伯慢条斯理地点着了一支香烟，白色的烟雾瞬间在空气中弥漫开来。他懒懒地吸了一口，辛辣的烟味就犹如久别的老朋友一般，让这个已是花甲之年的老头儿不由自主地陶醉其中。他把烟圈随意地含在口中玩味着，深呼一口气，然后得意地看着那吐出的烟圈在夜空中飞舞。

他喜欢这样悠闲自在的日子。

远处，巷子的尽头传来了一两声狗吠。老头儿伸了个懒腰，蹲在门前屋檐下，嘴里叼着香烟，双臂随意搭在膝盖上，惬意地看着香烟缓缓燃尽，烟灰因夜风的飘动而四处翻飞。

王伯抽了大半辈子的烟，他的生活中不能没有香烟。虽然日子过得并不富裕，每次上巷子口的菜市场买菜，为了几毛钱的差价还会和对方争个面红耳赤，但是回头在便利店里买烟的时候，王伯却豪气得很。脾气温顺的老伴儿为了这事和他吵过不知多少次了，甚至拿着医院的体检单对他下了最后通牒，却总是收效甚微。

于是，每晚临睡前，王伯还是会蹲在门前的屋檐下，一边抽烟，一边眯缝着双眼看着眼前昏暗的街面。这个习惯，雷打不动。

王伯的家并不大，虽然处于市中心，但属于老式的平房区。周围的建筑几乎都是木头做的老屋，一户紧挨着一户，老旧的电线在房屋之间纵横交错，犹如一张毫无规则的蜘蛛网，牢牢地覆盖在这昏暗低矮的平房区上空，最矮的地方，行人一伸手就能触碰到电线。

最近，因为城市改建，平房区里的住户越来越少，大多都已经搬走，很多房屋就空置着。尽管如此，依旧有一些像王伯这样的老年人，因为贪图出入方便，而不顾周围的环境，选择在这里继续居住下去。

老头儿很固执，人老了，也就不想再做任何改变了。

淡黄色的 555 牌老座钟发出了"滴答滴答"有节奏的声响，除此之外，屋子里静悄悄的，屋外不知何时下起了淅淅沥沥的小雨，老伴儿蜷缩在沙发里昏昏欲睡，编织了一半的毛衣被随意地搭在沙发扶手上。

突然，老伴儿被惊醒了，还没等她弄清楚到底发生了什么事的时候，屋外就传来了王伯的惊叫声："着火啦！快来救火啊！"

这可开不得玩笑，周围都是木头房子，要是一把火烧起来的话，后果简直不堪设想。

听到这声音后，老伴儿急了，她第一个想到的就是老头儿的安危。刚站起身，王伯就推门跑了进来，也顾不得在门边换鞋了，一把抓起窗台上的电话，颤抖着双手，拨通了火警电话：

"我这是老鸭塘 37 号，快来吧，我对面的房子着火了……没错，着火了，我都看见冒烟了……被困人员？我哪里知道……"老头急得冲着话筒直嚷嚷。

156

"真的着火了？"等王伯把电话挂上后，老伴儿在一边怯怯地问了句。

老头儿一瞪眼："这玩笑能乱开吗？"

窗外，隔着一条街，对面平房紧闭着的木门底下，冒出的浓烟越来越多，隐约已经看见火苗四处乱窜……

十多分钟后，消防局的车辆终于出现在了巷子口。可是，因为巷子空间过于狭窄，说是街面，其实仅能容两人并排通过。所以当火势终于控制住时，整座老屋已被烧得几乎只剩下空架子了。歪歪扭扭的横梁就像一个垂死挣扎的老人，左右摇摆着，最后，因为不堪重负而轰然倒地。

警戒线外，被疏散的王伯一脸沮丧地瞅着身边的老伴儿，虽然自家的老屋没有因为火势的蔓延而遭殃，但总是感到惴惴不安。"家里是万万不能住了，要不咱们今晚去女儿家吧？"老太太小心翼翼地嘀咕了一句。

正在这时，一个略微年长的消防员在和身边两个同事低语几句后，就向王伯站着的地方走了过来。他左手拿着笔记本，右手抓着一支圆珠笔，一脸严肃地对王伯说："老人家，请问，这个报警电话是你打的吗？"

老头儿茫然，随即点头。他记得很清楚，刚才自己已经告诉了一个消防员说那个报警电话是自己打的。

"那你发现起火的时候，有看到对面屋子里还有被困人员吗？"问题一个接着一个。老头儿摇摇头，开始感到莫名的烦躁。

"那着火的这家以前是做什么用的？是住家吗？"年长的消防员不停地做着笔录。

"不是住宅，是仓库！"这一点，老太太是最清楚的，"我和那房东很熟，是麻将搭子（泛指经常在一起打麻将的人）。上回在巷子口的棋牌馆打麻将的时候，她说起过，这两间老屋租给了一个外地人当仓库了，每个月房租都有一千来块，对方还一口气付了一年的房租呢……"

157

年长的消防员似乎对这老屋多少钱租金并不感兴趣。他刚要开口问下一个问题，同样穿着消防员制服的另一个同伴一溜小跑来到他跟前，凑到耳边低语了几句后，他的脸色顿时变了。他点头示意，便不再搭理面前的王伯和他老伴儿。随即一边向后走，一边用抓着圆珠笔的右手迅速打开了肩头的步话机，对总台呼叫了起来："总机，总机，我是03号，代码22，请立刻通知公安局。"

　　王伯和老伴儿当然不明白这个所谓的"代码22"是什么意思，直到本就拥挤不堪的火灾现场又出现了好几个穿着制服的警察的时候，他们这才意识到肯定是出大事儿了。

　　代码22，意思很简单——火灾现场发现了尸体，并且死因可疑。

第一章　选择

　　巷子口停了很多车，章桐很轻易地就找到了笨重而又显眼的法医现场勘察车。她熟门熟路地摸出钥匙，打开后备厢的门，钻进去，利索地换上连体工作服，然后拿着工具箱跳下了车，顺手把工作证别在胸口。

　　"章医生，你换衣服的速度可真够快的。"童小川一边说一边快步走进前面的小巷子，章桐紧跟在他身后。在拐进巷子口的那一刻，她抬头看了一眼转角处巷子口锈迹斑斑的标识牌——老鸭塘。

　　她深一脚浅一脚地钻过漆黑的巷子，路上时不时地会和身穿消防工作服的人擦肩而过。案发地点离巷子口足足有200多米远。由于火灾把电线烧短路了，巷子里几乎伸手不见五指，章桐不得不打起强光手电筒来照明，以免被地上纵横交错的消防水带绊倒。

　　为数不多的居民聚集在案发现场警戒隔离带的周围，七嘴八舌，议论纷纷。消防局的工作人员已经开始收拾那长长的水带。章桐弯腰向一个正蹲在地上整理水带的年轻消防员询问情况，消防员伸手指了指身后："你们的人都在那里。"

"哦，谢谢！"她刚要离开。年轻消防员却是一副欲言又止的神情。

"还有事吗？"章桐问。

"你是法医吧？"他站起身，"三具尸体，三具！"

年轻消防员轻声说着，同时伸出了三根手指，神情落寞地摇了摇头："现场太惨了！"

章桐没有说话，只是轻轻点点头，表示理解，接着就继续向案发现场的方向走去。对于年轻消防员的苦闷，她做不了任何言辞上的安慰，消防员不像法医，并不是每个现场都会见到死尸。即使是她自己，也是在工作了很长一段时间后，才慢慢能够面对这些惨状。

轮训回来第一天上班的小潘也是刚到没多久，他正弯腰往脚上套鞋套。他的身边放着一个黑色的大背包，里面是装尸袋。

"里面的尸体没有被移动得太厉害吧？"章桐问。

"没有，他们一发现就通知我们了，没有人为移动过。"童小川肯定地回答，"自从上次开会通知后，现在的消防员比我们都要专业了！"章桐点点头，拽着工具箱就钻进了案发现场。小潘背着黑色大背包，胸前挂着相机，紧跟在她身后。

关于凶案现场有个不成文的规定，只要有尸体存在，其他警种，无论你的职务有多高，都必须守在外围。尸体是万万不能动的，只有等法医忙完后，把尸体抬走了，他们才会被允许进入现场进行下一步的工作。童小川当然知道这个规矩。

"老李，章医生的身材那么矮小，是怎么拖得动那么重的箱子的？"童小川蹲在台阶上皱着眉说道。

老李一边把笔记本塞进口袋，一边瞥了他一眼："信不信，头儿，就连你这身板儿她都拖得动，那几十斤又算得了什么？"童小川一脸的难以置

160

信。他站起身，向不远处正站在自家老屋门前发呆的王伯走去。

因火灾造成的损失，一半归咎于大火，而另一半必须归咎于救火时的消防员。因为消防员的首要目的，是灭火和救人，他们不可能在那样的形势下，还考虑保护案发现场的财产。看着眼前的断壁残垣，还有满地狼藉，章桐和小潘面面相觑，无奈地摇了摇头。

空中飘着细雨，虽然说和救火时压力强大的水柱相比，这雨势已经算是无足轻重的了。可是细雨仍然是个很大的问题，它往往会把尸体表面为数不多的证据洗刷得干干净净。

可是这又能怎么办？猛烈的火势早就把天花板烧得精光，整个案发现场就像一个掀开了盖子的破罐子，任凭雨水肆无忌惮地冲刷着。

借助身后应急灯的光照，章桐勉强判断出房屋的结构是里外两进，外间没有多少因火灾产生的垃圾，除了几个烧得早就辨别不出原来模样的铁架子，一无他物。

里间却不一样了。在仔细检查过外间后，两人跨过疑似门槛的物体，拐进了里屋。门，早就不见了踪影，只剩下一个空空的门架子。屋里四处都是黑乎乎的莫名物体，胡乱在墙角堆放着。站在门框边，章桐伸手摸了一把，然后把手放在手电筒光底下，手指互相摩擦了一下，可以分辨出是被烧焦的人造纤维物质。很显然，火灾之前这个房间里肯定储存了大量的类似于布料的易燃物。

"这里发生火灾前是仓库吗？"章桐随口问了句。

小潘没有回答，而是说："章医生，我想，我看见尸体了！"

顺着手电筒光看过去，靠近墙角的地方，隔着层层雨雾，章桐一眼就认出了：那是包裹着肌纤维组织的人类颅骨，没有头发。或许是过火面积太大，颅面部位的肌纤维组织已经呈焦炭状，有些地方甚至在雨水的冲刷下露出了颅骨。尸体眼睛上的覆盖组织早就荡然无存，死者的眼球在手电筒光的照射下呈现出怪异的惨白。死者的眼眶直勾勾地正对着前方，上下腭骨因为神经遇热收缩，使得死者的面部露出了狰狞的笑容。随着手电筒光向下移动，尸体的其余部位也一并映入眼帘，尸身漆黑一片，犹如孩童一般蜷缩在未被烧毁的墙角。越靠近尸体，腥味就越重，鼻腔中充满了烧焦的人肉和人体排泄物相混合的味道。

这还不是唯一的尸体。目光所及之处，屋子中央黑乎乎的莫名物体中间，另外两具尸体平躺着，手脚却并没有呈现出蜷曲状。"不对啊……"手电筒光在三具尸体之间来回移动，章桐越发感到疑惑不解。

"怎么了，章医生？"小潘一边拿出防水相机，一边伸手抹了把脸上的雨水，"你发现什么了吗？"

"你看，这具坐着的尸体，靠着墙，蜷缩着，而另外两具尸体，离它足足有 2 米远，平躺着。这与同一空间之内火灾受害者的一般情况是有出入的。按照人的本能来说，火灾发生时，都会找地方躲避，但是这两具尸体却没有，面向火焰，它们躺在这个房间正中央，身下全是易燃物。我们都知道这个位置是最容易被火烧着的，所以很显然，火灾时这两个死者并没有选择躲避。什么样的人面对大火会不躲避呢？"

"死人！"

"没错。再加上消防员救火的时候，高压水枪的压力也绝对不会把这两具尸体推得离那具靠墙的尸体这么远。而最重要的是，潘，你注意到没有，这两具尸体所摆放的位置太整齐了，一点都不像是火灾现场的死者！"章桐蹲下，就着强光手电筒，仔细查看着面前平躺着的两具尸体，"而且尸体没有呈现出蜷曲状，这就只有一个解释：在火烧起来时，尸僵就已经开始了！"

"你怀疑是凶杀案？"小潘问。

"目前还没办法确定，但是有一点是很明显的，"说着，章桐伸手指了指正中央并排躺着的两具尸体，"他们在火灾发生前就已经死了！"

蒙蒙细雨中，手电光下，墙角蜷缩着的死者脸上的笑容变得越发诡异。

第二章　鬼影

相对于火焰的灼热，解剖室中是刺骨的冰冷。

"啪——"开关打开，房间里瞬间变得明亮而又刺眼。

章桐伸手从墙上拿下一件一次性手术服穿上，又依次戴上了乳胶手套。尸检需要的工具盘早就准备好，放在不锈钢解剖台的边上，一伸手就能够到，各种各样的标本提取器皿整整齐齐地排列着，一尘不染。空气中弥漫着熟悉的来苏水的味道。对这些，章桐的心里是很满意的。今年新来的实习生是个很懂事的小姑娘，叫苏茜，话不多，做事非常认真。

今晚肯定要通宵加班了。三具尸体，消防局和专案组都在等着尸检报告，他们可不会因为现在是午夜，就容许法医等到明天早上 8 点上班后再开始工作。

身后传来了"吱吱嘎嘎"的活动门开启的声音。尽管隔着一道解剖室的钢化玻璃门，活动门铰链转动的声音却依旧是那么刺耳。紧接着，熟悉的倒车声响起。很快，那装着三具尸体的运尸袋就被小潘和其他几个值班人员一起抬进了解剖室。

"嘭"的一声，轮床重重地把解剖室的门撞开，浑身几乎湿透的小潘和童小川一前一后推着轮床冲了进来。章桐帮着把三个运尸袋分别放在了三个解剖台上，头也不抬地打趣道："童队，怎么今天有闲工夫跑我这儿打工来了？"

童小川伸手抹了一把额头上的雨水，没好气地指了指小潘："你以为我愿意这样做吗，你们法医处也太缺少人手了，值班人员的年龄都可以当我的爷爷了，你这个宝贝徒弟比猴子还瘦，跟个竹竿子一样，三个袋子那么沉，我不帮忙谁帮忙？"

没等章桐开口，童小川就摆摆手，头也不回地走出了解剖室，隔着门，远远地抛下一句："我先去洗澡，吃点东西，等会儿来找你们要报告！"看着自己的顶头上司一脸的无奈，小潘嘿嘿一笑："其实童队这人还挺不错的，就是嘴巴贫了点！"

"别废话了，快换衣服干活吧。"章桐瞥了一眼墙上的挂钟，时针指向了凌晨1点半。

童小川比章桐预计的时间要来得晚，当他端着三杯热气腾腾的咖啡冲进解剖室的时候，三具从火灾现场带回来的尸体已经被盖上了白布，小潘正在做着最后的清理工作。

"死因是什么？火灾吗？"童小川一边把咖啡递给章桐，一边问道。

章桐摇摇头："严格意义上，只能说一半是。"

"一半？"

"没错。"章桐走到最中间的那具尸体旁，伸手拉开白布。

陡然出现在眼前的那张扭曲变形的漆黑的脸让童小川下意识地把目光移开了。

"三个死者都是女性，年龄不会超过30岁，没有生育史。这具尸体被我

165

们发现的时候，靠墙而坐，躯体蜷缩，双手护着头，这符合火灾致死人员的表象，简单地说，她是在用双手做着最后的抵抗。一般火灾致死，无非三种情况：其一，浓烟导致的窒息；其二，有害气体的损害；其三，因大面积烧伤导致的机体休克。而在她的咽喉部位，我们找到了烟灰的痕迹。在她的血液中，我们也提取到了超过一定浓度的一氧化碳。所以，她是死于火灾。"

"那另外两具尸体呢？"童小川神色凝重。

"火灾前就死了。死因暂时无法判断。虽然尸体几乎炭化，但是在解剖过程中，我并没有发现足够的证据能够证实大火燃起时，死者还有生命迹象。"临了，她又补充了一句，"她们的呼吸道，包括肺部，都太干净了。更主要的是，死者的四肢拳击状并不十分明显，显然死前就产生了尸僵，尸体体表也并无水泡和红斑出现。而那一具，这些特征非常明显。"

"难道这个被火烧死的死者有可能就是我们要找的犯罪嫌疑人？不然的话，她为什么会和其他两个死者在一个房间里？是不是起火的时候，因为无法控制火势，所以就没有逃出去？"

章桐摇摇头："你的想象力真丰富，但我觉得她不可能是犯罪嫌疑人。她应该也是受害者之一！"

"为什么？"

"因为我在她的肝脏中提取出了去甲氯胺酮，这是一种药用麻醉剂氯胺酮的特有代谢产物。而氯胺酮又称 K 粉，起效非常快，能够使人很快进入一种浅镇静的状态。"

"浅镇静？"

"这是相对于深度镇静来说的，表现在人体上，就是一种意识清醒，但是没办法动弹，丧失语言功能和部分视觉功能，身体各个部位趋向于僵化。如果超过一定剂量的话，还有可能会产生幻觉。"

童小川想了想，说："我记得在现场的时候，听老李说过，报案人一再声称火势起来时，并没有听到屋内有任何动静，也没有丝毫求救的迹象。现在看来，死者应该是被注射了麻醉剂的缘故，所以没办法出声求救。"

章桐点点头，伸手端起咖啡："而死者之所以会蜷缩在墙角，有两种可能：第一，体内的麻醉剂已经进入了半衰期，她有了一定的意识。人体不同，所需要的麻醉剂药量也不同，有些人甚至会产生排斥，可能是凶手没有掌握好。第二，那就是人的本能了。在那种情况下，我们体内的肾上腺素足够让我们做出平时根本没办法完成的动作。而另外两个死者，就没有这么幸运了。"

"我知道，死人不会反抗。"童小川幽幽地说了句。

"不只是因为这些，别的我还在等小九那边的检验。对了，谢谢你的咖啡！"章桐疲惫地笑了笑，"我现在正需要咖啡因的刺激。"

"那尸检报告现在能给我了吗？"

"还不行。"章桐一边低头喝着咖啡，一边在工作台边坐了下来。

"还不行？难道你还有疑问没有解开？"

"是的。"章桐放下咖啡杯，重新走回解剖台边，拿出手套戴上，拉开盖在尸体上的白布，"除了我刚才说的那些以外，还有，就是这个——皮肤！"

"你什么意思？"童小川一头雾水，"火灾现场的死者不都是这个样吗？最先被破坏的就是皮肤，不是吗？"

章桐轻轻叹了口气："你说得没错，可是这具靠在墙角的尸体，因为后背紧贴着墙壁，所以并没有被火烧到。我们发现她的时候，她就一直保持坐着的姿势，死死地靠着墙壁，而她背后被墙壁挡住的那块，也没有过火的迹象。但是，你注意看。"

说着，章桐用目光示意小潘和她一起把尸体的上半身侧转过来，好让童小川能够看清楚死者的后背。

眼前的景象让童小川目瞪口呆，经过前期的清洗处理，死者的后背就像在一个高速飞转的齿轮上摩擦过一样，虽然早就没有了血迹，但是伤痕累累，根本就没有一块完整的地方。

"怎么会这样？什么东西造成的？"

章桐并没有直接回答他的问题，径直走到另外两具尸体旁边，相继拉开了盖在尸体身上的白布："这两具，虽然说过火面积比较大，但是后背，也就是接触地面的地方，也呈现出了同样的伤口，都是利器造成的。我还分别检查了死者其余损毁不是很严重的部位，结果是一样的，死者身上后背的部分皮肤没有了，被干净利落地从身体上剥离。"

看了看手中的咖啡，童小川突然没有了兴趣，他把咖啡杯放回工作台上，转身面对着章桐："她们的皮肤？凶手为什么要剥走她们后背的皮肤？"

"我不知道，我现在正在等毒化检验结果，从体表采集到的样本刚被送到实验室那里，不到早上 6 点，结果是出不来的。"章桐咕哝了一句，"所以呢，你别催我，因为机器不是人，不能随意加快速度。我看，你还是老老实实地回自己办公室里待着去吧，等颅面成像结果出来后，我保证你是第一个拿到复原图的！"

"好吧，我等你消息。"童小川笑笑，转身离开了。

刚回到办公室，还没等坐下，老李就出现在了童小川的面前。他一脸的不高兴："头儿，我打你手机都不接！"

"我在底楼呢，刚才洗澡忘带了。"

"你是在章医生那儿吧？"老李嘀咕，"快走吧，领导都找我们老半天了！"

童小川连忙关上抽屉，起身跟在老李身后向电梯口走去。

"张局已经知道这是凶杀案了，我接到通知，今天早上 3 点，老鸭塘失火案就正式被移交到我们专案组这边处理了。"老李说道。

童小川脑海中再一次响起了章桐的话："……我还分别检查了死者其余损毁不是很严重的部位，结果是一样的，死者身上后背的部分皮肤没有了，被干净利落地从身体上剥离……这三个死者都是女性，年龄不会超过 30 岁，没有生育史……"他心中突然有了一种不好的感觉。

清晨，太阳还没有升起，天空已经开始泛白。老鸭塘曲里拐弯的街面上，凝聚着一团团白色的雾气，一栋栋彼此相连的老屋，就如同雾气中的幽灵一般，时隐时现。

"吱呀"一声，老木门被推开了，披着外套的王伯愁容满面地走了出来，他一晚上都没睡着。胆小的老伴儿连夜去了女儿家，王伯选择留了下来，说是住不惯女儿家的高层楼房，其实是王伯的心里怎么也放不下对面老屋中发生的那场可怕的火灾。

听说火灾现场发现了死人，王伯几乎不敢相信自己的耳朵。他虽然对租住那栋老屋的房客并不了解，仅有的接触，也就只是见过几次面、点点头问个好而已。在王伯的印象中，那个房客是个非常有礼貌的年轻人，自己总觉得好像在哪里见过，却又怎么也想不起来。小伙子话不多，总是来去匆匆。如今，像他那样有礼貌、守规矩的小伙子已经不多了，所以当听说有人死了，王伯自然就想到了那个浑身书卷气的年轻人就这么走了，还死得那么惨，王伯寻思着是有点可惜。

"一条命啊，真是作孽！"王伯自言自语，在门口屋檐下的竹椅上坐了下来，他重重地叹了口气，伸手揉了揉发酸的眼角，眼前逐渐变得清晰了起来。

突然，王伯惊讶得张大了嘴巴，他竟然看见对面，昨晚发生火灾的屋子里，有一个模糊的人影在缓缓移动，似乎还时不时地停下脚步弯腰寻找着什么。

难道是消防局的？王伯的脑海里出现了昨晚那些身穿橘黄色消防服、头戴消防帽的高大身影。

不可能，现在是凌晨4点多，即使消防局的人还在，也不会是一个人。

那么，难道是小偷？王伯眉头紧锁，倏而又放松下来，他为自己这个不知道从哪里冒出来的愚蠢的念头而感到可笑，谁会去偷一个被烧得七零八落，所有财物几乎都付之一炬，更别提还被发现有死人的地方？太不吉利了，会遭报应的！

可是，那到底会是谁在那儿呢？想到这儿，王伯的心里不由得一阵慌乱，他不敢去想那个可怕的字眼。此时，太阳还没有升起，朦朦胧胧的雾气使得狭窄老旧的街道两端显得变幻莫测，再加上那断壁残垣间飘忽不定的身影……王伯浑身哆嗦了一下，他迅速站起身，推开老木门，躲回了家里。直到重重地关上门的那一刹那，王伯才发现自己的额头早就沁满了汗珠，衣服也湿透了。

直到太阳高高升起，浓雾散去，街上的行人也逐渐多了起来，王伯才敢走出屋。他隔着门缝听到街上越来越热闹，直到这时，他才算是松了一口气。

当天下午，王伯再也没有丝毫犹豫，带了几件随身换洗的衣服，锁上木门，便头也不回地打车去了城东头的女儿家。

第三章　难题

早上 8 点多。

"死者后背的表皮虽然被剥除了，但是我在死者背部未被烧伤的皮肤的真皮层组织中发现了大量的黑色素沉淀，"章桐停顿了一下，"我不知道凶手为什么要这么做。我们人类表皮厚度为 0.03 ~ 1 毫米，一般免疫系统的细胞都位于表皮层的底部，所以当我们的皮肤受到浅表伤时才会很快自愈，但是受到严重的烫伤就不一样了，它会直达真皮层。凶手为什么要把受害者烫伤后，再进行表皮的剥离呢？难道是为了保证剥离下来的皮肤能完整？"

"烫伤？"童小川感到很奇怪，"难道不是那场火灾引起的？"

章桐摇摇头："举个例子来说，我不知道你有没有停电时点蜡烛而把手指烫伤的经历？要造成死者这样的烫伤程度和面积的话，至少要不停地来回灼烤两个小时以上，这对受害者来说会非常痛苦！"说着，她拿起桌上刚刚打印出来的一份报告递给他，"死者身体的其余部位，因为暴露在火焰灼烫范围内，所以烫伤很正常。但是死者的背部，不应该有这样的伤痕。我刚才说的烫伤就是我们平时所指的深二度烧烫伤，也就是指直达人体真皮层的那种。人体真皮层和表皮连接处存在着大量的呈树枝状的黑色素细胞。它们稀疏分布在基底细胞之间，有分泌黑色素颗粒的功能，当皮肤表面受到严重烫伤的时候，黑色素细胞就会分泌异常，就产生了报告上所描述的样子。根据黑色素沉淀的面积和大致生成的形状来推断，死者的皮肤烫伤应该发生在案发前 8 ~ 10 个小时内，因为实验室那边仔细观察过黑色素颗粒表面，已经开始自我修复。而这个过程，正好是 8 ~ 10 个小时。但是，随着死者的死亡，全身细胞停止运作，一切修复过程自然也就都停止了。"

"那另外两名死者的死因呢？有没有得出具体结论？"童小川问。

章桐一脸凝重："大部分有用的证据都已经无法提取了，目前唯一能肯定的是，两具平躺着的尸体在火灾发生时就已经是死亡状态了。我在检验尸体脑部时，发现死者的脑部虽然也呈现出了典型的脑硬膜热血肿迹象，但是在颅脑右侧部位，我还发现了几处硬脑膜外血肿，颜色呈现出暗红色。"

"你是说死者遭受过脑部外伤？"

"没错，应该是这样。"

"是什么东西造成的，你可以判断出来吗？"童小川问道。

听了这话，章桐站起身，走到墙角的 X 光灯箱旁，打开后面的开关，指着两张夹在上面的影像图片："这是那两个死者的脑部 X 光片，从颅骨的伤口形状来看，是由很明显的外力造成的。凶器是钝器，角度是在 45 度 ~ 50 度。"

"这样的伤口会不会致命？"童小川问。

"不会，只是把死者打昏，看颅骨伤口的恢复情况，这伤口形成的时间距离死亡时间至少在 48 小时以上。"

关掉灯箱开关，她来到办公桌边坐下："而另一具尸体，尽管死者背部有很严重的伤，但根据案发现场尸体呈现出的状态来看，死者在火灾发生时还有一定的意识，是因为吸入性窒息合并大面积的烧伤形成的休克和感染导致最后的死亡。"

"我记得你曾经说过在死者的肝脏中提取到了去甲氯胺酮？"童小川问。

"是的，麻醉剂氯胺酮在人体肝脏中的特有产物。在另外两具尸体中，我也找到了相同的去甲氯胺酮。"章桐神色担忧地看着童小川，沉思了一会儿，继续说道，"我想，这第三个死者即使不经历火灾，她背后的伤口感染也会导致她死亡。所以，我们遇到的是一个连环杀手！"

童小川点点头："这一点我不反对，可是，他为什么要剥去死者的皮肤？"

"尸体不完整，我没办法回答你。"她拿起办公桌上的一个马尼拉纸信封递给童小川，"这里面是三个死者的颜面成像复原图，我想对你们确定尸体来源应该会有一点帮助，年龄和体态特征，我都分别写在相对应的纸上了。"

"哦，谢谢。"童小川拿起信封，兴冲冲地走了。

章桐瞅了一眼靠在门背后东倒西歪的小潘，轻轻叹了口气："你可以收工回家休息半天，剩下的活儿我一个人干就行了。"

刑警队办公室，一块有两米多长的白板上，用吸铁石压着三张模拟画像，下面分别写着三个对应画像的人的性别、身高等。童小川坐在办公桌旁，托着腮帮子，皱眉看着这三张画像，半天没有吭声。周围人来人往，电话声此起彼伏，这些似乎都和他没有任何关系。

模拟画像和相关特征刚刚传真出去，每隔一个小时，所有的电视台和广告箱都会滚动播出这三张寻尸启事，失踪人口组那边也正在等实验室做DNA配对。可是结果不会马上出来。大家的心里都有些莫名的烦躁。

手边电话铃声响起，打断了童小川的思绪，他拿起话筒："刑警队童小川。"

"我们这里是消防局，火灾现场检验报告出来了。"

童小川听到了自己呼吸的声音："告诉我结果。"

"这场火灾不属于人为纵火，是由电线老化短路引起的火灾……"

童小川一边招手把老李叫过来，一边再次核实："那你的意思是，老鸭塘的火灾是一场意外？"

"是的，我们派人再三查看过现场，是意外，不是人为纵火。"

电话挂断后，童小川抬头看着老李，一脸凝重："凶手没有故意毁尸灭迹，这场火灾是意外引起的！"

"倒霉！"老李皱眉道，"头儿，那你对这三个受害者有什么看法？可以确定是连环杀人案吗？"

童小川点点头："这种类似的案子，凶手只对特定人群下手。你看，这三个受害者，年龄差不多，都是 25 岁左右，没有生育史，身高平均为 167 厘米，三个人相差都不大。而根据法医的报告，死者身体上都有皮肤被剥除的痕迹，体内有麻醉剂残留。所以，可以肯定这是一起连环凶杀案。凶手有一定的医学背景。但是凶手只剥除死者背后的那块皮肤，这到底意味着什么呢？"

"整个市区，有医学背景的人不在少数，这个寻找范围也太大了，得查到猴年马月啊。再说了，也不知道尸源什么时候才能够确定。"老李有点沮丧，"一场该死的大火把什么有用的证据都给弄没了。"

"老李，有些事真的是急不来的。至于失踪人员，你也知道，这些人都是成年人，现在网上通信手段发达了，这一年到头不和家里人联络的反而更多了，唉。"说着，童小川伸了个懒腰，低头盯着面前空了的咖啡杯，嘴里嘟囔着，"这咖啡真难喝。"

"头儿，去睡一觉吧，累倒下可不好，我们这边已经缺人手了！"老李无奈地看着童小川。

"我是想睡，可是睡不着，"童小川伸手指了指白板上的模拟画像，转头盯着老李，"这个年龄段的受害者范围实在是太大了。我担心还会有受害者，而这一场意料之外的火灾，你说，会不会无形中迫使凶手加快犯案速度？"

老李欲言又止，轻轻叹了口气。

"童队、老李，火灾现场的房东来了。"一个年轻侦查员走过来说。

老李和童小川互相看了一眼。老李转头问："人在哪儿？"

侦查员伸手指了指对面的会见室："阿强正陪着她。"

"好的，我们这就过去。"童小川起身，和老李一前一后向对面的会见室快步走去。

虽然说早就做好了足够的心理准备，但是童小川和老李还是有些措手不及。眼前的这位老太太，年龄约有六七十岁，平时应该保养得很好，满头白发，面容温和，衣着得体。但是，这些都只是初印象。这位精力十足的老太太从老李和童小川进门的那一刻开始，嘴巴就再没停下来过，一通数落外加歇斯底里的发泄，会见室里充斥着她的声音。

见到自己的顶头上司终于来了，阿强如释重负，赶紧站起身，点点头，离开了房间。

"好吧，换人了是吧？反正谁来都一样，我的问题谁来解决？我的房子被火烧了，消防局说不归他们管，已经移交给你们了，现在保险公司不肯理赔，不肯给我钱，说你们警察同志还没有给出具体定性。不给单子，现场不能动，他们就不赔，你说这讲不讲理……"

老太太越说越来劲，越说声音越大，老李没办法了，只能咬牙用力一拍桌子，房间里这才算是暂时安静了下来。

"你的问题，我们知道，但是案件还在调查，什么事情都要有个办理过程，不会少你的钱的，老阿姨，明白吗？"老李的话听上去就像在哄一个 3

岁的孩子，脸上用力挤出不熟练的笑容。童小川憋了好久，才总算没有笑出声来。

"真的？你不骗我？"

"没错，你见过我们警察撒谎吗？"老李尴尬地应付着，同时拿出笔记本打开，抬头说道，"好了，该说正事了。阿姨，跟我们谈谈租你房子的那个房客，好吗？"

"他？不是被火烧死了吗？"房东老太太一脸的疑惑。

"谁跟你说的？"童小川反问道。

"住对门的王伯啊。我是今天下午才得到消息赶过去的，正好碰上那老头儿出门，好不容易才叫住他。他跟我说了，说我那屋里头烧死人了，房客就在里面，还说今天早上见鬼了呢！"

"'见鬼'？"童小川心里不由得一动，"什么意思？"

房东老太太点点头，认真地说道："王伯说得有鼻子有眼儿的，说早上4点不到的样子，他睡不着，出来坐坐，透透气，结果就在那火灾发生的地方，他无意中看见房客的鬼魂了。我的妈呀，还说飘来荡去的，让人听着大白天都浑身起鸡皮疙瘩。"

"你确定王伯是这么说的？"

"我都这把年纪了，能骗你吗？小伙子。"房东老太太一脸的不高兴，"再说了，我只管拿房租，可是他就住对门儿，和房客肯定很熟，绝对不会认错人的！"

童小川的脸色顿时变了。老李继续问道："这个房客，阿姨，你对他的印象怎么样？有没有发生过什么特别的事情？还有，他有什么特征和个人小习惯？"

"小伙子很好啊，"房东老太太双眉一挑，声音顿时又高了八度，"提前付房租，按时缴纳水电费，老老实实的租客啊。现在出租房子的，能遇到这

176

样的房客，真的是要烧高香了。我邻居也是出租房子的，可就没这么幸运了，他那租客成天搞得房子里头乌烟瘴气的……"

老李赶紧插话："哦，老阿姨，那你知道这个房客，他究竟是干什么工作的吗？"

"这个我倒没有具体问过，只是听说他是做生意的。"

"那你看过他的身份证吗？他是哪里人？在你那里租房子有去最近的派出所登记吗？还有，他有营业执照吗？"

房东老太太固执地把头一摇："我们那儿都快拆了，还有谁管啊，再说了，一登记就要交税，本来就没几个钱赚，谁还去登记！"

"那好吧，"老李想了想，不死心，于是又换了种方式提问，"老阿姨，你还记得他是怎么找到你要求租房子的？你在报纸上登广告了吗？"

"我才不花那种冤枉钱呢。我想出租那套老屋，也只是几个熟悉的街坊知道罢了，所以，也不知道他究竟是怎么找到我的，只记得那天我在路口和李家阿婆推牌九（一种古老的中国骨牌游戏），他就直接上来问了，看样子挺有礼貌的。可惜啊……"老太太长叹一声，"真可惜，老天爷不长眼，这么年轻懂事的孩子，就这么死了。"

老李和童小川知道，再这么问下去，肯定也是一无所获。于是，在再三保证尽快给她送去火灾证明后，就安排下属把老太太送出了门。

临走时，老太太突然在门口停下了脚步，转头对着老李欲言又止，最后说道："小伙子，你们最好去找找王伯，就是住我家老屋对门的老头儿，比我大几岁。我总感觉他今天有点不对劲，大白天活见鬼。"

"什么意思，是不是昨晚受到惊吓了？"

老太太摇摇头："他虽然年纪不小，但是身体好得很！我这么说，是因为王伯从来都不信鬼神，他老婆倒是经常拜菩萨，但是这一次，真的很不一样。老头儿那眼神，我敢肯定就是'见鬼'了，认识王伯这么多年了，我还从来没有见过他这么一副神经兮兮的样子！大白天的，害怕得要命，浑身发抖。"

"好的，好的，我们马上派人去。你放心吧。"在得到老李再三的保证后，房东老太太这才放心地跟着阿强走了。

回到大办公室，老李沉思了一会儿，抬头看着童小川："童队，你怎么看这老太太说的事？"

"不好说，不过我记得消防局的人跟我说过，报案的就是这个老头儿。我和他在现场的时候谈过一次，没什么异样，但是我也觉得我们应该和他再接触一下，看看情况再定。"童小川的目光始终都没有离开过那三张模拟画像。

章桐看着手机屏幕上显示的童小川的名字，微微皱眉："童队，有什么事吗？"

"人什么时候的皮肤最好？"童小川问。

"你……什么意思？"章桐有些糊涂，"皮肤保养不是我的专业范围，你得问化妆师。"

"不不不，你误解我的意思了，"电话那头童小川的声音变得有些焦躁不安，"我是说什么时候的皮肤更有利用价值？我曾经看过一部电影，是部战争片，讲的真人真事：一个德国军官在一个中国小姑娘背后文身。那里面有句台词我记得很清楚——你的皮肤真好！章医生，这个'好'，你知道是什么含义吗？"

章桐惊得半天说不出话来。

"喂，喂，你还在听吗？章医生？"

"你……你的想象力太丰富了。没有证据证明就别乱猜。"章桐迅速挂断了电话。

第四章　失踪

她后悔了，莫名的恐惧占据了全身。

世事无常，有时候，事情总会在最不引人注意的时候悄悄改变，结局往往大多数人都无法接受，尤其是致命的结局。

上一分钟还好好的，但是突然，她痛苦地弯着腰，紧紧地捂着肚子，汗水滚落下来，胃的内壁就像被一只无形的手硬生生地撕扯了下来，从最初的疼痛逐渐转变成了灼烫。胆汁就堵在喉咙口，但是怎么都吐不出来，她意识到自己这一次肯定是躲不过了，原来死亡离自己是那么近。

她无力地向后仰去，希望通过拉直身体来暂时缓解胃部的疼痛。她的双眼被一块黑色的布条遮盖得严严实实，她根本看不到自己的周围是什么样子，疼痛让她感觉整个世界都颠倒了。

身下的靠背椅本就无法承受她的重量，一阵天旋地转，她重重地摔倒在地面上。她倒在了冰冷、坚硬的瓷砖上，后脑勺上多了一个大大的口子，鲜血顿时汹涌而出。

她开始痛苦地呻吟。

"哦，不，你怎么可以这样！"一个愤怒的声音在耳边响起，紧接着，她被人像拎小鸡一样给提了起来，很快就恢复到了原来坐着的姿势。

"求你了，求你了，带我去看医生，我……我好难受……"她开始哀求，饱含最后的希望，"求你了……求求你了……"但是她的苦苦哀求换来的是冰冷的回绝："我不会带你去看医生的，你再忍忍，一会儿就好了。"声音轻柔仿佛是情人在呢喃，"你要知道，我是绝不允许你身上留下任何伤口的！"

她浑身一颤，突然明白自己刚才干了一件多么蠢的事，而如今，她就要为这件事付出沉重的代价。她拼命摇头，疼痛又一次袭来，她忍不住叫出了声："你杀了我吧，杀了我，我受不了了……"难以忍受的痛苦让她又一次倒在了地板上。这一次，再也没有人来把她扶起来了，就连捆绑住双脚的绳子也被人抽走了。她可以自由地在地板上滚动、抽搐，甚至于拼命嚎叫。她想要站起来，却已经不可能了。

渐渐地，声音越来越弱，她平静了下来，疼痛也消失了。她太虚弱了，汹涌而出的泪水浸透了蒙着眼睛的黑布。她平躺着，喃喃自语，嘴唇轻微地颤动，直到最后，她长长地叹了口气。一切都恢复了死一般的寂静。

黑布被解开了，下面是一对无神的眼睛，看上去就仿佛灵魂从来都没有在这个躯体中停留过一样，只有一滴眼泪牢牢地凝固在眼角。

虽然已经死去，但依旧能够看出她的美丽容颜。只不过这一切不会再有人注意到了。她的双手被人拉起，脑袋耷拉在胸前，长长的秀发盖住了前胸，就像一只破旧的布娃娃。她被人倒拖着，向隔壁屋子拉去。门被打开的那一刹那，一股腥味夹杂着人体排泄物的气味散发出来，她的身体被缓缓地拖入那个屋里。

又是一个阳光明媚的早晨。章桐刚走进办公室，小潘便紧跟着走了进来，满脸的委屈，说道："章医生，你说我倒不倒霉？"

"怎么了，谁欺负你了？"章桐问。

"接连两天迟到，看来这个月的奖金是要泡汤了。那考勤表上的记录，张局看了肯定会发火。"小潘沮丧地说道。

"知道迟到要倒霉，还迟到？"

"你不知道，章医生，这真的不怪我呀！我楼下住了一对老夫妻，听说他们女儿还是什么市电视台的漂亮女主播。昨天夫妻俩一大早就来堵我家的门，非得叫我帮忙替他们找女儿。这不，今天又来了，我好不容易才脱身，结果迟到了！你说我是不是倒霉？"小潘一边收拾办公桌上的文件，一边没好气地抱怨着。

"他们知道你是干什么的吗？"章桐感到有些奇怪。

"应该不知道我是法医，只是知道我在公安局上班。我老妈怕我娶不到老婆，死活对外只说我是公安，而不说是法医。"小潘尴尬地笑笑。

"这就难怪了，那你把这情况跟刑警队失踪人口组的汇报过了吗？"

"我当然说了，但是因为他们的女儿黄晓月已经成年，再加上以前也是三天两头出差不回家，所以，失踪人口组那边就没有当回事。前段日子听说又搬出去住了，也是，老头儿老太太加起来都有 100 多岁了，有时候沟通起来就会有那么一点麻烦的。"小潘抱怨道，"可是这成天上我家堵大门，总不是一回事儿啊。"

"老人家年纪大了，认死理，那是很正常的，不过算起来，他们家女儿失踪也有 48 小时了吧？"

小潘点点头："没错，应该是超过了！"

"那你还是带他们来公安局做个笔录吧，以防万一，这样你自己也轻松了，你说呢？"

"那也只能这样了。"小潘无奈地放下手中已经整理好的文档，从工作服的外衣口袋里掏出手机，"我给我老妈打个电话，叫她马上带他们过来。"他晃了晃手机，唉声叹气地向办公室外面走去。

中午吃饭的时候，章桐破天荒地坐在了童小川的对面。

"怎么了，章医生？"童小川诧异地停下了手中的筷子。

"你昨天问我的那个问题，是和老鸭塘的纵火案有关吗？"

童小川嘀咕："不是'纵火案'，而是'失火案'，消防局那边已经给出定性了，是电线老化引起的失火案。简而言之，这就是一场事故！"

"事故？那死者呢？"

"死者当然是被害的！"童小川想了想，继续说道，"目前虽然说'认尸启事'已经发出去了，但是还没有人回应，所以，我们就只能先从手头的现有线索入手。目前掌握的，就是死者之间的共同点！"

章桐放下了手中的筷子，抬头看着童小川："所以你才想到了皮肤。因为死者都是女性，年轻，身体素质不错，死者身上的部分皮肤被剥除了，死者体内都有麻醉剂残留。"

童小川点点头："我仔细看过你的尸检报告，上面注明了死者的全身几乎都有烧烫伤，但是，没有被火烧到的背部出现了很不正常的皮肤被剥除的创口。那我问你，一般移植手术中，最经常被提取的是哪里的皮肤？"

"首选当然是背部和臀部，因为那里的组织结构最为紧密，皮下组织的生长细胞也最为活跃，最适合移植给烧伤病人了。"突然，章桐的脸色一变，拿筷子的手停在了半空中，"难道说，凶手杀人只是为了死者的皮肤？可是，皮肤不同于其他器官，比如说眼角膜，并没有那么大的需求啊，而且在黑市中，价格也并不高。据我所知，医院对烧伤病人移植皮肤的话，每平方厘米的价格，病人家属也还是可以接受的。"

童小川没有吱声，陷入了沉思。

刚走到楼下，章桐迎面碰上了垂头丧气的小潘。"你邻居的事情都处理好了吗？刑警大队那边接了没有？"章桐边走边问。

"接是接了，"小潘双手插在工作服外套口袋里，"可是，章医生，希望渺茫啊，说叫家里人也帮着找找。问了一堆问题，社交圈子、恩怨纠纷，还问有没有男朋友，是不是男女关系上出问题了，老两口哪见过这场面，支支吾吾地折腾了老半天才算了事。现在倒好，你猜临走的时候，那老头儿老太太对我妈说啥了？"

"说什么了？"章桐打趣道，"不会说要把他们家女儿介绍给你吧？"

"还真给你说中了，就是这么说的，只要我帮着找回来，就给我们挑日子，你说我倒不倒霉？我跟人家都不熟，真不知道老人是怎么想的。"

"行了，行了，你也已经尽力了，就等着失踪人口组那边的消息吧，你该干吗干吗去。月底的时候，我会在你的考勤表上注明这件事的，到时候我想张局也不会为难你，放心吧！"章桐大度地摆摆手，"谁没有个意外呢，你说是不是？"

"真的？谢谢章医生！"小潘的脸上立刻多云转晴，"那我干活儿去啦！"

"对了，你看见小苏了吗？今天她应该来值班的啊。"章桐皱眉，"我一大早到现在就没有看见过她。"

小潘尴尬地笑笑："那丫头？三天打鱼两天晒网是很正常的，再说了，人家又不是你的长工，在这儿没有编制，你也管不了，你就别指望她准时啦！"

"这工作态度，唉。"基层本就留不住人，章桐也算是死心了。

第五章　人皮

章桐屏住呼吸，尽量不让那股刺鼻的恶臭钻进自己的鼻孔。

这两天艳阳高照，室外的气温骤然升高了好几度，整个垃圾填埋处理厂的等候填埋区几乎变成了一个"臭味加工厂"。一眼望去，发臭的死猫死狗，腐烂的水果，甚至还有一大块趴满了苍蝇的肉块横亘在路的中央，各种各样奇形怪状的生活垃圾被随意扔得到处都是，污水横流，腥臭的味道让人几乎发晕。

这些都还不是最糟糕的，要知道，如果尸体是在这种地方被发现的话，十之八九，尸体表面的证据都已经被破坏殆尽了。

章桐用力提着工具箱在垃圾堆里艰难地穿行，后背的衣服早就被汗水打湿了，牢牢地贴在身上，让她感到浑身难受，每走一步都似在和背上紧贴着的衣服做"拉锯战"。

直到警用隔离带出现在自己面前的时候，她才松了口气。

"尸体在哪儿？"

童小川伸手指了指自己身边不到一米远的地方，一声不吭。另一边，老李正在耐心地劝说一个脸色发青、身穿灰色工作服的中年男子，中年男子则不停地摇头、皱眉。看见章桐到了，老李冲着她点点头，算是打过招呼了。

阳光刺眼，冷不丁地看过去，周围都是白花花的一片。章桐叹了口气，放下工具箱，来到尸体边蹲下，一边戴手套一边仔细打量了起来。

眼前的这具尸体，几乎被丽蝇以及其他各种各样的蛆虫所覆盖，白花花、圆滚滚的蛆和已经成型、还未长出翅膀的幼虫混在一起，翻滚挣扎着，不断地跌落下去，又拼命地往上爬。层层涌动的蛆虫和嗡嗡作响、四处乱飞的蝇虫使得尸体乍看上去就好像活了一般在颤动个不停。

"能看出死了多长时间了吗？"童小川挥手驱赶着苍蝇，皱眉问道。

章桐摇摇头，伸手指向尸体上蠕动着的蛆虫："这里不是第一现场，还有，周围的环境实在太差，再加上室外温度又这么高，尸体腐烂的过程被完全打乱了。丝光绿蝇、丽蝇、金蝇和家蝇，光分辨它们就得忙活个够呛。不同的蝇虫产卵时间各不一样，而丽蝇最为特殊，气温超过 20 摄氏度就能在尸体上产卵，但是看过去，和丽蝇不应该同时出现的丝光绿蝇的蛆虫也发育到了一定程度。家蝇的孵化期应该是 8～24 小时，随着温度升高，时间可能更短，而高于 40 摄氏度就会死亡。可是，这尸体上的家蝇的幼虫却活得好好的。现在是大中午，周围的温度这么高，尸体至少在外面曝晒了 10 个小时以上，尸表温度更是远远超过了 40 摄氏度，"说着，她轻轻叹了口气，不顾额头滴落的汗珠，伸手拂去了尸体颅骨部位的蛆虫，一张严重肿胀变形的脸出现在面前，"所以，我需要回局里进行解剖后，才能告诉你确切的死亡时间。"

童小川没吱声。

"女性，死亡时间应该在两天以上。"章桐一边说着，一边继续查看尸体，时不时地伸出手指轻轻触摸尸表，"年龄在 20 岁以上，死亡原因……"

突然，她的手停了下来，抬头对身边正在拍照的小潘说："帮我把她翻过来。"小潘点点头。

章桐小心翼翼地让尸体背部朝上，在清除了一部分尸体背部密密麻麻的蛆虫后，眼前的一幕让大家都惊呆了。尸体全身赤裸，后背伤痕累累，血肉模糊。

"这究竟是怎么造成的？"童小川问，"是不是抛尸的时候造成的二次伤害？"

"不，这是用利器将皮肤从人体剥离时留下的痕迹。"章桐抬起头，看着童小川，神情阴郁，"但愿她被剥皮的时候已经死了！"周围一片寂静。

不远处，站在老李身边的那个身穿灰色工作服的中年男子听到这一句话后，瞬间面如死灰，他再也忍不住了，蹲下身子一阵狂吐。见状，老李皱眉摇了摇头，冲着章桐双手一摊，表示无能为力。

傍晚，天空中突然乌云密布，没过多久就下起了倾盆大雨。雨水拼命冲刷着安平市的每条大街小巷。白天的酷热渐散后，空气变得清新了许多。

童小川站在办公室的窗口前向下望去，雨雾把整个城市的上空笼罩得严严实实。正在这时，身后传来了敲门声。办公室的门开着，童小川转身看见章桐正面容平静地看着自己。"你怎么来了，章医生？"童小川微微一笑，"报告好了，打个电话就行了。"

章桐平静地说道："我建议你把这个案子和老鸭塘的失火案并案处理。"

"为什么？"童小川心里一沉，他知道，如果没有很大的把握，面前这个严谨的法医是绝对不会提出这样的建议的。

章桐从宽大的工作服口袋里拿出一张纸递给了童小川："第一，死者都是年轻女性，并且身体健康，未曾生育，保养得很好，不是体力劳动者；第二，我在死者的体内都发现了去甲氯胺酮的微量残留物；第三，死者身上或多或少都有皮肤被剥除的痕迹。前面三具尸体，因为有火灾现场的破坏，所以这样的痕迹很容易被忽视。但是这一具很明显，死者后背有大约 20 厘米 × 20 厘米范围的皮肤缺失了！"

"死者之间就这么点关联线索吗？"老李在身后出现，"尸源调查到现在几乎毫无进展啊！"

章桐摇摇头："我能检测到的，都写在那张报告上了。现在死者的 DNA 样本已经输入了样本搜查库，还有指模。不过，还在等结果出来。"

"死因呢？"老李问。

"肺挫伤导致的死亡。"章桐叹了口气，"她的肺膜虽然完整，但是肺重量增加了三倍，肺水肿非常严重，肺泡腔内有大量的黏液渗出。而造成肺挫伤的原因是暴力直接作用于死者的胸部。"

童小川抬头，看着老李："还是那个老问题，这个凶手，他杀人的动机究竟是什么？难道只是为了一块皮肤？对了，尸体有没有被性侵的迹象？"童小川转头问站在一边的章桐。

"没有，火场的尸体因为不完整，所以我检查不出来，但是这一具才发现的尸体，我彻底检查过了，死者生前没有被性侵。尸体唯一受损的地方，就是刚才我提到的那块皮肤。"

童小川和老李面面相觑。

回到办公室后，章桐在椅子上坐了下来。她想不明白，仅仅两天时间，不到 48 小时，就发现了四具尸体，这个看不见的凶手究竟想干什么？难道真如童小川所说，真的简单到只是为了一块人皮？用火灼烤受害者皮肤边缘后再剥皮，是一种古老的刑罚方式。章桐觉得凶手费尽心机这么做，应该有什么意义，至少肯定没有这么简单！

"章医生，找到匹配的了。"小潘话音刚落，工作台上的计算机就发出了

"滴滴"的声响，一边连接着的打印机开始启动。章桐赶紧站起身来到打印机边上，报告一打完，她就迫不及待地把它抽了出来。匹配上，那就意味着垃圾填埋场的女尸可以确定身份了，案子也就有了突破口。

"从最新一具女尸身上提取的DNA样本和一年前的一桩性侵害案件的女受害者匹配上了。"章桐抬头看着小潘，"你赶紧查一下这个案子。"她报出了那桩已经被记录在案的性侵害案件编号。小潘熟练地敲击着键盘，突然，他脸上流露出了惊愕的神情。

"怎么了？"章桐奇怪地问，"结果出来了吗？"

小潘转动显示器，让屏幕完整地出现在章桐的面前，轻叹一声："你自己看吧。"

屏幕上所显示的是报案者的登记记录。"黄晓月，女，22 岁……"章桐放下了手中的DNA报告，一边看着屏幕上的登记数据，一边逐行念着，"……安龙小区 18 号三单元 302……等等，我记得上次登记数据时，看过你家的地址，这个受害人报案留下的地址是不是就在你家楼下？难道说她就是？"

小潘点点头："没错，死者应该就是楼下那对老人的女儿，她叫黄晓月，我虽然没和她深交，但是见过几次，也说过话。她去年出事，我也知道，为这事，她在她父母家里休养了很长时间。我想，当时报案的时候应该就是用的她父母家的地址。章医生，这该怎么办？要不要通知他们？"

"暂时先不要，"章桐发愁地看着计算机屏幕，想了想，说道，"我会给童队打电话汇报这个情况，我们出面通知家属不太合适。"

话虽然这么说，其实章桐的心里更多考虑的是小潘的情绪。毕竟见过受害者活着时候的样子，突然要和那具被人丢弃在垃圾填埋场的尸体联系起来，心里的坎儿可不是那么容易过得去的。

小潘点点头，转身离开了。

下班后，章桐正要离开办公室，转身之际，她的目光落在了办公室角落的那张空空的办公桌上，不由得皱起了双眉。那个腼腆内向的实习小姑娘这两天就如人间蒸发了一般，电话也不打一个。虽然说实习生临时溜号儿在法医室里是非常正常的事情，毕竟编制还不在公安局，自己也管不了，但或许是受了案子的影响，章桐的心里总有一种不安的感觉。

"难道家里出事了？"她顺手从抽屉里拿出苏茜的实习鉴定表，翻到第二页的家庭联络方式，找到电话号码拨了出去。

接电话的是一个中年妇女，声音很柔和。当章桐报上自己的名字和职务并询问情况后，对方却感到很惊讶："茜茜没有回家啊，她不是在你们那边实习吗？"

章桐顿时感到一阵头晕："对不起，她两天没有来上班了，作为部门领导，我有些不放心，所以打电话过来问一下。"

"她会不会出什么事……她怎么样了……"中年妇女的声音越来越激动。

章桐开始后悔自己打这个电话了，赶紧安慰："没有，苏茜妈妈，您别担心，我再和医学院联系一下，或许她回学院了。您先在家里等着，有情况我会随时和您联络的。"

结束通话后，章桐伸手揉了揉自己发胀的太阳穴。正在这时，小潘推门走了进来，看见章桐，不由得一愣："章医生，你还没走啊！"

"我刚和苏茜妈妈通过电话，她没有回家，你赶紧和学校联系一下，我担心这小姑娘会出事。"

"好的，我马上打电话。"

十多分钟后，小潘无奈地摇摇头，放下了电话。

章桐的担心变成了现实——苏茜失踪了。

第六章　劫数

因为担心会出现意外情况，老李和童小川开车来到了王伯的女儿位于城北的家。老头儿对于两个警察找上门，似乎一点都不感到奇怪，相反，眉宇间显得很轻松自在。

"王伯，你再仔细想想，你真的确定昨天早上有人在案发现场出现过吗？"老李合上笔记本，耐心地看着眼前的老人。

"我虽然年纪大了，可是眼睛一点都不花。年轻人，我真的看见了！"老头确定无疑地说道，"他肯定是在找什么东西，弯着腰的样子，我到现在都忘不了。"再次说起那天早上奇怪的一幕，王伯已经没有先前那么惊慌了："我听说那个租房子的年轻人没有死，是吗？"

老李点点头："放心吧，王伯，不是他。"

"那又会是谁？"老头儿嘀咕了句，"那天早上，这么早，绝对不会是小偷的。"

童小川看了一眼老李，点点头："那今天就这样吧，王伯，我们也不打扰你了。请你明天来一趟警局，可以吗？我们需要你帮忙回忆一下那个租房子的年轻人的长相。"

"没问题，我都记着呢，明天叫我女婿开车送我去。"老头儿伸手指了指自己的脑袋，又强调了一句，"警察同志，我真的一点都不糊涂！"

走出楼门的时候，老李仰天长叹一声，显得很无奈。

"怎么了？"童小川一边掏出钥匙开车门，一边问道。

"案发现场周边的人几乎都被问遍了，你说奇怪不奇怪，那神秘失踪的房客天天在那儿经过，就是没有人讲得清楚他到底长什么模样，就好像是个透明人一样，真伤脑筋！"

童小川笑了："老李，我看你是在担心王伯。"

"他可是我们的最后一根稻草了，不过他那年纪……算了，还是听天由命吧。"说着，老李钻进车，用力地拉上了车门，"走吧，局里还有一大堆的事儿等着我们呢。"

童小川点点头，踩下油门，警车扬长而去。

公安局禁毒大队办公室位于一楼拐弯处，偌大的房间空荡荡的，老李和童小川一前一后推门走了进去。禁毒大队的在编警察共有 30 多个，可是和往常一样，今天办公室里还是只有两个人值班。看见有人进来，其中一人抬起了头。

"氯胺酮，这是一种被严格控制的药物。医院里每次使用都是有详细记录的，我们也会经常去查。一般来说，不会流到市面上去。"禁毒大队队长是个长着满头白发的中年男人，讲起话来语速飞快，声音低沉，看人的时候，目光就像一把冰冷的锥子。

"接到你们的通知后，我就马上派人去逐一核实了，没有一家医院或者

191

诊所有氯胺酮被盗用的情况。"

"那就只有一个渠道了。"童小川小声嘀咕了一句。

"你的意思是走私毒品？""白头翁"想了想，说道，"我知道不排除这个可能。不过，我已经通知线人了，看最近有没有人在本市订购大量K粉，有情况我就打电话联系你们。"

老李站起身，点点头，和童小川转身离开了办公室。

下午，章桐接了个案子，是死者家属强烈要求进行尸检的，所以并没有惊动刑侦大队那边。

这个意外死亡案件的尸检报告，她已经写好了，但是心神不安的她总觉得还有什么地方自己给疏忽了，便一页一页地来回翻阅着刚刚打印出来的尸检报告。

死亡时间在12小时内，尸体长度167厘米，尸斑分布于背部未受压部位。指压褪色，尸僵存在，双瞳孔等大同圆，直径5毫米，口唇、指甲、趾甲发绀，全身体表未见明显损伤和骨折畸形……

这些都完全符合正常死亡的状态，但是死因一栏一直空着，她迟迟没有填上去。

死者是男性，全身器官都正常，毒物检验也是阴性，但突然倒地死亡，这让她感到很是疑惑。死者全身只有生殖器部位呈现出了明显的异样。阴囊干瘪皱缩，未触及睾丸，左右睾丸均上移至腹股沟管外口，右侧阴囊上背面表皮剥脱，并伴有皮下挫伤出血约3厘米×2.5厘米，右侧精索旁白膜纵隔大片挫伤瘀斑。组织学检查结果为右侧睾丸精索静脉扩张淤血。脑实质轻度水肿，双肺淤血并伴有水肿。除此之外，其他器官均未有致死性挫伤和病变。

章桐脑海里突然闪过了一个念头，她赶紧放下尸检报告，拿起电话拨通了刑侦大队的号码。

接电话的是值班员阿强，一个长相憨厚的年轻人，也是警队资历最浅的警探。"阿强，死者家属还在你那边，是吗？"章桐问。

"是的，他们还在。"阿强压低了声音，背后吵吵嚷嚷的，"还在我们这边理论呢。没办法，一时半会儿是走不了的。"

"你帮我问一下，死者是不是和人打架了，被人用力掐过阴囊和睾丸？"

阿强愣了一下，赶紧转头询问，没一会儿，他凑着话筒说道："没错，是和人打架了，刚才那人也承认了，说用力掐过死者的生殖器部位。"

"死者的死亡原因系阴囊及睾丸受钝挫伤至神经源性休克死亡。"章桐果断地说道。挂断电话后，小潘在旁边小声嘀咕了一句："我的妈呀，章医生，那得多疼啊。"

"没错，所以就疼死了。"章桐一边说着一边拿过笔在尸检报告上填上死因，然后利索地在末尾签名处写上自己的名字，转身递给了小潘，"扫描一份留档，剩下的给刑侦大队送去，交给阿强。"

"你说什么？老鸭塘的那两名死者，很有可能是被活活疼死的？"老李虽然对这样的死亡原因感到有点不可思议，但是对章桐做出的判定从来都是没有异议的。

"第一名死者，已经可以确定是火灾导致的死亡，但是第二名和第三名死者，除了麻醉剂氯胺酮外，并没有别的中毒迹象，尸体表面除了火灾所导致的损伤外，就只有后背皮肤的大面积挫裂伤了。而剥皮，就是导致神经源性休克死亡的直接原因！所谓的神经源性休克，理论上解释，就是在正常情况下，我们人类血管运动中枢不断发放冲动，沿着传出的交感缩血管纤维到达全身的小血管，使其维持着一定的紧张性。但血管运动中枢发生抑制或传出的交感缩血管纤维被阻断时，小血管就将因为紧张性的丧失而发生扩张，结果就导致外周血管阻力降低，大量血淤积在微循环中，回心血量急剧减少，血压下降，最终出现神经源性休克。而这类休克常常发生于深度麻醉或者强烈疼痛刺激后，也就是血管运动中枢被抑制的时候。这两个原因，老鸭塘火灾案中的死者都有可能遇到。"章桐说道。

"那这种神经源性休克从产生到死亡，时间间隔相近吗？"

"会有一个发展期，就像我下午接的那个案子一样，死因就是神经源性休克。该案死者从被人袭击到死亡，中间间隔了两个小时以上，依据调取的急诊室病历记录显示，死者在被送往急诊室的时候，神智还是有些清醒的，这一状态持续了大概半个小时以上。而在临死前，死者所表现出来的具体症状为：头晕、面色苍白、出汗、浑身疼痛、恶心、胸闷、心跳异常、呼吸困难、脉搏变弱、血压迅速下降。"说着，章桐合上了面前放着的笔记本，抬头看着老李，"所以我想前面两位死者的死前症状应该和这个差不多，而在垃圾填埋处理厂发现的死者黄晓月，我后来也检查了她的双肺和脑实质，结果是一样的。"

专案内勤匆匆推门进入房间，顺手塞给了老李两份传真件。老李皱眉看了看，就递给了章桐："老鸭塘火灾案的三名死者身份确定了。还有就是，下面那张，是根据现场目击证人提供的信息画的租客模拟像，很笼统，没什么特征。"

老李说得一点都不夸张，根据王伯的回忆画下来的这张脸，实在是太普通了。30 多岁的年纪，寸头，面容和蔼，这样长相的人如果在大街上出现，不会有人记得起。

传真件上写着：

赵婉婷，女，23 岁，身份证号码 ×××××××××××××，生前职业：小学教师，未婚。

戴玉琦，女，18 岁，身份证号码 ×××××××××××××，生前职业：音

194

乐学院大三学生，未婚。

丁子涵，女，20岁，身份证号码 ×××××××××××××，生前职业：自由职业者，经营网店，未婚。

"三个人一点关系都没有，而且这三个人，你注意看身份证号码，属于不同的区域，有一个甚至还是外地的，像这种案子，如果不摸清楚死者之间的联系的话，真的很难破啊。"老李长叹一声，随手从兜里摸出香烟，抽了一支出来，"章医生，你不介意吧？"

章桐摇摇头："目前看来，要想通过三个人之间的联系找到凶手，确实很难。我和童队说过，这三个人，除了年轻，女性，未婚，保养得很好以外，真的没有什么相关联的地方。而第四个死者，黄晓月，是市电视台的女主持人，也完全符合这些特点。凶手对她们进行绑架，继而麻醉，然后剥去皮肤。可是，这样的人在我们周围有很多。对了，老李，你有没有觉得什么地方不对劲？"

"不知道，尸体也没有被性侵的痕迹，目前连动机都不清楚，真搞不懂这个混蛋究竟想干什么！"老李满脸愁容。

"我担心的是，可能不止这些受害者。可是我什么也做不了。童队呢，他怎么没和你在一起？"章桐的目光在刑侦大队办公室里转了一圈。

"他啊，什么都没说，刚才突然有事就出去了。"老李不经意地回答道。

"你没问他去哪里吗？"

老李摇摇头，把两份传真件放进了扫描仪。

第七章　男友

上下班高峰，地铁里总是挤成一团。小小的车厢里，似乎只要有空间，焦急的人们就会立刻不顾一切地拼命把它填满。这般拥挤的环境，常常让王小雨感到无法呼吸。所以，每次下班，王小雨都尽量拖延时间，等过了高峰时段再去地铁站。

王小雨是一家出版社的编辑，每天除了和文字打交道外，其余大把空余的时间就是胡思乱想。"滴滴，滴滴……"新买的手机发出了清脆的提示音，她不用看就知道有人通过微信向自己发送了新的邀请信息。

王小雨笑了，打开手机，很快，一条精心编排的消息被发送了出去。王小雨长长地出了口气，上身向后靠在椅背上，满意地闭上了双眼。

虽然说朋友圈中才刚刚开始流行起这种新玩法，但是一点都难不倒王小雨，她很快就运用得得心应手。每天只要轻轻摇一摇手机，就能认识那么多新朋友，最刺激的是，两个人根本就没有见过面，却能像多年的老朋友一样掏心掏肺地聊天，没有任何隐私和猜忌，这对工作压力巨大而生活中没有多少朋友的王小雨来说，何尝不是一种幸福。

尤其是遇到了他以后。或许，这就是缘分，难道不是吗？

终于熬到了 6 点半，王小雨感到饥肠辘辘，她伸了个懒腰，关上计算机，走出了办公室。一路上时不时地向来上夜班的审稿编辑打招呼。

你长得真漂亮！

王小雨的脑海中不断地回想着微信中对方发来的这句话。而在见到自己的相片之前，对方从来都没有这么认真地夸过自己。想到这儿，她的脸上露出了微笑。

地铁站里依旧人头攒动，汗味、香水味和不知名的臭味扑面而来，让王小雨几乎窒息。站在滚动电梯扶手旁，她略微迟疑了一会儿，就硬着头皮走向了台阶。

穿过这条长长的通道后，在前面拐弯，然后走进闸机口，就可以下站台等车了。这条线路，她熟悉得闭上眼睛走都不会撞墙。在来来往往的人群中穿梭，王小雨加快了脚步。

突然，有人停在了自己面前，并且非常没有礼貌，一点都没有让出道路的意思。王小雨抬起头，因为过道里来往的人太多，光线又不是很好，所以她并没有看清楚对方的长相。她刚想开口："你……"

话音未落，那人很自然地伸出左手，搭在了王小雨的后腰上。紧接着，她感到自己的后背一阵轻微的刺痛，眼前一黑，就软软地倒了下去，手中本来紧握着的手机也掉在了地上，发出了轻微的声响。由于包着手机套，所以手机并没有受到损害。

有人扶住了自己，并且把她搂在怀里。王小雨感到自己的脑袋晕晕的，恶心想吐，双脚就像踩在一堆棉花上面一样，浑身上下一点力气都没有。

"出什么事了……"

"怎么了，是不是中暑了……"

"赶紧打120……"

人们纷纷停下脚步，围了上来……在意识即将消失的那一刻，一个陌生的声音在耳边响起："没事没事，天气太热了，我女朋友有点中暑，我这就扶她出去，谢谢，请让一让……"

王小雨感到很奇怪，自己并没有男朋友啊，这人是谁？他为什么要这么说？还有，刚才搂住自己腰的人是谁？可是她已经没有机会去弄明白身边究竟发生了什么事情。王小雨喃喃自语，轻轻地吐出一口气，很快就陷入了深度昏迷之中。抱住她的人在略微停留后，就抱着她向出口处走去。

刚才滞留的人群又很快向前涌动，人们脚步匆匆，不再会有人记起这件突发的小事。也许会有细心的人发现，刚才那女孩的"男朋友"并没有急着带女孩离开，去通风的地方休息，反而在地上来回看了好几眼，好像在寻找着什么。直到有人提醒他，他才想到离开。

可是，这么奇怪的念头，只会在脑海中一闪而过，路过的人没有谁会去真正在意。

天，太热了。

第八章　名字

张局的办公室里弥漫着浓烈的烟味，桌上的烟灰缸里已经堆满了烟头。尽管门口的走廊上早就挂上了"严禁吸烟"的牌子，但是并没有人会真正去落实和执行。

办公桌上铺满了案发现场和死者的相片，还有各种检验报告以及走访记录汇总。

"死者都是女性，年轻，健康，互相之间没有关联，在死亡前都曾经失踪过几天，多则两三天，少则一天。体内留有明显的麻醉剂氯胺酮的残留物，身体上都有皮肤缺损，没有被性侵的迹象。发现尸体时，尸体上都没有衣服。"说到这儿，张局抬起头，扫了一眼面前坐着的老李和童小川，"没有别的需要补充了吗？"

两人摇摇头。

张局见状，叹了口气，轻轻拍了拍手中的案件报告："就凭这些资料，我没有办法向媒体交代的。那个租房子的租客调查得怎么样了？"

老李摇摇头："经过查证，所有资料都是假的。只知道他是以做生意为由在老鸭塘租下了房子，好像是做布匹生意的，因为根据证人描述，经常有人搬布料进出那个出租屋。但是线索过于笼统，我派人查询过那个区域的布料批发市场，没有人记得和相貌相似的人有过生意上的往来。而老鸭塘那地方面临拆迁，是监控盲区，再加上我们的目击证人年龄较大，对他的描述也不是很清楚。只知道他接受过教育，很懂礼貌。照我看来，这人很有反侦察意识。"

"现场后来去查过了吗？"张局指着有关王伯的走访记录，其中提到了那天早上王伯在案发现场"见鬼"的回忆。

老李不由得苦笑："痕检那边的人几乎把现场都给翻了个底儿朝天，筛子筛了好几遍，一无所获。我想应该是那场大火把对凶手来说至关重要的证物给销毁了吧。他不放心，才会冒险回去寻找。而那场大火，是电线短路引起的。"

"那也没有办法，我知道你们警队缺人手，大家都在连轴转，可是，只要有线索，我们就必须去落实，这是警局的规定。"张局无奈地叹了口气。

在一边默不作声、皱眉沉思的童小川突然凑到办公桌前，伸手在档案堆里分别找出了两个案发现场发现尸体时的最初相片，然后把其余的材料推到一边，腾出空间，排列出死者的相片，最后指着这四张相片，抬头对张局说："我们派人联系了这四名死者的家属，并且详细询问过死者失踪时穿的衣服和随身携带的物品。衣服和饰品都没有发现，应该是被凶手处理掉了，但是我注意到还有一个细节，那就是死者都随身带着一部智能手机。据死者家属说，死者无论到哪里都会带着手机，是'社交网络聊天'的热衷者。而这些智能手机都有定位功能，随时可以上网和聊天。死者失踪后，家属曾经多次拨打手机，但是只显示没有人接听，别的都很正常。死者家属在报失踪后，也曾经和失踪人口组的同事一起前去手机运营商那里申请调取了死者的相关电话记录，以及 GPS 定位记录。我查看过记录，上面显示死者失踪后，手机就没有新的通话记录，就连 GPS 功能也被关闭了。所以，我怀疑凶手是利用社交网络聊天功能寻找的目标。"

"为什么？"

"我想，理由很简单：死者很年轻，单身，而热衷于这种'社交网络聊天'的，基本上都是年轻人。"老李在一旁解释道，"反正我是不会玩这种新鲜的玩意儿，简直就是浪费时间。"

张局看着童小川："那接下来你打算怎么办？"

"我还不知道，因为这种'社交网络聊天'的软件太多了，每天的信息量都非常大，五花八门，很难过滤，很难跟踪。再加上我们周围符合这个年龄段的年轻女性实在太多，不好防范。所以，我们目前能做的，就只有等待了。"童小川老老实实地回答。

"难道我们就这么等着，跟在他屁股后面收尸？"张局刚想发火，可是转念一想，童小川说的话其实一点都没有错。凭借手头的线索，除了等待，还能做什么？憋屈的他忍不住一拳狠狠地砸在了桌面上，阴沉着脸，不吭声了。

离开张局办公室，老李半天没有说话，穿过长长的走廊，直到来到电梯口摁下下行键后，这才小声抱怨了起来："头儿，我说你呀，真是的，怎么就这么直截了当地回答说你什么办法都没有呢？你看把领导给气的，我还从来都没有见他发过这么大的火。你至少绕个弯啊，一点台阶都不给别人。"

"我觉得没必要隐瞒，这是事实。"

"唉。"老李摇摇头。

两人走进了电梯。

"……怎么样？感觉好些了吗？还疼吗……喂，醒醒啊，听得见我的声音吗……"讲话声仿佛来自另外一个世界，由远及近，断断续续，显得很焦急。

是个女孩的声音！只是很虚弱。王小雨听明白了，她挣扎着想让自己清醒过来，至少能让身体换个舒服的姿势。她的脑袋很疼，钻心的疼，还晕晕的。到底出了什么事？她的脑子里一片空白。"……你还活着吗？千万不要死啊……"旁边的声音逐渐带着哭腔。

王小雨睁开了双眼，她顿时傻了，因为眼前的景象竟然是倒过来的。她想伸手去揉眼睛，手就在自己面前，却无法动弹。王小雨这才意识到，自己是被人吊了起来，倒吊着，像屠宰场里的一头挂在钩子上的死猪！

自己的脸离地面不到半米，泥土腥味、血腥味、臭味扑面而来，让人几乎晕厥，她甚至还闻到了一股人体排泄物的味道。王小雨彻底清醒了，她开始号啕大哭。

"你别哭啊……"声音从自己的正前方传来，还是那个声音，把自己唤醒的那个声音。

王小雨艰难地抬起头，朦胧之间，她看到离自己不远处的地面上俯卧着一个人，一头长发几乎裹住了整个头部，看不清具体长相。"你……你是谁？这是哪儿？我怎么会到了这里？"王小雨的声音中充满了惊恐，她突然意识到躺着的女孩有点不对劲，"你怎么了？"

"我没事，刚才看你那个样子，我怕你已经……咳咳。"女孩咳嗽了两声，显得很痛苦，"还好，你还活着，没死。"

"我们这是在哪里？"

"我也不知道。对了，你叫什么名字？"女孩问。

"王小雨，你呢？"

"苏茜。"说这些话的时候，躺着的女孩一动不动，虚弱的声音时断时续，"我想我快要死了，你……一定要……记住我的名字——苏茜……如果你能活着出去，请告诉我的家人好吗……告诉他们我已经死了……不要再找我了……"

"你说什么？"王小雨的脑袋嗡嗡作响，她语无伦次地说着，眼泪瞬间夺眶而出，"你别吓唬我，死？不不不……苏茜，苏茜……你别丢下我一个人，我害怕！"

"没事，你不会死的……你不会……我坚持……不下去了……对不起……"声音越来越微弱，渐渐地，没有了声息。

王小雨拼命挣扎，可是，除了身体的轻微晃动以外，没有任何改变。"天呐，快醒醒，苏茜，快醒醒……"

恐惧和担忧交织在一起，王小雨感觉自己快要崩溃了。

正在这时，远处传来了脚步声，渐行渐近。王小雨心中一喜，刚想出声求救，可是转念一想，一个可怕的念头迅速占领了她的大脑。

沉重的脚步声最终在门口停下了，紧接着，就是"哗啦啦"的钥匙声。沉重的铁门被推开后，有人走了进来。王小雨可以清晰地分辨出对方脚上皮鞋落地的声音。王小雨紧张得几乎窒息，她不敢睁开双眼，身体因为恐惧而颤抖。一声轻轻的叹息，紧接着就是拖拽重物的声音传来。王小雨赶紧把头用力抬起，顾不得太阳穴的刺痛，向声音发出的地方看过去。

这一幕，她这辈子都不会忘记。那个叫苏茜的女孩，此刻正仰面朝天，双手被人拽起，被慢慢地向开着的大门口拖去。她的身体被拖过的地方，是一条长长的深色的印迹——那是血。王小雨突然明白了，充斥在这个阴暗潮湿的房间里铁锈般的味道，正是人血的味道。

"你要带她去哪儿？放下她！快放下她！"王小雨哭了。

那人只是略微迟疑了一下，却并没有停留，也没有理会王小雨的怒吼。很快，女孩的尸体被拖出了这个房间。停在门口的那一刹那，借着走廊的灯光，地上的血痕更加清晰可辨。

"啪啦！"铁门关上了。屋子里又恢复了一片昏暗，安静得可怕。回过神来的王小雨紧闭着双眼，开始小声抽泣了起来，渐渐地，由于疲惫和惊吓，她又一次陷入了昏迷。

这一回，她做了个噩梦，梦见一个长发女孩站在自己的面前，她看不清女孩的脸，因为女孩的脸被长长的头发盖住了。当王小雨伸手去撩开盖在女孩脸上的头发时，眼前的一幕让她顿时发出了惊恐的尖叫声。

女孩的脸已经没有了，只剩一片模糊的血肉……

第九章　蝶舞

8 点刚过，童小川刚走进办公室，身后传来了老李焦急的声音："快，又有人报失踪，赶紧跟我去趟辖区派出所。"童小川点点头，抓起车钥匙，转身带上了办公室的门，匆匆跟着老李向电梯口走去。这一次是老李开车，他实在是受不了童小川开车时的拼命架势了。老李一边打着方向盘，一边向童小川介绍这起案件的情况。

"这次报失踪的是家住永乐新村的赵阿姨，她的女儿王小雨今年 23 岁，在一家出版社做编辑，平常都是一个人住，周末才回父母家。赵阿姨每天都会定时和女儿通个电话，听女儿报个平安，但是这次，接连两天了，她都没有打通女儿王小雨的电话。而她找到女儿住处，发现也是好几天都没有人居住过的样子，桌上剩下的饭菜都发霉了。赵阿姨知道自己的女儿一向爱干净，所以马上就去派出所报了案。经过电话询问，王小雨单位的同事说，她已经两天没有去上班了，而这在以前从来都没有发生过，因为这个小女孩非常珍惜这份工作，并且从来都不会迟到早退。派出所的警员陪着报案人去了营业厅调取通话记录，显示最后一个电话打出的时间就是她失踪那天，而这个号码是网络虚拟号码。我看这女孩凶多吉少，我们必须马上找到她！"老李一脸严肃。

"那受害者的手机号码最近开通过什么社交网络或实时通信服务吗？"童小川问。

"查过手机付费记录了，有开通'聊聊'！现在正在等微信记录的调取信息。因为这次是绑定手机号码的，所以容易查询。前面两个，就没有那么幸运了。聊聊的申请是不需要进行身份核实的，只要一个QQ号就可以了。这让治安组的人很头痛，十件案子中至少有一半以上是利用这个通信工具实施的诈骗案！"老李猛打方向盘，避开了右手方向试图突然超车的一辆蓝色桑塔纳出租车，嘴里狠狠地咒骂了一句，"该死！还会不会开车！"

前面就是十字路口，眼看着就要亮起红灯，老李重重地在方向盘上拍了一下，满脸的懊恼。

见此情景，童小川熟练地伸手从仪表盘下的箱子里拿出一个警灯，然后打开右边车窗，探手出去，用力把警灯插在了车子的顶上，同时打开开关。一时之间，刺耳的警笛声在耳畔响起，周围的车辆纷纷避让。老李感激地看了一眼童小川，然后用力一踩油门，黑色警车便飞速地冲过了十字路口。

王小雨被一阵刺痛惊醒，她竭力睁开双眼，想要弄明白那钻心的疼痛究竟来自哪里。可是，还没等她清醒过来，又一阵刺痛袭来，她忍不住尖声惨叫。

疼痛来自自己的后背。王小雨的惨叫和挣扎并没有让刺痛停止，相反，随着冰冷而又锋利的刀刃划过皮肤，难以忍受的刺痛瞬间传遍她的全身。王小雨疼得尖叫，嗓子都喊哑了，被绳子牢牢捆住的四肢已无力挣扎，她的内心只剩恐惧。

突然，刀子停了下来。紧接着，一个嘶哑的声音在王小雨的耳畔响起："要不要给你打麻药？这样，就不会疼了。"

"你，你混蛋！"王小雨咬牙切齿地痛骂，"你到底想干什么？你杀了我吧！我宁愿死！"

"你怎么能这么说呢？我不会杀人的，我只要你的皮肤。"沙哑的声音极其温柔，"我会好好待你，好好保护你！"

王小雨突然怔住了，这一句话太熟悉了，因为在每天的聊天中，他都会对王小雨讲同样的话！

"我会好好待你，好好保护你！"

王小雨不由得浑身发抖。

"你……你就是那个人……"不知是汗水还是泪水，朦胧了她的双眼，王小雨竭力抬起头，试图看清楚那个恶魔的脸，"我记得这句话！我记得这句话！"

"记得就好。"话音刚落，刺痛又一次袭来，这次比刚开始的时候更加凶猛，刀子没有再停下，皮肤与肉体剥离时那特有的"嘶嘶"声伴随着王小雨的惨叫声，在空荡荡的房间中不断地回荡着。

整个儿一张皮被完好无损地从王小雨的后背剥离了，他欣喜若狂地看着手中的杰作，忍不住浑身颤抖了起来。在头顶的灯光下，这张皮很薄，只有1毫米多一点，即便带着血丝和肉，也无法掩饰它的透明与高贵，柔韧度极好，这样的触感让他的脸上露出了陶醉的神情。而在皮肤的正中央，一只栩栩如生的蓝色蝴蝶文身仿佛获得了生命一般，在微微跳动。皮还带着王小雨的体温，他小心翼翼地把它放进了旁边早就准备好的溶液中，然后如释重负般长长出了口气，这才拿过一块洁白的纱布，开始着手处理王小雨后背惨不忍睹的伤口。只有在此刻，他的目光中才会流露出一丝怜悯和伤感，他的嘴里喃喃自语："对不起，对不起……"

王小雨早就因为撕心裂肺的剧痛而陷入了昏迷。处理完伤口后，他双手捧着装有那块皮肤的托盘向屋外走去。直到关上铁门，他都没有再回头看地上躺着的王小雨一眼。这并不奇怪，因为他所有的注意力早都集中在了手中的这幅"杰作"上。

随着他的身体前行，手中装有溶液的托盘在轻轻晃动，而那只展翅的蝴蝶也在此起彼伏的溶液中悠然起舞。

没过多久，铁门再次被打开，一个人走了进来，径直来到昏迷不醒的王小雨身边。他伸手打开了轮床上方的灯，等看清楚伤口后，来人轻轻摇了摇头，从兜里摸出早就准备好的手术用针线。随着针线的上下翻飞，王小雨后背的皮肤断裂处被密密麻麻地缝了一圈。

直到这一切都做好，来人退后一步，仔细看了看自己的"杰作"，这才满意地点点头，关上灯，悄然离去。

当老李和童小川报上身份并且亮出证件后，王小雨的母亲赵阿姨却显得异常平静："小雨不会有事的，她是个聪明的孩子，从小就很坚强独立。谢谢你们！让你们费心了。"

"我们知道，我们这次来，也只不过是例行公事。"老李对家属的这种态度似乎早就已经见怪不怪，他把话题引开了，"我们需要一些有关您女儿王小雨的体貌特征，比如说身上有没有什么特殊的胎记之类的。这些都是失踪人员数据库里必备的。"

一听这话，王小雨的父亲不由得倒吸一口冷气，双眉紧锁："我说警察先生，有什么话你就直说吧。我们虽然老了，却不糊涂。再说了，有些情况，我们作为家属，迟早都是要知道的。"

老李点头："现在你女儿还没有找到，我们还不能下结论，我想，只要我们警方和你们家属不放弃努力，还是有机会的。我也有孩子，比她小几岁，作为一个父亲，我只希望她能平平安安地回到你们身边。所以，请你们一定要配合我们的工作。"

王小雨的父亲点点头，伸手抓紧了一边赵阿姨的手，这才缓缓开口说道："她今年 23 岁，刚过生日没几天，身高有 172 厘米，长得很漂亮，皮肤很白，身上没有疤痕，性格很活泼……"说着说着，老人嘴唇哆嗦着，眼角也湿润了。

"对了，小雨的后背上有一个胎记，非常特别，就像一只蝴蝶！"赵阿姨猛地站了起来，"你等等，我这就去拿相片，她上周过生日去海边游泳的时候，她表妹给她照的。"说着，她回到卧室找来一本厚厚的相册，翻了几页，然后抽出一张相片，递给了老李："就是这张，她表妹特地拍下的，说是要留作纪念。"相片中，一个身着泳衣、身材姣好的年轻女孩正背对着镜头，准备下海游泳。仔细看过去，女孩后背靠近腰部的地方，确实有个类似于蝴蝶的东西。

"这个好像是文身，不像是胎记啊。"

赵阿姨点点头："是她表妹的主意，在胎记上做了修改，变成了一只蝴蝶。那丫头说什么现在这个很流行。"

童小川想了想，说道："我们能暂时借用一下这张相片吗？等找到你女儿后，就归还给你们。"

"当然可以，只要能找到她，我什么都愿意去做！"赵阿姨的目光中充满了希望。

开车回局里的路上，老李的电话响了，他顺手打开了挂在耳朵上的蓝牙耳机。很快，电话挂断，他随即冲着童小川摇摇头："禁毒大队那边给回信了，最近没有人动K粉。"

童小川皱眉："这也就是说，只有医院和药店那里才有可能了。医院那边查得怎么样？"

"医院那边是干净的，账目显示很正常，都是手术用的，量的变化都不大，是在正常范围之内。而药店那边，能有这种麻醉剂进货许可证的不是很多，卫生单位那边都去查过了，就两家，很干净。我想，这条线应该走不通。"

"还有一个地方我们没有查！"童小川说。

"哪里？"老李不由得一愣。

"宠物医院，有医疗设备的宠物医院！"

"宠物医院？"

"是的。就在我们小区外面，有一家比较正规的宠物医院。曾经有一条古牧犬因为被车撞了急需手术，我看医生就给它打了医用麻醉剂。我记得章医生曾经说过，医用麻醉剂中最常用的就是这个氯胺酮，人类和动物都能使用，它价钱便宜，起效也非常快。所以，我觉得宠物医院也是有可能的。"童小川掏出手机，翻看着有关本市宠物医院的备忘录，"我们这边能做手术的宠物医院还不少，应该有十家以上。"

"这倒是没问题，有地方可以查。"说着，老李左转方向盘，把车驶入了警局大院。

章桐有点精神恍惚，她不愿相信眼前解剖台上的这具冰冷的尸体，就是才来法医室报到实习没多久的苏茜。她一遍又一遍地核对着两张X光片，试图找出其中哪怕是最细小的差异。可是，这两张X光片就仿佛是克隆出来的一样，让她感到非常沮丧。

"这不可能，不可能是她！"章桐用力拽下了手上的乳胶手套，摘下护目镜，随手把它们扔在了工作台上，转身头也不回地走出了解剖室。没走几步，便迎面和童小川撞了个满怀。

章桐没停下脚步，径直走回了办公室，用力甩上了门。

童小川一头雾水，他看见小潘正坐在靠门的椅子上："章医生今天怎么了？她怎么发这么大的火？"

小潘抬起头，眼眶红红的："童队，你找我们有什么事吗？"

"我？就是为了你们这边那个失踪的女实习生的事，你们联系得怎么样了？校方怎么说？"童小川顺手拉过章桐工作台前的椅子坐了下来，"我记得和那小姑娘见过两面，家属有没有正式报失踪？"

小潘摇摇头，声音嘶哑地说道："你不用找了，我们已经找到她了。"

"是吗？人在哪儿？知道是为什么失踪的吗？"童小川从口袋里掏出小笔记本，准备记录。

小潘伸手摁住了他的笔："她就在这里。"说着，他指了指解剖室正中央的位置。

听了这话，童小川不由得怔住了。他转身，不远处的解剖台上，白布下是一具瘦小而又冰冷的尸体。

"这怎么可能？你们是怎么发现她的？"童小川呆了呆，快步走上前伸手揭开了盖在死者脸部的白布。

面容虽然发黑、肿胀、变形，但是仍然能够辨别出死者是一个年轻的女孩。

"是在国道旁干枯的水沟里发现她的，是今天上午接的案子。"小潘回答。

"你们怎么这么快就确定了身份？"

小潘用手背擦去眼角的泪水，走到解剖室后方的X光片灯箱旁，打开开关，然后指着上面的两张牙齿X光片，说："是章医生发现的。死者的牙齿结构和我们档案库中已经有的一张一模一样。就此确认了死者就是苏茜。"

"她怎么会想到把自己的牙齿记录输入到你们的档案库中？"童小川问。

"是章医生提出来的，她想建立一个完整的齿模数据库，这样对以后的无名尸体的辨别也好有个参考依据。你也知道，我们人类的牙齿就相当于DNA，不同的人有着不同的牙齿结构，以此作为类推的依据，我们就想到了这么做。不只是苏茜，法医和痕检技术的所有人都留下了数据，但是我怎么也没有想到，第一个用上的是她啊！"

童小川突然明白了章桐为什么会情绪失控，毕竟谁都无法接受曾经朝夕相处过的人死于非命，而自己偏偏还是那个要亲手写下解剖报告的人。谁都不可能轻易面对这样的局面。童小川沉默了，半晌，他接着问道："死因查出来了没有？"

"神经源性休克猝死。"章桐不知道何时又回到了解剖室的门口，她双手插在工作服口袋里，靠门站着。

"那死亡时间呢？"

"不会超过两天，尸体刚刚开始腐败。"说着，她朝解剖台的方向伸手一指，"还有就是，她后背的皮肤也没有了，这一点符合之前几起案件的关键特征，你们可以并案处理了。不过这一次我有必要提醒你，那家伙几乎把她后背所有的皮肤都剥离了，连臀部都没有放过！他已经彻底失控了！"

章桐从工作台上抓过乳胶手套戴上，向解剖台走去，伸手揭开盖在苏茜身上的白布，把尸体轻轻地侧翻过来，好让死者的后背全都显露出来。然后，她抬头对童小川说："这一次，凶手彻底清理了死者的伤口，并且出乎意料地把死者背部的创面边缘用针线给缝合了！"

"缝合？他到底想干什么？"

章桐摇摇头："他的行为很难让人理解，而这样的缝合对死者伤口的恢复一点实质性的作用都没有，我们只能暂且理解为这是凶手对死者的一点弥补。"

童小川盯着死者创口的缝针，半天没有说话。

"你应该看出什么来了，对吗？"章桐把尸体轻轻放下，重新盖上白布，点头示意小潘把尸体推回冷冻柜。

"这种缝针的手法，我在哪里看见过！"童小川愁眉紧锁，"但我一时之间却想不起来。"

"这是外科医生常用的缝针手法。"章桐回答。

"那你的意思是说，我们要找的这个凶手很有可能是个外科医生？"

"我可没这么说，而且现在一般的外科手术过程中，真正干这种活儿的，不是外科主刀医生，而是医师或者护士。所以，这只能表明凶手曾接受过医学系统的培训罢了。"

看着章桐在工作台边忙碌的身影，童小川突然心里一动："凶手有没有可能是宠物医生？"

"宠物医生要人类的皮肤干什么？难道是给宠物植皮？那更是笑话了，两者的毛细孔结构都是不一样的！"章桐毫不犹豫地反驳，推翻了童小川的猜想。

"唉，我再好好想想吧，肯定哪里有问题。"童小川愣了半天，摇摇头，转身离开了解剖室。

"你说什么？王小雨的手机找到了？"老李简直不敢相信自己的耳朵，"你确定是她的手机？"

"我们可以确定。"电话那头，辖区派出所所长的声音听上去很是兴奋。

"到底是怎么找到的？"

"那人刚从看守所出来没多久，是个在我们这里挂了号的惯偷，不过他说这次自己是在地铁通道里偶然捡到的那部手机。其实啊，我们都清楚，说白了就是顺手牵羊！后来回去后，怎么想怎么觉得不对劲，这小子就这么着来我们派出所'投案自首'了，说自己是顺手捡到了一部手机，要还给那个晕倒的女孩。我们一问时间、地点，再和王小雨家人核实号码后，就给你打电话了。"

老李急了，赶紧追问："那人现在还在你那边吗？"

"在，我们没让他走。"

老李挂了电话就冲出了办公室。

第十章　心愿

王小雨直到现在才终于明白，苏茜，也就是那个叫自己要牢牢记住她名字的女孩，肯定已经死了。

暗无天日的房间里，臭味和血腥味似乎永远都散发不出去。没有窗户，也没有灯光，王小雨不知道自己在这个鬼地方究竟待了多少天。昏睡、清醒、昏睡、清醒……在这周而复始的折磨中，王小雨倒宁愿自己一直昏睡下去，因为至少昏睡过去了，就不会感觉到背部火辣辣的疼痛。伤口早就已经感染，王小雨开始发高烧、出汗，浑身就像被打湿了一样。她的意识逐渐变得模糊，混混沌沌的，她早已分不清现实和梦境，就当自己是做了个梦。没错，做了一个噩梦！

或许要让那个已经死去的女孩失望了，因为自己肯定也会死在这里了，活活地疼死在这里……王小雨心里想着，又一次陷入了昏迷。

朦胧间，王小雨听到门外传来了年轻女孩的说话声，断断续续，还有笑声。

自己肯定是在做梦，因为她看到门的那一边是地狱！

派出所正好停电，房间里闷热难耐。

老李不停地擦着汗，童小川则沉着脸，一声不吭地看着坐在自己对面特地来"投案自首"的年轻男人。

"我见到他了！"眼前这个看上去有些猥琐的年轻男人认认真真地把事情经过又说了一遍。或许是紧张，他不停地抖着大腿。

老李怀疑自己没有听清楚，他凑上前一步，紧接着又问了一遍："你到底见到谁了？"

"我刚才见到他了，就是那个带着女孩子离开地铁通道的男人啊！"捡到手机的这个年轻男人重复了一遍自己的回答，显得有些不耐烦，大腿抖得更厉害了，"我要跟你说几遍，我刚才就在这里见到他了！"

"你说什么？"老李一把揪住他的衣领子，把他从椅子上提了起来，嗓门也在无意中提高了八度，"你小子没看错吧？真的在这里？别胡说八道！"

童小川赶紧站起身拽住老李，把他拉到自己身后，然后冲着年轻男人吼了一句："讲话利索点，别拖拖拉拉，我们没时间跟你耗，已经答应你不追究你拿手机的事了，你还想干吗？"

"我确实是在这里看到他了，不过是在外面的公告栏上！"年轻男人一脸的委屈，"你们自己出去看看不就得了！"童小川和老李面面相觑，赶紧推开会见室的门走了出去。在派出所大院的公告栏上，他果然看到了那张年轻男人所指的脸——局里前两天根据老鸭塘失火案报案人王伯的口述所画的模拟画像。他一把扯下了那张模拟画像，回到屋里，指着画像中的人问："你确定是他？"

"就是这个人！我没有看错。"

"你为什么说这个人很可疑？"

216

年轻男人迅速皱起了双眉，一脸鄙夷的神态："那眼神，让人看着就不舒服。还有啊，刚开始的时候，我一直跟在那个女孩身后不到半米远的地方走。"

"你跟着她干吗？"老李警觉地问，"想偷东西？"

年轻男人瞪了老李一眼："我早就不干那行了。累犯可是要重判的，这点我比你清楚。我跟着她，只是因为她长得漂亮，我就想多看她几眼，这又不犯法。什么时候开始不允许看漂亮姑娘了？"

"接着说下去，别把话题扯开！"老李说道。

"我是在地铁口遇到她的，这女孩真的长得很漂亮，就是经过你身边，是男人都会回头看一眼的那种。我跟着她，想着有机会能和她认识一下。结果，我还没有开口，这倒霉事儿就发生了。一个男的，就是这小子，突然出现在她面前，并且占着道儿根本就没有让开的意思，还一直向女孩那边凑过去，死皮赖脸的。接着那小子就直接伸出'咸猪手'搂女孩腰上去了，女孩就晕倒了。那男的见我们都围了上去，就跟别人解释说他女朋友中暑了，要带她去凉快一点的地方。中暑谁没见过？这么热的天，中暑也是难免的事儿，可是，他糊弄谁呢？那女孩遇到他之前好好的，一遇到他，一搂腰，就中暑了？有这么快吗？就那时候，手机掉在我身边的。"

"你就'顺手牵羊'了？"童小川忍不住调侃了一句，"你干吗不直接还给她？"

"人太多了，你也知道的，地铁站的通道里，来来往往很多人，再加上人民公园那站又是中转站，站在通道里，人就得不停地往前走。"或许是感觉到自己编织的谎言有些出格，年轻男子假意清了清嗓子，话锋一转，接着说道，"既然你们已经说了不追究我，那我也就实话实说了，我总感觉那男的不是好东西，估计是冲着那女孩的长相去的，我就没有还。知道吗？他还想人财两得呢！"

"为什么这么说？"

"这部手机，"年轻男人伸手指了指自己面前桌子上的那部纯白色手机，上面还挂着一个精致的手机小挂件，"是刚上市的苹果手机，价格要 8000 多元，更别提这还是港版的。那小子一边搂着女孩的腰，一边还四处张望着找那女孩掉在地上的手机。而女孩一点知觉都没有。所以呢，我才不会给他！谁知道他会拿去干吗呢，不然太便宜那小子了！"说着，他愤愤然，显出一副心有不甘的样子，"我就拿来交给你们了，我可是一个守法的好公民啊！"

童小川看了老李一眼，大家心里都明白，虽然眼前这家伙讲的十句话中，总有那么两三句是夸张的，但是他的观察力非常敏锐。那个带走王小雨的男人绝对不是她的朋友，那时候的王小雨肯定被注射了麻醉剂，而男人之所以寻找手机，也绝对不会是出于好心要帮昏迷中的王小雨保管财物，他的真正目的，很有可能就是销毁手机中唯一能指证他的证据！

"章医生，这是刑侦大队那里刚刚送来的有关失踪人员王小雨的资料。"小潘把一个土黄色的牛皮纸信封递给了章桐，上面没有封口。

"目前还没有她的下落，是吗？"一提到这案子，章桐的心情立马就不好了，她打开信封，拿出资料来。

突然，一张相片落在了桌面上，她捡起相片，仔细打量了起来。

相片中是一个年轻女孩的背影，身穿比基尼，身材姣好。远处是碧蓝的大海，女孩正开心地伸开双臂向大海跑去。章桐正在疑惑为什么要特地转给自己这张相片的时候，她的心猛地一怔，抓过办公桌上的放大镜，透过镜片，她看到了女孩后背接近腰部的地方，有一个用来巧妙掩饰胎记的文身——一只美丽的蝴蝶！

放下放大镜的那一刻，章桐沉默了。她明白王小雨家人为什么会把这张相片转给自己，但是她真的不希望自己会用到！

她把相片和数据塞回了大信封，目光不经意间落在了数据送达报告的签名上，她当然认识这个龙飞凤舞般的字体，是童小川的。

电话铃声把章桐的思绪拽了回来，她接起电话："法医室，请问哪里？"

"章医生，医学院有人找你，说是那个实习生的同学。现在人在门卫室。"

"我马上来。"章桐不安地叹了口气。虽然说苏茜的尸体已经找到，但是只要案子一天不破，包括自己在内的很多人恐怕都走不出心里的阴影。

走出办公室，章桐突然转身又折了回去。再次关上门的那一刻，她的手里多了一张相片，那是苏茜来这里实习的第一天照的，相片中的女孩，笑得很开心。

她希望来人能够帮忙把这张相片给苏茜的家人带过去，多少也算是一种安慰吧。

王伯终于鼓起勇气重新回到了老鸭塘，这里当然是不能再住了，小区已经下了通知，下周拆迁队就会过来。老头儿之所以回来，一方面是不放心自己老屋中的财物，另一方面，则是与住了一辈子的老屋做个告别。私底下，老头儿也不想自己这辈子剩下的日子都去想着这件事和那天早上的"鬼影"，他要好好做个了断。

固执的老头儿特地挑了中午的时间回到老鸭塘。老话不都这么说吗？中午的阳气是一天中最旺盛的。他钻出出租车，沿着此起彼伏的石子路来到老屋门前，只是这几步路，老头儿就已经是满头大汗。顾不得休息，王伯摸索着掏出钥匙，打开了沉重的木门。

正在这时，身后传来了一阵脚踏车的铃声，还有一声亲切的问候："哟，王伯回来了啊！"

王伯一边点着头，一边转身笑眯眯地打招呼："对啊，回来看看，毕竟是个家嘛。进来坐坐吧，外头天儿热，喝口水。"

和自己打招呼的是负责这条巷子投递业务的邮递员，王伯和他很熟，自家订了这么多年的报纸，记忆中一直都是这个邮递员送的。

"不用了，谢谢王伯。"说着，邮递员熟练地从大脚踏车的后座上解下一个大纸包，递给王伯，"拿着吧，王伯，你这几天不在，你订的报纸，我都给你留着呢。"

"谢谢，谢谢。"老头儿高兴地接过了大纸包。

"那我忙去了，王伯，回头再陪你喝茶下棋。"打过招呼后，邮递员骑上脚踏车刚走没多远，身后就传来了王伯焦急的叫喊声："等等，小伙子，你先别走。"邮递员赶紧停下车，双手撑住车把，转头问道："王伯，出什么事了？需要我帮你做什么？"

王伯接下来说的话让邮递员大吃一惊，只见他手里紧紧地抓着一张报纸中常见到的那种广告彩页，一脸严肃地吼了一句："我家电话欠费停机了，你快帮我打电话报警！"

警局门口，章桐正陪着一个身穿一袭淡蓝色牛仔长裙的年轻女孩站在拐角的树荫下等出租车，女孩是特地来访的苏茜的同学张绍钰。

"苏茜出了这个事后，我们大家都很伤心，学院里也做了通报，告诉大家不要随便结交网络上的朋友，以免出现苏茜那样不幸的遭遇。但是，章医生，我真的接受不了她就这么没了，真的接受不了！她那天告诉我说终于要见到那个人了，我该拦住她，不让她去的，我对不起她……"女孩一边絮絮叨叨地说着，一边用手抹了抹眼角的泪水。她的右手始终紧紧地抱着一个档案袋，里面是苏茜的实习报告，还有刚才章桐拜托她转交给苏茜父母的相片。

章桐轻轻叹了口气："人已经死了，你也要想开点，多想想开心的事。

代她去看看她的父母，这样，对她来说也是一种安慰。"

"那凶手太可恶了，他怎么下得去手啊！"张绍钰神情有些激动，目光中闪烁着泪花，"茜茜还没有谈过恋爱，什么都没有来得及去做，她还没有满20岁，怎么下得去手啊！他怎么下得去手啊！"

章桐愣住了，许久，才叹了口气，双手搭在女孩的肩膀上："放心吧，我们会抓住他的！但是你要答应我，暂时别再想这件事了，好吗？"女孩没有马上回答，只是忍了许久的眼泪终于汹涌地夺眶而出。正在这时，一辆蓝色的桑塔纳出租车在不远处停下，章桐赶紧拉着女孩向车子停靠的方向走去。

从车上下来的正是王伯，他的手里还紧紧地抓着那张广告彩页纸。一见到章桐，看到她胸前挂着的工作牌，王伯立刻走了上去，一把抓住章桐的手，由于紧张，老头儿的嘴唇哆嗦了半天都没有说出话来。

见此情景，章桐赶紧安排女孩上车离开，然后转身对王伯说："老伯，你别急，深呼吸。有什么情况慢慢说，好吗？"

"没事，没事，我没那么快死。谢谢你啊，姑娘。"

看到老人缓过劲来了，章桐这才松了口气："老伯，要我带你去报案室吗？"

王伯摇摇头，他虽然年纪大了，却因经常看报纸，也知道章桐胸前的那块工作牌上所写的"主检法医师"是什么意思。

"帮我找那个负责老鸭塘案子的童警官就行了。"说着，王伯把手中的广告彩页纸递给了章桐，然后指着上面的一则广告说："就是这个人，姑娘，我上次叫你们画的，就是这个人！这张脸烧成灰我都认识！"

这是一张秋季新款服装展示发布会的广告宣传单，上面详细地列出了发布会的时间和地点，右下角是一个年轻男人的相片，笑容可掬。旁边的简介上写着：国内最年轻、最有前途的顶尖级服装面料设计师秋白，荣获过多项国际大奖。

"你确定是这个人吗？"章桐有些困惑。

老头儿再一次点头，他严肃的表情不容置疑。

刑侦大队办公室，老李坐在办公桌前，童小川则一声不吭地斜靠着门框。

"你能证明这个服装设计师就是我们要找的杀人凶手吗？"

章桐摇摇头："不能。"

"那不就得了，光靠这张相片和这老头儿的证词，我们不能去抓人。没有证据的！再说了，这老头儿年纪这么大了，他作的证词，可信度不是很高的。"老李把头摇得像个拨浪鼓一样，"我们现在唯一能做的，就是派人 24小时跟着这个人，却不能抓人！"

最后，童小川补充了一句："即使我申请，检察院那边也不会批捕，对方又是名人，媒体方面肯定到时候会追着跑，所以，没有足够的证据，我们就动不了他！"

"可是，现在至少还有一个女孩在他手里，除此之外，我们没有别的可以直接拿来指证他的证据了，能不能把他先找过来问问？如果我们去晚了，女孩被害的话，我们怎么向她家人交代！"章桐急了，苏茜苍白的面容在她脑海里一闪而过，她双手紧紧地扣着桌面，"难道你就不能变通一下吗，童队？"

"你就能确定那女孩到现在为止一定还活着？"

听了这话，章桐不由得愣住了，她闭上了双眼，许久，才睁开："好吧，我不插手这件事，王伯就在门外，你跟他说。我回办公室去了，有事打我电话吧。"

说着，她转身就向门外走去，在经过童小川身边的时候，章桐并没有停下脚步。电梯口，她伸手摁下下行按钮，一边等待，一边陷入了沉思。

回到办公室，章桐径直来到电脑前，找到网络上所有有关这个叫"秋白"的人的资料。秋白，本名丁秋柏，今年 27 岁，曾经留学德国，主攻新型服装面料的开发和研制，获得过很多这方面的奖项……

看着计算机屏幕上有关这个年轻男人的介绍，章桐皱眉，如果这些案子真的是这个人做的话，那他要女人的皮肤干什么？他是服装面料设计师，难道要用人皮做衣服？若真是如此，人皮肤的结构非常复杂，一旦经过加工，就很难提取到有效的DNA，更难以证实他和这些案子之间的关系，自己不能就这么眼睁睁地看着他逍遥法外！

她的目光落到了电脑屏幕上显示的那一行字上——8 月 8 日，周三，晚上 8 点，凯宾斯基展览中心。今天就是 8 月 8 日。"他怎么下得去手啊……茜茜还这么年轻……"苏茜的同学痛苦的话语又一次在耳边响起。

"我必须做些什么！"章桐小声嘀咕了一句。

"童队，真的没有办法吗？"老李心有不甘地说道。

"你以为我就不着急吗？"童小川面露难色。

童小川深知，破案是要讲证据的，这样的规定无可非议。身后传来了敲门声，没等屋里答应，阿强就推门走了进来，把一份刚打印出来的报告放在了老李的办公桌上。

"是卫生单位的调查报告。"老李仔细核对完后递给了童小川，"看来宠物医院那边也没有问题，都是在正常使用范围之内。头儿，你的意见呢？"

童小川的目光停住了，他头也不抬地开口问："老李，你把那几起失踪案的报案时间告诉我。"

"好的，稍等。"老李赶紧在电脑上找到相应的档案夹，点开后，继续说

223

道："最先失踪的是丁子涵，7月7日报的失踪，接下来的时间是7月13日和7月15日，至于那个黄晓月，是8月1日，苏茜，是8月4日，王小雨，8月6日。"

"那就对了，我们去这一家——莱亚路上的'一宠一生'！马上走！"说着，童小川从椅子上站了起来，快步向门外走去。

"你为什么觉得这家宠物医院有问题？"警车飞速冲上高架，老李系了安全带，双手还是紧紧地抓住了车内的靠窗支架。

"很简单，他们医院的申报单上，在案发时间前后，都会有一两起大型犬类的手术申报。如果说一次两次是巧合的话，那么第三次、第四次再巧合就是见鬼了！账目嘛，是可以造假的，只要给钱就行了！"童小川双眼紧盯着前方的路面，车子在上班的车流中左冲右突，很快就把很多车子甩在了后头。

"章医生，这是新的实习生申请单，你签个字。"小潘把一张薄薄的报名表放在了章桐面前。

章桐注意到了他左手手臂上的一道伤疤，这是上周出外勤时不小心被现场的钢筋给划伤的。因为伤势不是很严重，小潘就没有去医院，只是在局里的医务室简单缝了几针，包扎了一下。拆线已经有几天了，所以可以很清楚地看到那道怪异的伤疤。

"伤口恢复了？"

"对，我昨天叫医务室的小姑娘帮我看的，她说恢复得很好。"小潘呵呵一笑，正要把胳膊缩回去。

突然，章桐伸手抓住了小潘的胳膊，问道："你的伤口是谁缝的？医务室的吗？"

"哦，我都差点忘了，当时医务室里有两个人，一个是主任，另一个就是刚来没多久的那个小姑娘。她想要练练手，我寻思着也没多大事，就同意了。那小姑娘是主任的亲戚，说是在读兽医专业，还没有毕业。伤口是难看了一点，但是呢，我想这也是值得的，我还拿到了她的电话号码……"一谈起医务室的小姑娘，小潘就开始滔滔不绝了。

章桐根本就没有把他后面说的话听进去，她猛地站起身，拉开办公室的门就向外走。

来到对门的解剖室，她直接拉开了装有苏茜尸体的冷冻柜，戴上手套，利索地拉出轮床，"咔啦"一声，轮床重重地撞在了边缘的不锈钢架子上。由于冷冻库的温度极低，盖着尸体的白布上冒出了阵阵雾气。

"章医生，出什么事了？"小潘也赶到了解剖室，章桐的异常举动让他吓了一跳。

"快，帮我扶着尸体！"冰冷的尸体非常沉重，在小潘的帮助下，她很快就把尸体摆成了侧卧的姿势。章桐拿过工作台上的放大镜，仔细查看起了死者后背的创口，最后拿起相机，把尸体后背的伤口拍了下来。

关上冷冻柜后，小潘一边摘下手套一边问："章主任，你发现什么了吗？"

"我犯了个愚蠢的错误！凶手是两个人！"

"你的意思是……"

"在老鸭塘发现的尸体，死者后背没有缝合的迹象，黄晓月的尸体上也没有，而在苏茜的尸体上，我却发现了伤口缝合痕迹。我当时只是想当然地认为这是凶手良心发现了，因为这样的缝合也是多余的，但是现在看来，有另外一种解释，就是有另一个凶手在做出弥补！而这种缝合方法，刚开始的时候我以为是我们普通的外科手术的手法，但是我看了你手上的伤疤后，我就明白了，我怀疑这是兽医干的！虽然同属于医生，但是兽医缝针的手法和走向完全不一样。兽医毕竟不同于我们人类的外科医生，手法不必那么仔细，还有，他用的是方结，这不利于术后的拆线和恢复。而一般的外科医生是不会随意改变自己的打结方式的，据我所知都是平结。"

小潘皱眉道："这个缝针，也有可能是凶手自己做的啊，为什么说是两个人呢？"

章桐摇摇头："绝对不可能，因为外科手术剥除皮肤不会这么不顾后果，外科手术医生必须保证要把术后病人的感染程度降到最低。而这个凶手，在他的眼中，我想，就只有皮肤，所以，他才会这么肆无忌惮地夺取自己所需要的东西，而不顾对方的死活。在杀了这么多人后，他却突然开始缝合尸体的创面，你说，一个人的习惯会改变得那么快吗？再说了，这些针缝得不是很深，从力度和针脚密度来看，这个缝针的兽医应该是一个女人。凶手应该有两个人！"

第十一章　霓裳

眼前这个身穿白大褂的年轻女孩，身材高挑，容貌秀丽，看上去和那些受害者的年龄差不多。她最多不会超过25岁。

"你们找我？"尽管眉宇间带着一丝疲惫，女孩却仍然坚持面带笑容。

"我们是市公安局的，有人向我们投诉说你们医院的行医资质有问题。请问，你是这家医院的主治医师吗？"老李随便编了个理由，在用到"医院"这个词的时候，他总是感觉浑身别扭。刚才在等这位女医生来的时候，他就已经不止一次地向童小川抱怨过了，医院是给人看病的地方，怎么现在给猫猫狗狗看病也要用到"医院"这个词。更让他接受不了的是，这里的环境比自己常去看病的那家医院不知道要好上多少倍。

年轻女孩点点头，在靠门的沙发上坐了下来："我叫庄小琴，这里是我负责的。警察同志，你们找我有什么事吗？"

正在这时，童小川的手机响了，他迅速查看了一下信息，令他感到意外的是，信息是章桐传过来的：凶手有帮凶，怀疑是女性，兽医。

童小川微微皱眉，下意识地抬头看了庄小琴一眼，她正在和老李交谈。

他走到老李身边，把手机短信出示给他看，老李扫了一眼，面无表情。

"……是的，我们医院经常给大型犬做手术，你也知道，现在是夏季，很多大型犬容易出现意外伤害。我刚刚才做了一台手术，一只黄金猎犬被车撞断了后腿。"庄小琴靠在沙发上，平静地说道。

"能给我们看一下你们这一个月来的手术登记资料吗？"

庄小琴点点头，站起身："跟我来吧，就在办公室里，我拿给你们看。"

三个人在穿过一片猫狗隔离区后，来到宠物医院的最里面。这是一间狭小的办公室，门开着，里面到处堆满了文件，只在办公桌上放着两个小相框。

童小川在等待庄小琴寻找数据的时候，随手拿起其中一个相框，相片上是一个年轻男人，笑容满面。童小川心中一动，又看了看旁边那张女孩的相片，总感觉有些不对劲。他抬头看看庄小琴，略微迟疑了一下，又把相片放了回去，指着年轻男人的相片随口问道："庄医生，这是你男朋友吧？"

庄小琴点头："是的，我们年底就要结婚了。"女孩的脸上洋溢着幸福的笑容，"旁边那张相片中的女孩是我的妹妹，她是个著名的模特，很快就要去巴黎签合约了！"

"哦，是吗？恭喜啊！对了，你男朋友是干哪一行的，也是兽医吗？"

"他是个服装面料设计师。"

听到这话，童小川的心沉到了谷底，因为相片中的年轻男人和王伯在宣传单上看到的男人是同一个人！

"老李，你看，这小伙子长得真不错！"童小川一边说着，一边把相框递给了身边的老李，老李的脸上闪过了一丝不易被察觉的惊讶，他也认出了相片中的年轻男人。

"庄医生，要不这样吧，你跟我们去一趟派出所，我们想当面给你们做个调解。"老李顺口说道，"把这些手术记录和用药记录都带上。"他看似无意地翻着数据，顺手把桌上的小相框塞进了数据夹中。

庄小琴并没有起疑心，在她看来，这只不过是平时经常发生的宠物医疗纠纷中的一次，很常见。所以，她只对下属做了一下简单交代就换了衣服，跟着老李和童小川离开了宠物医院。

夏日的夜晚，繁星点缀在深蓝的夜幕中，黑夜中似有一种清澈的明亮。

为了今晚的计划，章桐在网上紧急租用了一套婚礼用的伴娘服饰，半小时不到服装公司就把包裹送来了。

在更衣室里，她特意换好了裙子，软底鞋子被小心翼翼地塞进了更衣室的衣柜里，平常的牛仔裤和格子衬衫也不穿了，取而代之的是一双镶嵌着六颗水钻的平跟女式皮鞋和一条浅紫色的波希米亚长裙，长裙很好地凸显出了她几乎完美的身材。章桐知道，今晚自己可不能像一个法医那样出现在大家的面前，她的身份应该是一个出席服装面料发布会的普通女性。

看着镜子中的自己，章桐微微皱眉，她已经记不清上一次这么穿究竟是什么时候的事了。自己的生活中，似乎从一开始就不会有"美"的存在，即使偶尔对着镜子，也只是匆匆一瞥。

时间到了，该出门了。看着镜子中的自己，章桐微微一笑，然后点点头，深吸一口气，这才放心地向门外走去。不管怎么说，为了那些逝去的女孩，自己总该做些什么。

童小川正双手握着方向盘，耐心地等待着红灯变绿，车后座上，庄小琴一声不吭。童小川知道，当车直接开过派出所径直开向警局时，她就应该已经明白眼前这两个警察找自己的目的，肯定不只是为了一起简单的医疗纠纷了。

终于，十字路口的红灯变成绿灯，随着滚滚车流，童小川把车拐向了马路对面的警局大门。

警局大门口停着一辆出租车，顶灯亮着，很快，一个衣裙飘飘的女人走出了大门，快步向出租车走去。打开车门的一刹那，年轻女人习惯性地用手拨开了垂在脸上的一缕头发。童小川立刻认出了那女人正是章桐，不由得一声低呼："怎么会是她？"

"谁？谁在那儿？"身边副驾驶座上正在打盹的老李被惊醒了，他看看车前方，狐疑之际，出租车调了个头，和童小川的黑色帕萨特擦肩而过。老李也认出了坐在后车座上的章桐，惊得他脱口而出："章医生今晚怎么这身打扮？难道是去约会了？"

童小川没有吭声，皱着眉，心事重重地把车开进了警局大院。

"庄小琴，你知道我们为什么找你过来吗？"老李漫不经心地问道。

这个问题问得有些愚蠢，童小川琢磨着，他仔细打量着眼前的这个年轻女人，在她的脸上，童小川分明看到了一种熟悉的平静和冷漠。

"不是为了宠物医院的医疗纠纷吗？"庄小琴的眉宇间闪过一丝慌乱。

"和我们说说丁秋柏，好吗？"童小川突然开口，把问题引开了。

"他？他是我的未婚夫，很有才华。别的就没有什么好说的了。"显然，庄小琴在隐瞒什么，不然的话，她不会刻意去躲避童小川的目光。

"他是从事哪一行的？"

"服装面料设计，他同时也是一个服装设计师。"谈起自己的未婚夫，庄小琴的眼中闪烁着异样的亮光，"几乎每年都会有新产品发布，他在这个专业上有着很高的天赋。"

"他工作敬业吗？"童小川的问题似乎跑得越来越远，这让老李感到有些茫然，摸不着头脑。

"那是当然，开发新产品的时候，他经常没日没夜地工作。就说今天吧，是他的新产品发布会，会有很多人去参加呢！"庄小琴因为兴奋而开始喋喋不休。

"你说什么？今天是他的新产品发布会？在哪里？几点？"童小川顿时紧张了起来。

"晚上 8 点，凯宾斯基展览中心。"庄小琴觉得很奇怪，她不明白眼前的这个警察为什么情绪变化会这么大。

童小川迅速看了一眼手腕上的表，还有不到一个小时的时间，而从警局赶到凯宾斯基的话，至少需要 45 分钟，并且这还是在不堵车的前提下。

"老李，这边拜托你了，我马上去一下凯宾斯基，章医生很有可能过去了，我担心她的安危。有情况你打我电话吧。"在老李耳边匆匆丢下这句话后，童小川转身快步走出了询问室。

章桐跟随着人流慢慢走进了展览大厅。震耳欲聋的音乐声让她有些发蒙，或许是自己的生活太过于安静了吧，冷不丁地来到这个热闹的地方，让她很不适应。

展厅的正中央是一张长长的高台，离地面大概半米高，展览还没有开始，人们陆续就座。章桐按照手中参观券上写的位置，找到了座位坐下，座位离 T 台并不是很远，就隔了一排。她是刻意选择这样的位置的，在门口兑换座位券的时候，她表明想坐得离 T 台近一点。

或许是章桐的打扮很时尚，看门小弟把她当作了潜在的客户，章桐的这点小要求马上就被满足了。

T 台上方的横幅上写着"秋白先生服装面料新品兼秋冬季服装发布会"。看着周围的观众脸上时不时流露出的欣喜的神情，章桐的心中却生出了更多凉意。她没有办法把一个天才和魔鬼联系在一起。

很快，灯光暗了下来，音乐声也变得缓和了许多。打扮得体，身材曼妙的模特们开始一个接一个缓缓走上T台。冷艳的面容，茫然的目光，衬托着色彩怪异的服装，在T台上犹如幽灵般缓缓走过。

章桐可没有心思去欣赏这一件件在别人眼中难得一见并且价格不菲的珍贵服装，她从包里掏出相机，开始不停地拍摄着在自己面前走过的模特身上的衣服。最后，全场的聚光灯都打在了最中心的位置，音乐声也停了下来，现场鸦雀无声。

"出什么事了？"章桐疑惑不解地小声问身边的一位年轻女士。

"压轴的衣服出来了！快看！据说会上下一期《时尚》杂志的封面呐！"年轻女士的目光中充满了崇拜。

在众多身材高挑的模特之中，眼前的这个年轻姑娘非常特别，她身材娇小，容貌秀丽，一头披肩长发盘得高高的，露出了天鹅颈般线条优美的脖颈，凸显出她的华贵与典雅。

她身上穿着的是一袭轻薄的晚礼服，不是薄纱质地，很有垂感。模特的曼妙身姿在透明的晚礼服中若隐若现，让在场的所有人都惊叹不止。当身材娇小的模特渐渐走近自己身边的时候，章桐的呼吸都快停止了，因为她在模特的衣服胸部位置上看到了一只活灵活现、展翅欲飞的蓝蝴蝶！

她太熟悉这只蝴蝶了，她也深知这只蝴蝶根本就不该出现在这里！

章桐赶紧站起身用相机镜头拍下了这可怕的一幕，在摁下快门的那一刻，她的目光和模特的目光交汇到了一起，模特先是惊讶，然后对她微微一笑。

没等展览结束，章桐就站起身挤出了黑压压的人群，来到后台门口。模特们在小门里进进出出，章桐趁机混了进去。她一定要近距离看看那件衣服。

相比起前台观众的嘈杂，后台更显得忙乱，模特们进进出出，助手们在不停地来回奔跑，呵斥声、叫喊声不绝于耳。

章桐站在门边的角落里耐心等待着，她的目光往更衣室的方向四处打量搜寻，终于，她看到了那个身材娇小的模特正从舞台通道那边走了过来，而在她的身上，正是那件特殊的晚礼服。章桐难以抑制住内心的激动，赶紧向前凑过去，挤进人群，尾随着那女孩走进了更衣室。

童小川一边开车，一边不停地拨打章桐的手机，通话却一直被接入留言信箱。他急了，他知道以这女人倔强的个性，她是肯定不会放过眼前这个特别的机会的。章桐是个聪明的女人，她清楚只有找到那些被拿走的皮肤，才能指证凶手。那些证人、证言和聊天记录只能是间接指证，在法庭上起不到关键性的作用。童小川后悔极了，在警局门口见到章桐的时候就应该把她拦住。或者至少自己应该陪她一起去，保证她的人身安全。

电话还在一遍遍地拨打，童小川嘴里不停地嘟囔着："……快接电话，快接电话，求你了，快接电话啊……"

不远处，一辆红色的比亚迪狠狠地"吻"了前面车子的屁股，两个车主开始理论、争吵，并且有愈演愈烈的趋势，一条长长的车龙起先还不紧不慢地走走停停，到后来干脆就停下不动了。马路上水泄不通，而导航仪显示离目的地还有十多千米，童小川不由得怒火中烧，狠狠地一拳打在了方向盘上。他皱眉想了想，突然拔下钥匙，把车子熄火，打开车门下了车，不顾身后司机大声抱怨，一头扎进了长长的车流之中。

他拼命地奔跑着，腕上的手表显示已经过了晚上 8 点，也就是说，服装展示会早就已经开始了。而身后这条长龙没有半个小时以上是根本不会动的，童小川不能就这么干等下去。他跑到前面路口，拦住一辆正停着的出租车，赶紧钻了进去，亮明身份后，让司机立刻开往凯宾斯基展览中心。

更衣室里，到处都堆满了衣服和杂物，亮着灯的梳妆台上，散落着一堆眉笔、口红和高光粉。章桐进来的时候，女模特正在助手的帮助下脱衣服。

"能让我看看你身上的衣服吗？"章桐不会说谎，她今天来就是为了看眼前这件特殊的衣服，她不想费太多口舌解释自己的来意。

助手刚要上去驱赶章桐，却被女孩拦住了，她示意助手出去，助手心领神会地点点头，退出了房间。

年轻女孩随后转头看向章桐，目光中充满了与生俱来的特有的高傲："我认识你，刚才我出场的时候，是你第一个站起来给我拍照的。"章桐点点头，尴尬地笑了笑，伸手一指女孩身上的晚礼服，由衷地赞叹道："这件衣服真的很美，能让我摸一下吗？我只要摸一下就可以。"

或许是见惯了对自己身上所穿的衣服着迷的女人，女孩并没有感到意外，相反，她挺胸抬头，落落大方地笑了笑："当然可以，只是你要小心，因为这件是绝版！是设计师专门为我一个人设计和制作的！"

章桐的心猛地一颤，惊讶地看着眼前的年轻女孩，半天，才缓缓说道："这件衣服，你穿着确实很漂亮，你叫什么名字，能告诉我吗？"

"庄小月。"年轻女孩的脸上露出了幸福的笑容，"我很快就要去巴黎了！"

"是吗？祝贺你！"

"你是哪个经纪公司的？方便告诉我吗？"庄小月随口问道。

此刻，章桐所有的注意力都集中在了离自己不到 10 厘米远的那件特制的晚礼服上。这是一件堪称工艺品的晚礼服，高超的裁剪技艺，精心修饰的板型，再加上那看似透明、薄如蝉翼，却不失高雅庄重的面料搭配方式，更是让章桐的心中充满了异样的感觉。

不用看第二眼，这与众不同的纹路，还有那特殊的手感，虽然经过了加工，但是人类皮肤所特有的那种质地是无法被彻底改变的。最让章桐感到震惊的是那只蓝色的蝴蝶！

她茫然地抬起头，对庄小月说道："真对不起，这件衣服你能脱下来交给我吗？"

"为什么？这件衣服不卖！"庄小月感到很惊讶，她下意识地伸手护住了自己的前胸，"这只是一件展品，是非卖品，是我私人拥有的物品！"

章桐无奈地站起身，从随身带着的手包里拿出了自己的证件和一副乳胶手套："我是市局的法医，你身上这件衣服是一件谋杀案的物证，请你脱下来，好吗？"

"谋杀案？"庄小月愣住了，"这不可能，你胡说！"

"请你换下这件衣服，或者，跟我去趟公安局，协助我们的工作。"章桐一边说着一边掏出手机，想和童小川他们联系。她这才意识到自己的手机还处在剧场模式，没有来得及更换过来，她的目光完全集中在了手机屏幕上。

就在这时，只听"嘭"的一声，章桐根本来不及做出任何反应，眼前一黑，就向前倒在了冰冷的水泥地面上。身后，一个 30 岁左右的年轻男人轻轻地放下了手中的凳子，满脸歉意，抬头对庄小月说："对不起，我来晚了，小静才通知我。"

来人正是丁秋柏。庄小月赶紧手忙脚乱地换下衣服，同时冲着丁秋柏瞪了一眼："你再不来的话，我就自己动手了！"

"那我们怎么处理她？"年轻男人伸手指了指躺在地上一动不动的章桐，"我想她应该没有看到我的长相。"

"不管她有没有看到你的长相，她是个法医，能追到这里来，就说明已经死死咬住你了，她居然要我的衣服，太过分了！"庄小月的脸上满是不屑的神情，她狠狠地一挥手，"把她带到天台上去，到时候就说她是自己喝多了失足坠落的，和我们没有关系！"

在她右手方向，有一个铁质防火梯，可以直通楼顶天台。

"会有人看见的。"丁秋柏的话语中充满了慌张。

"那边的监控器是坏的，我昨天上去抽烟的时候就发现了。"说着，庄小月转身从梳妆台下面拿出一瓶红酒，拧开盖子，"快，把她扶起来！真可惜我的这瓶红酒了，我都没舍得喝几口！"

"你这是干什么？"丁秋柏有点手足无措，声音近乎哀求，"月月，这不好吧。我不想再杀人了，我的作品已经完成了，不需要再伤害别人了！"

"杀人不好？你自己杀了那么多人，还来说我！如果我被抓住的话，你也别想跑！"

丁秋柏哀怨地看了庄小月一眼，小声嘟囔着："月月，你太狠了！你变了，变得不像你了！"

庄小月才懒得搭理他，她一边把红酒酒瓶的口对准昏迷不醒的章桐的嘴巴，拼命地灌，一边抱怨道："你真笨！不给她灌酒，怎么说她是酒后失足坠楼？"

看着灌得差不多了，庄小月又把剩下的酒全倒在了章桐的身上，然后慌忙地把酒瓶一扔："快，搭把手，我们把她架到楼顶天台去！"就在这时，屋子角落传来了此起彼伏的手机铃声，庄小月看了丁秋柏一眼，丁秋柏赶紧摆手："不是我的手机，应该是这个女警察的！"

"管不了那么多了，赶紧上去！"两人一前一后架着意识模糊的章桐，顺着铁质防火梯向楼顶天台艰难地爬去。

凯宾斯基展览中心的天台并不是很大，离地面有八层楼高，四周没有围栏。因为平时几乎没有人上去，展览中心的工作人员也没有费心去多做什么安全措施，监控器坏了，也懒得修。

天台上的风非常大，刮过耳边，呼呼作响。此处没有什么照明设施，周围一片漆黑，站在天台上，能看到不远处高塔上的点点灯光。两人小心翼翼地拖着章桐来到天台边上，停了下来。因为被风吹的缘故，章桐渐渐有了一点意识，她蒙蒙眬眬地睁开双眼，一阵头痛袭来，让她几乎叫出了声。庄小月冲着丁秋柏叫喊："快推啊！"丁秋柏浑身一哆嗦，双眼紧闭，用力把章桐推了下去。因为害怕，两人都顾不上往楼下看一眼，就跌跌撞撞地赶紧往防火梯的入口跑去。

童小川的出租车终于赶到了凯宾斯基展览中心旁的车道上，他来不及等出租车完全停稳，把车费塞给了司机后，就一把拉开车门跳了下去。

服装发布会刚刚结束，很多观众从出口处走了出来，一时之间，街上熙熙攘攘，人头攒动。童小川焦急地一边继续拨打章桐的手机，一边下意识地抬头看了一眼天空。目光所及之处，他呆住了，因为四楼的外接阳台扶手处的装饰挂钩上挂着一个人，那人正用右手死死地抓着外接扶手装饰，摇摇欲坠，体力明显严重不支。

童小川的心猛地被揪了一下，因为他认出了那身淡紫色长裙。

"快让开！我是警察！"童小川大声怒吼，用力推开了身边的人群，跳过栏杆，向入口处一旁的防火梯拼命跑去。

防火梯被一把大锁死死地锁着，童小川拽了几下没拽动，他一咬牙，随即退后几步，飞起一脚踹断了门锁，一把拽下断了的铁链，然后几步一跨沿着防火梯向楼上跑。

身后的工作人员被惊得目瞪口呆，不知道究竟发生了什么事，也不敢阻拦他，只得乖乖地紧跟在身后。

到了四楼外接阳台处，人们这才注意到这里的阳台外面挂着一个人。童小川努力了几次，都没有办法够到章桐所在的位置，他急了，冲着身后跟上来的工作人员怒吼："快，抓住我的腿。"说着，向后退了几步，然后猛地快跑，向阳台外面扑过去。

反应过来的工作人员赶紧死死地抱住童小川的双腿，让他整个人倒挂在了阳台上。终于，离章桐所处的位置近了，他看到了章桐脸上的血迹，童小川的心一阵发颤，他赶紧一把抓住了章桐的右手手臂。就在那一刻，章桐的右手松开了，整个人猛地向下一坠。

死亡仿佛触手可及，看着心仪的女人满脸是血，充满惊恐的目光死死地注视着自己，童小川心急如焚。

"坚持住！"他怒吼着，眼泪瞬间滚落了下来，打在了章桐的脸上，"快拉我们上去！"

四楼外接阳台上的工作人员听到喊声，赶紧使劲把两人一起拽上了阳台。

在双脚接触地面的刹那，童小川再也抱不动章桐了，双膝一软瘫坐在地。

此刻，楼下围观的人群中爆发出了一阵热烈的掌声，大家总算是松了口气。

因为惯性，章桐重重地摔倒在了童小川的身上。童小川焦急地问："你没事吧？怎么样，有没有哪里受伤？"

"我没事，快，那条裙子！证据就是那条裙子……不要让他们跑了！"
不顾自己头痛欲裂，章桐挣扎着想站起来。

"裙子？"童小川愣住了。

"对，演出时最后上台的那条裙子，一条晚礼服，是用人皮做的！快去抓住他们！那是证据……"章桐的一番话让童小川不寒而栗，他颤抖着手从裤兜里摸出手机。

市局询问室里，老李挂断了电话，神色凝重。

电话是童小川从凯宾斯基展览中心的案发现场打过来的。由于脑部受到了重击，章桐被送往医院进行观察，嫌疑人丁秋柏和庄小月不知所踪。老李仔细地打量着坐在自己对面的庄小琴，目光中充满了同情。

238

"姑娘，我们就打开天窗说亮话吧。你的未婚夫丁秋柏是我们正在追捕的一个在逃杀人犯罪嫌疑人，对于他所做的事情，我们警方已经掌握了足够的证据。现在需要你做的，就是协助我们把他抓捕归案。"

就像无形之中有一枚针深深地扎进了庄小琴的胸口，她痛苦地闭上了双眼。这个细微的表情并没有躲过老李的目光，老李重重地叹了口气："都到这个时候了，你还不说，为什么呢？还有，刚才我同事在电话中说，有一个女人一直跟丁秋柏在一起，你知道这个人吗？"

庄小琴突然睁开紧闭的双眼，焦急地看着老李："天哪，难道是小月？"

"她是你什么人？"老李皱眉。

"她是我妹妹啊！我同父异母的妹妹！"眼泪从庄小琴的脸上滑落下来。

老李无奈地摇摇头："和我说说她吧，庄小琴，把你知道的一切都告诉我们，或许才能够挽救你的妹妹和你的未婚夫。"

听了这话，庄小琴长叹一声，无力地靠在了身后的椅背上，她的目光变得暗淡无神："是我不好，都是我不好……"

"你现在责怪你自己又有什么用？如果再不把这两人抓捕归案的话，还会有更多人死于非命！"老李死死地瞪着庄小琴，"你在尸体上做的那些弥补，你别以为我们警方就没有证据抓你！还有，那个被你们绑架的姑娘，她现在到底怎么样了？人被关在哪儿？"

"我们不是故意杀人的！真的不是故意杀人的！警察同志，你快去救救小月，她还是个孩子……"庄小琴猛地扑到老李面前，双膝跪地，急切地说道，"你们快去，云湖度假村三号别墅，快去！我想他们现在应该就在那里！"

看着眼前这个和自己女儿一般大的年轻姑娘泪流满面的样子，老李的心中不由得充满了悲哀，他默默地站起身，走到询问室门口的时候，犹豫了一下，转身对她说道："我想我忘了跟你说了，我的同事刚才在电话中对我说了，这件案子，你妹妹庄小月是脱不了干系的。"

庄小琴顿时感觉自己的脸上就像被人狠狠地扇了一巴掌，她瘫倒在地，整个人彻底蒙了。

走出询问室后，老李对站在门口守候着的阿强说道："给我好好看着，别出意外。"

阿强点点头："放心吧。"

老李这才神情严肃地向办公室走去，边走边掏出手机拨通了童小川的电话："云湖度假村三号别墅，我这边马上派人过去支援你。你注意安全！保持联系！"

郊外别墅门口，一辆黑色的帕萨特轿车停了下来。拉上手刹后，神情慌张的庄小月刚要拉开车门，却发现车门被锁得严严实实，她恼羞成怒地转头看着身边驾驶座上的丁秋柏。

"月月，我求你了，跟我走吧，走得远远的，我的钱已经足够我们后半辈子生活了。你的所有愿望我都能满足你，我们结婚好不好？结婚。"丁秋柏泪眼蒙眬地看着自己心爱的女人，嗓音沙哑，"嫁给我，月月。"

庄小月不由得一怔，转而露出了厌恶的神情："你胡说八道什么啊！结婚？就嫁给你？你也不照照镜子！再说了，模特嫁人了，还能当模特吗？别做什么春秋大梦了，赶紧带上东西走吧！"

丁秋柏仿佛没有听见庄小月的催促，他面如死灰："月月，你说什么？我做这一切可都是为了你。"

"快把门给我打开，不然我可要喊人了啊！丁秋柏，你别想得太美！为了我？你骗谁呢？我在这儿可要把话给你说明白了，这些人都是你杀的，和我一点关系都没有，包括那个摔死的女警察，跟我一点关系都没有，你听清楚了没？一会儿警察抓你，那是你的事，你做了坏事被抓，那是活该，我可还要去巴黎呢……喂，我说你呐，发什么愣，快把车门打开！"此时的庄小月不再是先前温婉动人的模样，仿佛是一个发了疯的女人，她一边用力推着车门，一边试图伸手去触碰那个控制车门开关的按钮。

"啪啦"，车锁应声打开。丁秋柏的右手也无力地垂了下来。庄小月如释重负般推开车门钻了出去，她并没有忘记转身去拿那个装着晚礼服的包。关上车门后，庄小月头也不回地向别墅大门跑去。丁秋柏面色惨白，像一个幽灵一般紧跟在庄小月的身后走进了别墅。

第十二章　承诺

整个别墅就像一栋鬼屋。

站在云湖度假村三号别墅的法式落地长窗边，虽然屋里没有开灯，但是趁着窗外的月光，童小川可以很清楚地看到离自己不远处的客厅地板上那可怕的一幕。

屋里静悄悄的，一阵风穿过开着的落地长窗，夹杂着一般浓浓的铁锈味儿扑面而来。地板上躺着的两个人一动不动，男人平躺着，身下满是血，他的右手搂着一个年轻女孩，左手握着一个黑乎乎的东西。童小川知道，那是枪，因为他闻到了空气中有淡淡的烟火味道，这味道对于一个和枪支朝夕相处的人来说，再熟悉不过了。

他紧紧搂着的年轻女孩，身上穿着一件长裙，衣服早就已经被血液浸透，分辨不出原来的颜色。女孩脸上的表情看不清楚，她的头枕在男人的胸口上，歪歪的，就像睡着了一样。

在起居室的茶几上，有一张纸，用一个U盘压着，纸上歪歪扭扭地写了一句话：追求美，并没有错，但是不该用生命做代价。

童小川迟疑了一下，便把手机塞回了口袋，他知道，房间里的这一幕表明已经没有再通知后援的必要，面前的两个人，显然早就死了。

刺耳的警笛声由远及近，童小川没有跨进现场，他知道自己该站在哪一个位置。他在墙角边的石凳子上坐了下来，顺手从兜里摸出了烟盒，低头瞪着已经空空如也的烟盒，童小川的眼神中充满了沮丧。

"童队，情况怎么样？"说话的是刑侦大队的侦查员王志新。

童小川抬头，长叹一声："我刚到没多久，屋里那两个人应该都死了。就等你们来了，这个U盘里应该是和这个案子有关的资料……对了，小王，你身上有烟吗？"

王志新微微一笑，从兜里摸出一包香烟，丢给了童小川，这才大步向别墅里面走去。

童小川回到自己的车上，打开警用电台，一阵静电噪音过后，对面突然传来了急切的呼叫声："总部，总部，我是28AB，位置云湖度假村三号别墅，请求马上派救护车过来，这边发现了一个受害者，她还活着……"童小川的脸上露出了一丝难以察觉的微笑，他顺手从仪表盘上抓过一个打火机，点燃了一支香烟，然后靠在驾驶座上，深深地吸了一口。总算结束了。

审讯室里，悄然无声。

老李隔着桌子沉默良久，童小川依墙而立，不语旁观。

"已经两天了，你瘦了许多，庄小琴。"老李先开口。

"是吗？我在这儿很好，吃得好，也睡得好。"庄小琴喃喃自语，"你们今天该放我出去了，48小时已经到了。"

老李摇摇头："不，你恐怕暂时出不去了。你的案子很快就会移送到检察院。"

"我没有杀人！"庄小琴急了，"我不怕你们告我，你们不能冤枉好人，你们没有证据指证我杀人。"

"谁说你杀人了？"童小川轻轻一笑。

庄小琴的脸上闪过不快，她转头看着童小川："既然认定我没有杀人，你们已经扣留了我48小时，又有什么意义？"

童小川一言不发，老李则慢悠悠地说："你对丁秋柏的事是知情的，你隐瞒不报，我们有证据，所以你走不了了。"

"你别胡说，我怎么会知道丁秋柏所做的事情。你们直接去问他呀。"庄小琴扬起了高傲的头，在那一刻，站在门外观察室里的章桐突然有一种错觉，眼前的这个年轻女孩就是庄小月，那个差点置自己于死地的女模特。她不由得皱起了眉。

老李看了童小川一眼，童小川的脸上没有任何表情。

"我想，现在我可以告诉你了，丁秋柏和你的妹妹庄小月已经畏罪自杀了。"

这句突如其来的话令庄小琴的脸颊猛地抽动了一下，但是很快，她又笑出了声："不可能的，你们别骗我。小月不可能自杀！"

"你好像坚信只要你不说，你的未婚夫就永远都不会被定罪，真相也就永远都没有办法被揭开。但是你错了。"老李举着手里的相片，说，"你妹妹身上的这条裙子就是所有的答案。我不明白的是，既然丁秋柏是你的未婚夫，为什么他会为了你妹妹而犯案？难道说你妹妹才是他最深爱的人？"

"你说的我听不懂！"庄小琴把头微微地转向了窗户，"他不可能爱她，他爱的是我，我们就要结婚了！"

"我只有一个问题想问你，"童小川说，"你难道就不想知道你的未婚夫和你的亲妹妹为什么而死吗？"

庄小琴抬头看着童小川，目光中充满了愤怒，但始终没有开口说话。

"这是尸检报告，"老李叹了口气，把它递给了庄小琴，"姑娘，你也是医生，我想，你看得懂！"

庄小琴犹豫了一下，随即伸手接过报告，打开看了起来。

房间里的气氛变得异常紧张，庄小琴仔细地看完了尸检报告，一言不发，但她颤抖着的双手没有躲过童小川和老李的眼睛。

庄小琴的嘴抿成一条线，她垂下头，似乎在忍耐着什么。终于，她抬起头看向老李："难道……真的是秋柏杀了……我妹妹，然后自杀？上面写着只有一发子弹啊……"

老李点点头："在丁秋柏的右手手掌上发现了火药射击后的残留物，你妹妹庄小月的手掌上是干净的，所以可以确定是丁秋柏开的枪。而庄小月右太阳穴部位的枪击伤也可以证明这一点。丁秋柏右太阳穴上近距离的枪击贯通伤口附近的灼烧痕迹显示，开枪时，枪管和两人的头部，都是靠得很近的，在这种情况下如果开枪，就是两条命。我们法医没有在丁秋柏的脑部找到子弹，而在庄小月的脑部找到了这枚子弹的弹头，上面也有丁秋柏的脑组织残留物……还需要我讲得再详细一点吗？"

童小川看着庄小琴，她脸色灰白如土，双眼死死地盯着桌面。

"你们为什么想知道真相？人都已经不在了，知道真相还有什么用？"她轻声说道。

"你错了，本案的犯罪嫌疑人虽然已经自杀身亡，程序上来看，这个案子也应该算是结案了，但是，那些死者的家属有权利知道真相，至少要让他们知道自己的女儿究竟是怎么死的！把你知道的都说出来吧，我想，这样你下半辈子也应该能够得到解脱。"

庄小琴一直努力保持平静的面容逐渐崩溃，听到这话的瞬间，她的泪水夺眶而出："好吧，我告诉你们。"

老李看了童小川一眼，随后打开了桌子上的录音机。

"每个女孩都有追求美的权利。我小时候一直梦想着有一天我会像个公主一样，不光有一个深爱我的王子，同时，还会有满满一柜子专门为我定制的衣服，春夏秋冬，一年四季，我都不用发愁。感谢老天，在一次同学聚会上，我遇到了丁秋柏，我们一见钟情。他是个勤奋的男人，很有事业心，为了能设计出自己喜欢的面料，他经常在自己的实验室里一待就是整整一个星期。他对我表达爱的方式也很特别，就是为我做一件件美丽的衣服，让我成为所有人眼中最美丽的公主。我不知道小月是什么时候喜欢上他的，但是当她向我宣布说要辞去工作，做丁秋柏的专属模特时，我感到了一丝不安。因为从小到大，只要是小月看上的东西，她都会想尽一切办法把它夺走。可是，我退缩了，选择了逃避，不敢去面对现实。我一直告诉自己，不断地告诉自己，他是爱我的，他要与我结婚了。

　　"那天，我去他的别墅，也就是云湖度假村三号，别墅里没有人，我知道他肯定在地下室，因为那儿就是他的实验室。我到了地下室门口，看到了不该看到的东西……"说到这儿，庄小琴的脸上露出了惊恐的神情，"那里不是他的实验室，那里简直就是一个屠宰场！"

　　听到这话，老李和童小川面面相觑。

　　"我推门进去，在那地方，我根本就没有办法呼吸。空气中，充满了血腥味和令人作呕的臭味，还有呕吐物的酸腐味，我惊呆了。一个年轻女孩，披头散发地躺在轮床上，非常虚弱，快死了，她的后背血肉模糊。就在这时，丁秋柏出现在了我的身后，我害怕极了，我怕他也要这样对我。但是他对我说，他不会杀人，他之所以这么做，只是为了要这些年轻女孩的皮肤，目的就是设计出一款最新的服装面料，因为皮肤的柔韧性和结构，是所有衣服面料都没有办法媲美的。古时候，我们有人皮灯，那都是进贡皇家的最珍贵的东西。他说过，要做就要做最好。而那时候，那女孩已经死了，我即使报警也已经来不及了。我所能做的，就是把女孩的伤口清洗、缝合，让她体面地离开这个世界。"

老李叹了口气，根据庄小琴此刻的供述，已经完全可以认定她是包庇了。

"我恳求他，不要再继续了，如果再这么做的话，要尽可能少地产生创面，这样伤者就不会因为感染而死去。我事后也对尸体做了一点补偿，以求得自己良心上的解脱。"

"他是使用什么方法找到这些受害者的？"

"聊聊。"庄小琴说，"就是那种摇一摇，有定位的功能。我不喜欢那个东西，因为让人太没有安全感了。"

"庄小琴，丁秋柏在老鸭塘租过房子，你知道这件事吗？"

庄小琴点点头："我知道，但是我没有去过那里，只是听说那是他的一个仓库，后来发生了火灾，他很着急，因为有些数据在里面，他还回去找过，但没找到。"

老李看了一眼童小川，转头对庄小琴说道："你接着往下说。"

庄小琴抬起头，眼眶红肿："后来，小月去他那里工作后，他就再也不提结婚的事情了。我想，就是那个时候出的事吧。只是我不明白，他为什么要杀了小月！他完全可以投案自首的！就算是被判几年，我还是会等他的，他为什么要那么绝情，选择和小月一起死！"

"庄小月是什么时候去丁秋柏身边工作的？"

庄小琴想了想，说："大概一个月前吧。"

童小川叹了口气："庄小琴，丁秋柏之所以杀害庄小月，原因很简单，他爱上了你妹妹，他所做的一切都是为了庄小月，包括这条裙子，也是为你妹妹量身定制的。他太痴迷于庄小月了，可以说你妹妹是他所有灵感的来源。以至于最后，当他明白庄小月只是在利用自己的时候，悲剧就发生了。"

说着，童小川走到庄小琴面前，神色凝重地说道："你是一个聪明的女人，你应该早就看出了丁秋柏和你正在逐渐疏远，你妹妹取代了你在他心中的位置。所以，他才会不惜一切代价和你妹妹同归于尽啊！如果你早一点向我们警方报案的话，你妹妹和那些女孩或许就都不会死。"

"你胡说什么！你在说什么……你胡说……你胡说！"庄小琴失声痛哭了起来。

老李刚要制止她，却被童小川拦住了。

"其实这些，她早就已经知道，只不过她不愿意去面对而已。老李，就让她哭个够吧，自责和内疚会陪伴她的下半辈子的。"

傍晚，童小川开车带着章桐一起来到了市第二人民医院。下午接到医院电话，说王小雨已经苏醒过来了，她急着要见警察。

静静的走廊里，美丽的夕阳透过玻璃窗，阳光铺满了整个楼板。出示证件后，两人向王小雨的病房走去。"我一直想问你一个问题。"说这句话的时候，章桐并没有看童小川，她的目光默默地注视着前方。

童小川轻轻一笑："说吧，你问什么都可以。"

"你是怎么知道庄小琴其实早就知道自己的未婚夫爱上了庄小月的？"

"那张相片，我在她办公桌上看到的相片。"童小川若有所思地说道，"你说，一个即将结婚的女孩，会在自己的办公桌上放一张被撕坏的未婚夫的相片吗？相片背后的胶带痕迹太明显了。而她妹妹的相片也被撕坏了，又重新粘贴了回去。所以，我想，她其实一直生活在自己的世界里，拒绝承认自己已经被抛弃的事实。"

"真不知道她以后的日子该怎么过……"章桐轻声叹了口气。

话音刚落，一个护士正好推门走了出来，她看见章桐和童小川，不由得皱眉，很不乐意地说："你们怎么才来啊？我不是很早就给你打过电话了吗？病人醒过来后就一直要找你们，情绪很激动，刚刚打了镇静剂，睡着了。"

"是吗？她说什么了吗？"童小川有些失落，他看了一眼身边一言不发的章桐。

"她一直翻来覆去说一个名字，"小护士想了想，然后点点头，肯定地说道，"苏茜！没错，就是这个名字！她说，请你们一定要告诉苏茜的妈妈，说她女儿留下话来，叫她转告苏茜家里人不要等她了，她不会再回来了。原话大概就是这样。"

章桐的眼泪顿时流了下来。

公安局五楼的办公室里，老李默默地站在落地窗前，看着远处夕阳西下，他感到说不出的疲惫。手机铃声响起，老李习惯性地伸手去兜里掏，却意外地发现掏出的手机并不是那个发出铃声的手机，而另一部手机正在另一个裤子口袋里不停地响动着。老李接起电话："什么事？"

电话是阿强打来的："老李，你还记得老鸭塘那场火灾后，王伯第二天凌晨'见鬼'的事情吗？"

"没错，老爷子到现在说不定还坚持着呢，你怎么突然跟我说这个？"

"在别墅命案现场发现的U盘上，小九他们发现了明显的烟熏痕迹，可以断定U盘曾经在火场中停留过，差点被烧毁了。"

"哦，是吗？那里面的数据还能读出来吗？"

阿强忍不住嘿嘿一笑："这就不是个事儿，小菜一碟嘛。不过由此可以看出，这东西对丁秋柏来说意义重大，因为上面都是他每次做实验时的相关数据。我想，追求完美的他是无论如何都不会舍得放弃的。"

老李长叹一声，默默挂断了电话。

他悲哀地意识到，或许直到扣动扳机的那一刻，丁秋柏才真正意识到自己在乎的究竟是什么，可是，一切都已经太晚了。

故事三　彼岸花开

白色的彼岸花叫曼陀罗华，花语为：天堂的来信；

红色的彼岸花叫曼珠沙华，花语为：地狱的召唤。

同是代表死亡，一个偏向于对死亡的另一种解释：新生；

另一个却偏向于对痛苦与悔恨的彷徨与徘徊：堕落。

所以说，地狱与天堂，仅是一线之隔，天使与恶魔只在一念之间……

楔 子

"你……你想干吗？"他嗓音发颤，目光中惊恐与讶异交错，"为什么？为什么这么做？"

"你知道我想干什么。"对方嘿嘿一笑，"这么多年了，你已经活够了。"

"你……你听我说，杀人是犯法的，你……你冷静点，你……"他一步步往后退，就好像自己面前站着的不是个人，而是个准备勾魂的鬼，身体下意识地尽量远离。

就在这时，他看见了对方朝着自己做了一个怪异的动作，心中顿时一凉："你怎么会有……"

话没有说完。

"啪！"枪响了，他应声倒地。

此刻的他突然明白了一个道理，有时候，人，要比勾魂的鬼可怕多了。

鲜血随着身体的抽搐"咕咕"地从脑后流出来，没多久，他再也不动了。

第一章　尸体迷踪

夏日的午后,阳光穿过玻璃窗照射进房间。在玻璃的中央,一个黑乎乎的东西静静地停留在那里,仿佛已经和这块玻璃紧紧地融合在了一起。那是一只蟑螂,确切地说,是一只蟑螂的干尸。章桐不知道它为什么会以这样一个怪异的姿势停在那里,她感到疑惑不解。

室外的温度早就超过了 40 摄氏度,这样的天气已经持续了整整一周,新闻报道中用"百年一遇的酷热"来形容这极端天气,市区甚至有几个病患因为严重的中暑症状而死亡。在这样的环境中,一只被晒死的蟑螂,显得很是微不足道。

此刻,章桐待的房间里更是闷热难耐。由于门窗紧闭,空气不流通,连呼吸都变成了一种奢侈。

可以看得出来,房间里已经有很长时间没有人居住过了,窗台上满是灰尘,家具上盖着一层白布,用来防尘,地上铺着一层木质地板。

闷热的空气中充斥着浓重的霉味,却唯独没有血腥味和尸体腐烂的味道。

章桐皱起了眉头。她拉上窗帘，在房间里各个角落转了一圈，鲁米诺喷了个遍，对每一寸墙壁都过一遍筛子似的进行检查，却仍然一无所获。她摘下护目镜，拉开窗帘，回头看了一眼靠在门边的小潘，小潘双手一摊，愁眉苦脸地摇摇头。

章桐放下手中的工具箱，摘下手套，然后从兜里摸出手机，拨通了老李的电话。电话很快就接通了。

"章医生，有什么发现吗？"老李的口气显得很急切。

"你确定对方讲的就是这里？"章桐反问道。

"是的，看守所那边打来的电话中就是这么说的。"老李肯定地说，"虽然不乏有些人为了保命胡说八道，但是这个人，所长老袁评价说还是挺老实可靠的，又因为认罪态度很积极，又有自首情节，所以，判了个死缓。为了求得良心上的安慰，说假话的可能性不是很大。"

"他有没有说尸体的处理方式？"

"这个……倒是没有详细说，他也只是供述说是酒后和一个同伙聊天吹牛时，对方说起的，都是三年前发生的事了。他唯一能肯定的就是，有人在这个屋子里被害。"

"确定这个屋子是案发第一现场？"

"是的，他很肯定。"

"那时候有人报失踪了吗？"

"正在查，失踪人口组那边不可能这么快有消息的。"

"那好吧，我再仔细检查一下。回头有情况了再给你电话。"

把手机塞回兜里，章桐走出房间，来到屋外。刺眼的阳光让她几乎睁不开眼睛。这是一个度假别墅区，统一由物业公司采取酒店式管理。此刻，物业经理正满脸慌张地站在门口，和专案内勤阿强谈话。"请问，你是这里的负责人吗？"章桐一边说着，一边拿出墨镜戴上。不知什么缘故，这段日子眼睛总是会一阵一阵地刺痛。

"是的，我是。"物业经理诚惶诚恐地走上前来，"警察同志，有什么事吗？"

"这个房间，这三年期间住过多少人？你们对房间进行过整修吗？"

"住过多少人，这就不好说了，三年至少也有上百人吧。"物业经理是个头顶微秃的中年男人，脸上的笑容似乎是用刀子刻上去的，"整修的话，今年年底的淡季，我们会有整修的安排。虽然这些老房子都有一定的年份了，但是质量方面还是很不错的，据说当年还是德国设计师设计的呢。对了，警察同志，你们在这里找什么？还需要多长时间？这里已经预订出去了，明天会有客人入住的。"

章桐皱了皱眉，三年的时间，上百人居住过，上百次的打扫，那就意味着案件相关证据已经遭受到了无法挽回的破坏。她没有回答，转身走进了房间。

小潘一抬头，见章桐满脸的烦恼，安慰道："章医生，他巴不得我们快点走。你说呢？"

"事情不是他说了算的。赶紧做事，这里都快成蒸笼了！"

"那下一步，你看我们该做什么？这房子里该查的我们都查遍了，找不到证据证明这里曾经发生过杀人案啊。"

章桐想了想，把眼镜摘下塞进口袋，然后果断地说："拆！"

"拆？拆哪里？"小潘利索地打开了工具箱，从最下层拿出了扳手和起子。

"你想想，如果有人在这个屋子里被害，而尸体至今没有找到，你最先想到的是什么？"

"碎尸！"小潘脱口而出。他突然意识到了什么，兴奋地戴上手套，拿上工具快步走进了卫生间。

"我总算没有白教你！"章桐小声嘀咕。

"警察同志，你们这……这到底是想干什么？"当物业经理看到一台锃亮的不锈钢管道切割机被后来赶来的两个痕迹鉴定技术员抬进小屋时，他的脸色顿时变了。

阿强笑着，伸手拍拍物业经理的肩膀："没事儿，经理，这是正常调查。"

"正常调查？你们拿切割机？"回过神来的物业经理刚想上前阻拦，就被阿强拽到一边。"我说经理啊，你放心，怎么拆的，我们待会儿就怎么给你弄回去。这房子，该什么样还是什么样，一点都不会被看出来！"

"真的？"看着阿强一副信誓旦旦的样子，物业经理半信半疑。阿强赶紧说："你放心，我们警察会忽悠你吗？"此时，屋里卫生间的方向传来了刺耳的金属切割声。

"那……好吧，也只能这样了。"物业经理长叹一声，沮丧地低下了头。

小小的卫生间里烟雾迷蒙，如果不戴着口罩和护目镜，飞扬的粉尘会把人呛得喘不过气来。

章桐不喜欢切割机发出的刺耳的声音，尤其是接触到物体时那尖利的摩擦声，更是让她浑身难受，但是没办法，有时候要想得到有力的证据，就必须忍受切割机声音对耳膜的折磨。

"啪啦"一声，浴缸下水道口的瓷砖终于破开了，痕迹物证技术员高兴地竖起大拇指，表示并没有破坏最底层的管道结构。放下切割机，两人小心翼翼地把拐弯处的那一截取了下来，递给了一边站着的小潘。

卫生间的地面太小，塑料纸被铺在了外面客厅的地面上。章桐仔细查看了这截不到 1 米的U形管道，伸手从里面抠出了一团类似人类毛发的杂物，然后趴在地面上，近距离检查这堆杂物。毛发疑似物被轻轻剥离后，出现在大家面前的是几块毫无规则、表面呈黑色的东西，其中最大一块的直径也不到 2 厘米。

难道这是人类的遗骸？

看着手掌中这几块黑色不明物体，章桐不由得发愁了。因为经过三年的污水浸泡和冲刷，根本就没有办法确认这是否就是人类遗骸，再说了，即便有幸确认这是那个失踪人员的遗骸的话，但要想从这上面提取到有用的DNA，也是百分之一的可能性都不会有。

"章医生，怎么办？"小潘打手势询问。

"拆！"章桐点点头。

"还要拆？"小潘有点吃惊，他回头看看面目全非的浴缸，"再拆哪儿？这边的地板砖都已经检查过了啊，墙壁缝都查过了。鲁米诺没有反应啊。"

章桐的目光落在了卧室，她的脸上流露出一丝希望："你们两个把所有的地毯都给我翻过来，包括卧室和客厅。小潘，你跟我来，帮我把床上的席梦思床垫翻过来。"

超级大号的床垫子在两人的努力之下终于落在了地面上。章桐一把扯掉床单和被子，"嘭"的一声，沉甸甸的席梦思床垫被彻底翻了过来，眼前的一幕，让在场的人都惊呆了：大片已经凝固的黑褐色物体牢牢地粘在了席梦思床垫上，粗略看过去，床垫上的黑褐色物体所形成的怪异图案像极了一个被斩首的人形。

许久，小潘才回过神来："原来这混蛋是把床垫翻了个个儿啊！"

"对，他聪明得很，如果这个房间不被拆除的话，这得猴年马月才会发现这个证据！"章桐冷冷地说道。在鲁米诺试剂的作用下，床垫上闪烁着一片绿油油的荧光。

"多亏这里保存了环境。"章桐叹了口气，摘下护目镜，揉了揉发酸的眼睛，低声说道，"从出血量来看，受害者活着的可能性几乎为零了，拍照取证吧，然后找人把整个床垫给我搬回实验室去。我想，我们需要的所有证据都能在上面找到。"

小潘一言不发地点点头，神色凝重。如果只有几块细小的骨骼碎片，要想就此查明这个人是谁，难度太大了。

已经过去了三年时间，并不是那么容易就能够从暴露在空气中的残留血迹中提取到有效的DNA。最关键的是，如果死者不是一线警务人员，或者在生前根本就没有牵涉进法律纠纷的话，即便有了完整的DNA数据链，想要借此确定一个人的身份，也是不大可能的。三年前，失踪人口组还没有建立失踪人员的DNA数据库。

三年，说长不长，但是让一个人的所有线索完全消失，已经是足够了。显微镜下，几块黑色物体散发出怪异的光芒。

"这就是在现场找到的骨骸吗？"童小川问。

"是的，现在已经可以确定是人类的骨骸，因为它的横切面有明显的骨质特征，但是光凭这些东西，我真的是无能为力。而且，这骨骸已经在下水道待了三年多，不该有的证据全有了，而应该存在的，却一点都没有了。"章桐长叹一声，上身重重地向后靠在椅背上，"这报告，反正我是写不了，根本就无从下手。"

"难道就没有别的办法了吗？"

"床垫上的血迹残留物，DNA检验报告还没有出来。况且，都经过了这么长时间，还能不能提取到有效的证据，我的把握并不大。除非……"说到这儿，章桐抬头看着童小川。

"你说！"

"省里有一台刚从德国进口的质谱分析仪，可以从蛋白质分子结构中找到很多有用的线索。你同学在省里不是正好管这个吗？帮我想想办法，行不？插个队？"章桐笑得一脸灿烂。

"我刚从那边回来，排队等着分析的案子有很多。说到底，还是我们这边的设备太差了。"童小川抱着双肩，皱眉说道。

"这案子已经等了三年了，不能再等了！帮个忙，想想办法，行不？"章桐还是第一次这么低声下气地求人。

童小川看看她，又看看面前的显微镜，最终叹了口气："好吧，我等会儿给他打电话去。应该没什么困难。"

"谢谢你，欠你个人情。"章桐笑了。

童小川兴冲冲地走下楼梯，来到一楼大厅。刚才电话里，省城的同学一口就答应了帮童小川的忙，这时候他急着要去底楼法医处找章桐联系有关送证据去省城的事情。

一楼大厅比往常喧闹许多，人们进进出出，时不时地有人大声抗议着什么，隐约间还能听到哭泣声。对这些，童小川都已经见怪不怪了，所以当他和一个人擦肩而过的时候，他根本没有注意到那人眼神中流露出来的惊讶目光。

很快，童小川的身影消失在了楼梯口。那人顺势拦住了身边经过的一个穿制服的警员，问道："对不起，警察同志，刚才经过这边看手机的那个男的，就是上身穿了一件红黑色的格子棉布衬衫，下身穿了一条黑色牛仔裤，胸口挂着你们的工作证的，那男的，是不是叫童小刚？"

"不，他是我们刑侦大队的负责人，叫童小川。你认识他吗？"

中年女人点点头："他是我的一个朋友。怎么？他调到刑侦大队去了？"

警员笑了笑："我们这边的工作都不是固定的，每过一段时间就要换一次。需要我帮你找他吗？"

"没事没事，我会和他联系的，真不好意思，给你添麻烦了。"中年女人略微迟疑了一下，说道，"对了，警察同志，我要求见你们刑侦大队的另外的人。我要单独见他，我要报案，凶杀案！"

一听这话，警员脸上的笑容立刻消失了，他重复了一遍："你肯定是凶杀案？有证据吗？"

"我当然有证据，我甚至知道凶手是谁！"中年妇女扬起了高傲的头颅，紧握双拳，神色严峻。尽管心存疑虑，警员还是带着中年妇女向刑侦大队办公室走去。

办公室的门开着，老李正坐在电脑旁仔细核对着刚送上来的 24 小时监控报告。按照规定，下去蹲守的警员每天下午 3 点必须把监控报告及时汇总送上去，以防止案情被遗漏。所以，老李的办公桌上没有一天不是堆积如山的。

警员敲敲门，然后说道："教导员，这位女士找您有事。"

老李抬起头，眼前这位女士身着质地上乘且款式时髦的灰色套装，肩上挎着一个深蓝色通勤包，虽然看起来已经不年轻了，但从她举手投足之间流露的气质和佩戴的首饰品位上，依然可以看出她曾经接受过良好的教育。

老李站起身，伸手指了指自己面前的椅子说："快请坐吧。"

中年妇女也没有推辞，她礼貌地朝身后站着的穿制服的警员点点头，然后从容地走到椅子边坐下。警员离开的时候，顺手带上了办公室的门。

"你好，女士，能先自我介绍一下吗？"

中年妇女点点头："我首先声明，我在这个房间里所说的话，仅限于你我之间，可以吗？"

"没问题。"老李靠在身后的椅子上，双手手指在胸前交叉，"你说吧。我是这里的教导员，我姓李。"

"我叫赵美云，南方人，我本来是来报失踪的，但是我现在确信我的先生，失踪十天的赵毅，已经被害，而凶手就是你们的同事童小川。"

老李惊得目瞪口呆。这怎么可能？他努力遏制住自己的冲动，眯缝着眼，上下仔细打量起面前这个自称是受害者家属的赵美云。可是，赵美云的脸上没有一丝表情，甚至可以用"面瘫"来形容这张抹了一层厚厚粉底的脸。

"赵女士，你必须知道，报假案，同样也是要承担法律责任的。"老李看着她，"所以，你有证据吗？"

"我当然有！"赵美云显得很是从容，她不慌不忙地说道，"反正我先生现在肯定已经被害，所以，我接下来告诉你的事情，你不能上报。"

老李没吱声，在不知道真相之前，他不好随便答应下来。

"我和我先生赵毅是二婚，结婚12年。三年前，我们从国外女儿家回来后，就来到这个城市定居，经营咖啡馆生意，店面就在城东区。刚开始的时候一切都好，但是没多久，我先生突然恳求我一定要把店卖了，然后远走他乡，最好去国外女儿家住，还说如果不走的话，有人会要了他的命。

"他本来不想告诉我实情，在我的再三逼迫下才终于坦白，说了自己曾经做过的一些违法的事，并下跪求我不要去报案。他还说他早就洗手不干了，但是有个警察一直在追杀他。"

"追杀？"老李感觉自己就像在听小说，他脸上露出了狐疑的神情。

中年女人点点头："他贩毒已经有好几年了，三年前之所以回国其实就是因为在国外混不下去了。他瞒着我欠了一屁股债，本以为到国内能够另立码头，东山再起，至少能躲过债主。谁知这个警察盯上了我们，认为是我先生向毒贩告的密，所以他的同事才会被境外的毒贩打死。事后，他给我看过童小川的相片，说如果自己出意外了，就是他干的，叫我一定要报案。"

老李脸色沉了下来："你举报要有凭据，不能光听一面之词，还有，你怎么确定赵毅已经死了？"

"我们之间有过约定，超过一周不联系，那就是出事了。"说着，赵美云突然抬头，若有所思地看着老李，好一会儿才继续说道，"李教导员，有这么一句话，不知道你有没有听说过？"

　　"你说。"

　　"警察和凶手之间，只隔着一层纱。而这层纱一旦被捅破，天使就会变成恶魔！"

　　老李愣住了，一丝凉意瞬间弥漫全身。他眯着双眼看着眼前这个女人，突然想起三年前童小川刚来到刑侦大队没多久，他在禁毒大队的同事就因为卧底身份被揭穿而遇害，死得非常惨。

　　就在这个时候，赵美云突然轻轻叹了口气，她直起上身，目光转向了窗外。

　　窗外，天空一片灰蒙蒙。

　　"而那位卧底警官的死，就是童小川警官内心深处的'一层纱'！"她说。

第二章　彼岸花开

"章医生，就凭这几块骨头碎片，质谱分析仪就能帮得了我们？"小潘趴在办公桌上，双手一伸，脸上露出无奈的表情，"除了蛋白质分子量、肽链氨基酸排序和多肽数目，还能有什么？我们连受害者是男是女都没办法确定，技侦那边对于床垫上的残留物又提取不到有用的证据，你说我们怎么就这么难呢？"

"你也不能怪小九他们，能证明是人类的血迹就已经很不错了，DNA被破坏，这些都是意料之外的事情。能找到下水道中的这几块骨头，已是万幸。"说是这么说，章桐的心里仍惴惴不安。

她知道蛋白质分析可以为确定人类是否患有遗传性疾病提供可靠的数据来源。坚硬的骨质更是保护了里面的蛋白质细胞，可以间接判定三组基因DNA片段，虽然并不是一条完整的DNA链，但是如果有母本可以比对，还是可以确认骨头的主人的。

整个下午，章桐一直守候在传真机旁，等着失踪人口组那边送来三年前失踪人员家属的DNA样本和省城的法医实验室质谱分析仪的分析结果。

"章医生，那你觉得我们能确定死者的身份吗？"

"应该可以，不过，我心里也没有底。毕竟在那么糟糕的环境下，已经过去了三年时间。我们必须做出最坏的打算了。"章桐无奈地摇摇头，"对了，小潘，你是什么时候来这里工作的？"

一听这话，小潘呵呵一笑，靠在椅背上，转动着手中的笔："好几年了吧。章医生，怎么了，你怎么突然问我的工作年限了，难道是准备给我申请加薪？"

"我哪有钱给你加薪啊，我是在想，你也该自己单独做事了。我们这边需要新人，不然的话，哪一天要是我不在了，你一个人怕忙不过来。"章桐若有所思地说道。

"章姐，你别乱想，你不是好好的吗？离退休还早着呢！"小潘有些急了，"反正跟着你做事也已经习惯了，我无所谓啦，还轻松呢。"

正说着，办公室一角的传真机发出了"吱吱嘎嘎"的声响，没多久，开始一张张地打印对方传送过来的蛋白质分析检验报告。报告打完后，章桐仔细地逐张翻阅起来，同时把其中一张DNA分段数据表递给了小潘："输入数据库，看看有没有什么发现。"

"没问题！"小潘顺手打开了办公桌上的扫描仪。没过多久，让人意想不到的事情发生了，面前办公桌上连接着扫描仪的计算机突然发出了"滴滴"的警报声，两人都吓了一跳。"难道这么快就匹配上了？"章桐站起身，拉开凳子，绕到小潘身边，弯腰看着计算机屏幕。

要知道，一条并不完整的DNA链能够这么快在数据库中找到匹配对象，这种可能性是很低的。

计算机屏幕上显示吻合率是70%。这个样本是和失踪人口组刚刚上传的另外一个失踪人员的DNA资料匹配上的。看着打开的资料夹，章桐意识到了问题的严重性，她伸手掏出兜里的手机，拨通了老李的电话。

让她感到意外的是，一阵熟悉的《拉德斯基进行曲》在她身后猛地响起。章桐很清楚这是老李的手机铃声，上次在餐厅吃午饭时，老李拿着新手机四处求人帮忙改来电铃声。而那时候，章桐就坐在老李的对面。

章桐转过身，看见老李正站在自己身后，表情复杂地看着自己。

"老李，你怎么来了？我正要找你呢。"

"什么情况？"

"度假村的骸骨和失踪人口组刚刚上传的一组DNA数据匹配上了，吻合度很高，可以确定两人是亲属关系。"说着，章桐回身敲击了几下键盘后，继续说道，"对方是一个中年男性，失踪时间是十天前，名字叫赵毅，安平本地人，三年前与妻子回国定居。你们查过这个男人吗？"

老李点点头："我查过赵毅的婚姻关系，他在17年前去了美国，后来和在国内的妻子离婚，独生女儿赵佳燕判给了母亲。至于赵毅和前妻为何离婚，目前还不清楚，只知道当时他的女儿赵佳燕只有两岁。父女俩从此后就再也没有联系过，据说关系一直很僵。三年前，上大二的赵佳燕打算申请去美国留学，这才和她父亲赵毅联系上的。但是，从那以后，赵佳燕就离奇失踪了。"

"直到我们在度假别墅里发现了赵佳燕的DNA，"章桐隐约感到了一丝不安，"我会通知赵佳燕的母亲宋丹萍女士来警局配合我们调查核实的。据说她还住在本市，一直没有离开过。"

正在这时，老李看了一眼小潘，张了张嘴，一副欲言又止的样子。敏感的章桐立刻意识到老李肯定有事儿，她拍了拍小潘的肩膀："去小九那边把席梦思床垫上的检验资料报告拿过来。"

小潘点点头，离开了。直到门被关上后，章桐这才伸手一指自己面前的椅子，说道："老李，坐吧，现在这里就只有我们两个人，你什么话都可以说的。"

"童队今天来这里了吗？"老李的声音变得异常嘶哑。虽然感觉到奇怪，但是章桐还是点点头："来过了，要是没有他的帮助，我们不可能这么快就确定尸体的来源。通过质谱分析仪对骨骼的蛋白质氨基酸序列的分析，找出了三组重要的DNA链接片段，而正是这三组片段，才使得我们很快就有了答案。而至于客房席梦思床垫上的血迹残留，因为度假村每年都使用杀虫剂熏蒸法，我们根本就没有办法提取到相关DNA链接点。所以说，这一回童队算是帮了我们大忙了，不然的话，光排队就得等半年。到那时候的话，说不准凶手早就跑了！"

"这个赵毅，我知道。"老李并没有像往常那样开着玩笑，相反，他一脸严肃地对章桐说道，"章医生，这个案子，你不能再让童队接手，严格意义上说，你不应该再允许他走进这个房间。"

章桐的瞳孔一阵紧缩，她当然明白老李话中的含义，回避制度，只有当侦查员牵涉进案子的时候，才会被勒令实施。难道说童小川和这个赵毅的失踪有关系？还是说跟三年前的这具尸体有关？

"老李，你老实告诉我，童小川到底怎么牵涉进这个案子里了？他和这个赵毅究竟是什么关系？你为什么会叫他回避？"

老李长叹一声，无奈地看着章桐："章医生，你就别问了，这件事情我已经向张局做了汇报。至于说赵毅，我只能告诉你，目前还是失踪状态，他妻子向我们举报说童队涉案，理由是童队曾经在禁毒大队时的搭档有可能是因赵毅的出卖，才被境外贩毒团伙杀害。"

章桐呆了呆："我知道这个案子，新闻都报道了，那人全身的骨头都被打断了，死得很惨，简直就是处决。"

老李点点头："度假村的死者是赵毅的女儿，你肯定吗？"

"应该可以。"

老李叹了口气，转身走了。

办公室里静悄悄的，静得章桐都能听到自己沉重的呼吸声，电脑显示屏依旧在不停地闪烁着。

门被推开了，小潘走了进来，他把报告递给了章桐，上面确认了死者就是赵毅的女儿赵佳燕。

湖边咖啡馆，就在老城区边上的长宁路，因为这里不属于交通要道，所以周围来往的人并不多，但是这个小小的咖啡馆里，顾客一直没有断过。

童小川经常来这里，这里很安静。店主是一个胖胖的小老头，很和蔼，见人常带着笑。这里的房子是店主私有，所以他并不在意每天的销售量。店主经常说的一句话就是：人活着，开心就好。

可是，开心，并不是每个人都能做到的。

接到章桐电话后没多久，童小川便推门走进咖啡馆，店里只坐了三四个顾客。他一眼就看见了章桐的身影，她正独自坐在最里面靠窗的位置，背对着门口。童小川轻轻走到章桐身边，坐了下来。

章桐抬起头来，若有所思地看着他，许久才说道："我给你打电话，就是想听你告诉我真相。"

童小川一愣，张了张嘴，没有说话。

"赵毅，是不是已经死了？"章桐问。

童小川一脸茫然："我希望他死了。"

"那你去自首吧。"章桐的声音低得似乎只有她自己才能够听到。

童小川不敢相信自己的耳朵，他猛地抬头，死死地瞪着章桐："你说什么？"

"你的事，我都已经知道了，老李找过我，说你涉嫌杀了赵毅，因为赵毅出卖了你在禁毒大队的同事，让他在卧底时被灭了口。"章桐看着他，"我听说过这个案子，也知道当时这件事给你的打击很大。"

"你胡说什么呢，章医生？我根本就没有杀人！"童小川深感意外，"我是知道赵毅，也曾经跟踪过他几次，那时候我刚到刑侦大队没多久，三年前，那时我一直想抓住他，但是后来我放弃了，蒋队劝了我。你们为什么会认为我杀了他？"

"有人把你举报了。"章桐摇摇头，声音冰冷，"我把你当朋友，也一直很信任你。你如果真没杀人，自己去找老李说清楚。"说着，她站起身头也不回地离开了咖啡馆。

"死者名叫赵莹，又名赵佳燕，女，19 岁，原籍长桥县，失踪时系中部大学外国语学院 2009 届学生，死因不明。凶器不明。死亡时间也不明，只能暂定为三年前的 10 月份，是根据其母亲宋丹萍女士的失踪报案记录来确定的。据死者的男朋友所说，死者失踪当天曾经跟他说要去见自己的父亲，说生父从美国回来了，后来就再也联系不上了。而死者的生父赵毅确切的回国时间也是三年前，也就是赵佳燕失踪前一个月。他后来和第二任妻子在本市开了个咖啡馆，他妻子说赵毅当时并没有见到死者。目前就查到这些情况。"老李把活页夹递给了张局。

"监狱那边有去核实过吗？"

"有，"老李点点头，"我的下属回复说，那个被举报的在押犯是一个偷窃惯犯，他供述说，人不是他杀的。他只是一个小偷，那晚，正好去案发现场偷东西，几乎满载而归，在最后一间小屋外面，他无意中透过窗帘的缝隙，目睹了这起惨案。因为怕暴露自己的偷窃行径被抓而受到重判，所以他就一直没有说，直到上次喝多了，想为自己在同行之中树立名头，就说出了这件事。而这个小子对凶手的描述就三个字：忘记了。"说着，老李无奈地双手一摊。

"看来凶手是赵毅的可能性非常大。"张局叹了口气，伸手摸出了一包烟，抽出了一支，扔给办公桌对面的老李。

老李点燃了香烟，深吸一口，面露难色："可惜的是，赵毅已经失踪了，就在十天前，失踪地点就在本市。这样一来，赵毅的作案动机就没有办法去推断了，我们只能先找到赵毅再说。"

张局翻看着手里的活页夹："老李，童小川真的牵涉进这件案子了？"

"不好说，现在光凭赵毅家属的一面之词没办法确定，但他确实有动机。"

"他人现在在哪里？"

老李迟疑了一下，小声说道："我打他手机，没有接，关机了。"

张局抬头，神情严肃地看着老李，老李忙把目光移开了："你先出去，我要打个电话。"

老李退出了办公室，张局沉思了片刻，从怀里摸出一个黑色笔记本，找到上面的一个电话号码，然后掏出手机打了过去。电话很快就接通了，两人交谈的时间并不长。结束通话后，张局脸上的愁容才终于舒展开，他在拍纸簿上写了个地址，然后站起身，拿着这张纸离开了办公室。

破天荒头一回，张局竟然坐在法医办公室门外的长椅上等着章桐。

走廊里充斥着刺鼻的烟草味道，长椅边上的烟灰缸里，已经挤满了一堆烟头。这意味着，他已经在这里等了很久了。章桐刚要开口，却被对方挥手制止。

"章医生，你听我说，童小川是被人陷害的，我现在给你一个地址，你把刑科所的人都带过去。如果赵毅已经死了的话，那赵毅的尸体就在那里，死因我不清楚。"说着，他把一张纸递给了章桐，语重心长地说道，"不要问我从哪里得来的消息，这是我以前的一些消息来源，为了对方的安全，我不

270

能说得太明白。你们快去快回，路上要低调，别被媒体发现了。"

章桐点点头："谢谢你，张局。"

张局微微一笑，掐灭了手中的烟头，转身走了。

郊外的一处废弃厂房。

章桐面前，只有几个 1 米多高的油漆桶，除此之外，厂房里一无他物，空荡荡的。看起来已经有了一定的年头，没人能够辨别清楚油漆桶表面原来的颜色。顶上的盖子盖得严严实实的，密不透风。而最重要的是，桶无一例外都是沉甸甸的，摇晃时还有晃动声，显然里面装着液体状的东西。

章桐十分懊恼，油漆桶太沉了，凭借一个人的力量是根本没有办法移动它的。

"他说尸体就在桶里面吗？"小潘皱眉问道，因为面前堆积起来的油漆桶至少有 30 多个，每个都盖得严严实实的。

"是的，张局给我的地址就是这里。"

"如果真的在这里面的话，凶手也太会折腾了。"小潘嘟囔了一句，紧接着问道，"我们才三个人啊，你们老李呢？"

阿强回答道："他去监狱了，去找爆料度假村杀人案的那个家伙，看还能不能找出点线索来。"

章桐没有说话，她的心情糟透了。她深知自己所做出的任何一个决定，都很有可能是决定童小川后半辈子的一张命运牌。她却偏偏不能推辞。

"打开！"章桐头也不抬地吩咐身边的小潘，同时穿上了防护服。因为今天勘查现场的环境比较特殊，她不得不在外面又套了一件。

"都打开吗？"小潘被眼前的情况弄得很头痛，油漆桶虽然已经年代久远，但是材质好得要命，不是徒手就能掰开的。

"我们没那么多时间。"章桐有些不耐烦，"引来媒体就更说不清了。"

小潘撇了撇嘴，戴上护目镜，扛起便携式电锯，向最近的油漆桶走去。没多久，刺耳的电锯声充斥着整个厂房。油漆桶盖子被一个个打开，很快，一股恶臭扑面而来。小潘停下了手中的电锯，厂房里恢复了寂静，耳边只听见一阵阵风声，风刮得厂房外顶上的塑料板噼啪作响。

　　"确定吗？"章桐问。其实这熟悉的臭味早就已经把答案告诉了在场的所有人。油漆桶中，是一具腐烂散架的尸体。阿强走到油漆桶前，强忍住胃里的翻腾，看了一眼后，他惊讶地抬头说道："才十天，怎么变化这么快？"

　　"没什么奇怪的，虽然说室外温度才 20 摄氏度左右，但是泡在这油漆桶里，温度至少 30 摄氏度以上，所以，十天，很正常。"

　　阿强没有办法把眼前油漆桶中的大半桶莫名物质和一个活生生的人联系在一起。

　　章桐弯腰从打开的工具箱中拿出一副特制的塑料手套戴上，这副手套很长，几乎到了人的肩膀部位，然后她穿上了皮围裙，戴上口罩和护目镜，这才对潘健说道："准备好。"

　　还没有等阿强反应过来，章桐就把手伸进了油漆桶中摸索了起来。

　　偌大的厂房里一片寂静，大家的目光全都集中在了章桐的身上。"哗啦"一声，章桐的脸上终于露出了一丝笑容，在她抬起的右手中，是一个已经变色的人类颅骨，白色的眼珠依旧嵌在眼眶中，而没有完全融化的一部分肌肉组织还牢牢地贴在下颌骨上。

　　纵是见惯了死亡的场面，阿强还是忍不住向后倒退了一步。借着头顶的灯光，章桐仔细观察起了手中的颅骨："男性，40 岁以上，等等，他的额头……"

　　颅骨额头眉心部位，有个黑黑的孔洞。

　　三人不禁面面相觑，死者是被人用枪抵在额头打死的。

第三章　蛛丝马迹

老李不喜欢眼前的这个女人。尽管在旁人看来，赵美云举手投足之间显得非常优雅得体，衣着也很有品位，而且她又是受害者家属，但是老李怎么也没有办法对她产生哪怕一丁点的好感。

理由很简单，在赵美云的脸上，他没有看到一丝一毫的悲伤。

不可否认这个世界上就是有那么一些人，心理自控能力是极其强的，但是老李是个普通人，他接受不了受害者家属这么一张表情冷淡的脸。

"确定是我先生赵毅了吗？"

"目前还在等法医的处理结果，"老李瞥了一眼电脑上的时间，"今天上午应该能知道。"

"你们的法医可靠吗？"赵美云双眉一挑。

"你质疑我们法医的工作能力？"老李有些不高兴了，他强忍住内心的不满。

"我还要等着给我先生办葬礼，请加快速度办理吧。"赵美云的目光咄咄逼人，"我还有葬礼的事情要处理，可以先走了吗？"

老李点点头，没再多说什么。

中午，章桐刚走进食堂，迎面就碰见了老李，两人端着盘子在一张桌子旁坐了下来。

"我正好要找你，章医生。尸体检验的结果出来了吗？"

"还在等颅面部成像复原的结果，但是根据DNA比对结果来看，死者应该就是赵毅。"章桐伸手从面前的纸巾盒里抽出一张纸，仔细地擦拭着餐具。

"具体死因呢？"老李继续问道。

"近距离枪弹创造成的颅脑开放性损伤，0.45口径，死后被塞入油漆桶。"说着，章桐若有所思地抬头看着老李，"我现在不明白的是张局的消息来源是否可靠。"

"这点你不用担心，张局当过八年的卧底，单枪匹马端掉过12个犯罪团伙，是黑白两道都敬而远之的'拼命三郎'，"老李古怪地笑了笑，"他的消息来源是我们安平市最可靠的了。"

章桐听了，暗暗松口气："那现场应该不止一个人。"

就在这时，章桐的手机响了起来，是小九办公室打来的电话。接完电话后，章桐并没马上把手机关上，而是把手机递给了老李："这是他们那边刚传过来的相片，是在油漆桶里发现的。"

"这是一枚戒指？它怎么会在桶里？"老李感到很诧异。

章桐点点头："是一枚女性戴的戒指，他们是在桶的底部发现的。除此之外，刚才小九跟我说了，就是一些死者的衣物，没有别的什么特别的东西。个人随身物品，比如手机之类的，都没有。"

"戒指，会不会是死者本人随身带着的？"

"那样一来，死者应该会选择放在衣服口袋里。死者的身体虽然腐烂了，但是衣物由于结构组织的不同，腐烂的程度会慢一些。有时候，人都没了，衣服还在。所以，按照常理来看，这枚戒指如果是死者随身带着的，应该在死者的衣服口袋里，而不是在桶壁边缘。"章桐接过手机，塞回外衣口袋。

"老李，我有一个大胆的推测。这枚戒指，很有可能是死者在最后一刻从对方手上抓下来的。戒指是黄金的，不会很硬，刚才你也看到了，戒指的表面有损坏，指环扭曲了。"章桐认真地说道。

老李突然一脸的惊愕："在死者赵毅的妻子赵美云的手上，我确实没有看到戒指。可是，话又说回来，如果赵美云真的是凶手的话，那她杀害自己丈夫的动机又到底是什么呢？回国这么多年，她完全可以随时动手，又何必要等到现在？还要报案说丈夫失踪？这样的解释说不通啊！除非……我等一下去查查保险再说。"

天色已晚，章桐锁上办公室的门，撑着雨伞走出了公安局。这几天一直在下雨，并且雨势根本就没有减弱过。一股寒意袭来，她不由得浑身哆嗦了一下。已经是秋天了，是该变冷。章桐抬头看了一眼灰蒙蒙的天空，顺手把衣服领子扣紧一点，加快了去公交站台的脚步。

"请问，你是公安局的法医吗？"身后传来一个女人微微颤抖的声音。章桐停下了脚步，转过身去，对方的声音很陌生，她可以肯定在这之前自己并没有见过眼前这个女人。

一把黑色的大伞几乎遮住了对方的大半张脸。女人的声音有些沙哑，伴随着打在伞上噼啪作响的雨声，章桐的心里不免有些怪怪的感觉。

"找我有事吗？"章桐反问道。

"我叫宋丹萍。"或许是想让章桐更进一步地看清楚自己，女人把黑色的大伞向上抬了抬，露出了一张苍白疲惫的脸。

"你是赵佳燕的母亲？"章桐听到了自己心跳的声音。

女人哆嗦着点点头："我还知道我女儿是被她父亲赵毅杀了的，我有证据。"

"你……跟我来吧。"章桐转身又走回了公安局大院，这时候，刑侦大队的办公室里依旧灯火通明。

老李吃惊地看着章桐："章医生，你确定这女人讲的是真话？"

章桐摇摇头："我不知道，但是她确实是宋丹萍女士，赵佳燕的亲生母亲。"

"她为什么到现在才说出那天晚上她女儿曾经给她打过电话？都过去三年了。"老李眉头紧锁，"她肯定对我们还有所隐瞒。"

"我也觉得她在这个节骨眼上说出赵毅是凶手，应该不是偶然。"章桐对老李说，"本来只是通知她来做DNA检测，看是否能和骸骨匹配上，她却立刻联系上凶手的身份，中间应该还有很重要的一环。"

"我明白了，谢谢提醒。"

老李心事重重地推门走进了询问室，在阿强身边坐了下来。隔着桌子，他朝对方点点头，算是打过招呼了："我是刑侦大队的李警官，暂时负责调查这个案子。我的同事说你有事找我？"

女人点点头："我是赵毅的前妻，我叫宋丹萍，我今天来，是想告诉你们赵毅杀了我女儿赵佳燕，我有视频可以证明。"

"宋女士，我想我有必要提醒你，做假证是要负法律责任的。"老李不动声色地说道。

宋丹萍点点头："我愿意对自己所说的每一个字承担法律责任。赵佳燕是我的女儿，她失踪了这么久，我就知道她肯定已经不在这个世界上了。之前我就猜到她是被她父亲赵毅给害了，那时候我还不敢相信，但是我后来是百分之百肯定了。"

"你说什么？"老李忍不住朝隔壁章桐所站的位置看了一眼。

宋丹萍的脸上满是悲伤："赵毅，也就是我的前夫，三年前把我女儿杀了，这混蛋！"或许是触动了内心深处那块隐藏已久的伤疤，说到这儿，宋丹萍的双手手指下意识地紧紧扣在一起，因为过于用力，指关节都已经发白了。

老李微微皱眉："宋女士，你知道赵毅三年前回过国吗？"

宋丹萍摇摇头："离婚后，我就不想再和那个混蛋有任何瓜葛，我说过，他要是再来找我，我就直接杀了他。"

"但是你女儿一直和他保持联络，是吗？"

宋丹萍目光中的冰冷突然消失了，沉默良久，她叹了口气："是的，燕燕和她爸爸有联系，我其实一直都知道。燕燕没告诉我，她怕我生气，我也不忍心戳穿她，那毕竟是她的亲生父亲，情有可原。我知道她想出国，但是我做梦都没有想到，她竟然会相信那个混蛋！而他，连自己的亲生女儿都不放过，你们说，他还是人吗？"

说到最后，宋丹萍的情绪渐渐有些失控了。老李和阿强不由得面面相觑，转头继续问道："宋女士，你方便告诉我为什么要和赵毅离婚吗？"

"他是个变态！"宋丹萍强忍着的情绪终于爆发了，她怒吼道，"他是一个彻彻底底的性变态！每次夫妻同房，他都几乎要把我掐死，然后再往死里折磨我。他不是人！他是个混蛋！"

"宋女士，请你冷静点，赵毅已经死了，如果你不能控制住自己的情绪的话，那么，我们的谈话就没有办法再继续了。"老李严肃地说道。

"好……对不起。"宋丹萍调整了一下情绪，这才继续说道，"我和他离婚，不只是因为这个，那混蛋看我女儿的眼神，警察同志，那时候，我女儿燕燕才两岁啊……我知道，如果不赶快离开他的话，女儿迟早会落入他的魔爪。所以，我就选择了离婚。从那以后，我只知道他去了美国，和他再也没有联系过。直到那个男的站在我的面前，告诉我说，我的女儿三年前就死了。"

"那个男的？他说过自己叫什么名字吗？"

宋丹萍摇摇头："他说为了我好，叫我不要多问，他答应过别人不再插手这个混蛋的事。他现在之所以找我，是因为他实在看不下去了。这混蛋在三年前害死了他一个兄弟，他找了很久才找到赵毅在国内的落脚点，也无意中从一个朋友那里知道了赵毅对自己亲生女儿下手的事，就决定帮我讨回公道，让赵毅亲口承认他杀害女儿的事情。他要我帮他一个忙，叫我用手机帮助录像。"

老李感到很诧异："你是怎么找到赵毅的？"

宋丹萍的嘴角露出了鄙夷的笑容："狗改不了吃屎，玩性虐游戏的，在我们这个地区没有多少人的。我是妇科护士，认识几个经常去医院检查身体的站街女，很容易就找出了他的下落。那帮女人对他也是恨之入骨，骂他不得好死！别以为他结婚了，就会变成好人，这种人，到死骨头都是黑的！"

"那你认定你女儿是被赵毅杀害的证据是什么？"

"他亲口承认的！"说着，宋丹萍摁下了手机上的播放键，递给了老李，"你们自己看。"

这是一段视频资料，录制视频的背景，正是发现赵毅尸体的那个废弃的工厂。镜头中，赵毅已经倒在了地上，半个身体靠在油漆桶边上，一个中年男人正愤怒地厉声指责着他：

"……你别以为自己能逃脱得了，你害死了多少人！你连自己的亲生女儿都不放过，你到底还是不是人……"

"你……你是怎么知道燕燕的事的？"赵毅尖叫道。

"哼！你不会这么健忘吧，自己做的孽，别以为没人会发现！"

"她妈妈知道吗？她妈妈阿萍……"

话音未落，那男人一脚狠狠地踹在了赵毅的身上，痛得他直叫唤。男人忍不住怒斥："你还好意思提孩子的母亲！"

"我……我也不是故意的，我控制不了自己……"赵毅的声音转而充满了哀求，"请你放过我，哥，求你了！都过去这么多年了，我以后一定吃斋念佛，再也不会这么干了……"

"你还想有以后？"中年男人蹲下身体，仔细地看着赵毅的脸，紧接着扬手狠狠地一巴掌扇在了他的脸上，"我等今天等了多少年，你知道吗？你害死了我兄弟！你别以为我没有办法找到你，你这种人，无论躲到哪里，我都会把你找出来，让你下地狱！"

说着，他又狠狠地一拳打在赵毅胸口，一把揪住他胸前的衣服，把他像个麻袋一样提了起来，用力塞进了一旁敞开着的油漆桶里，接着便扬长而去。视频到此戛然而止。

老李倒吸了一口冷气："这是谁？"

"立刻把视频删除！"张局突然出现在门口，神情严肃地说道，"宋女士，我不明白他为什么叫你录视频，你要知道这个视频一旦散播出去，对他而言就是灭顶之灾。马上删除！"

老李立刻明白了张局的话，他匆匆走出询问室，来到外面走廊上："可是，张局，他为什么要插手这件事？"

张局轻轻叹了口气："我们那位殉职的卧底警察曾经救过他女儿。他一直在调查是谁出卖了我们的人，后来顺着线索就摸到了国内。但是我可以肯定他没有杀赵毅，因为他亲口对我说他这么做只不过是想让赵毅被我们抓住。我们都知道没有直接证据就逮捕赵毅站不住脚，反而会牵连一批好不容易打进贩毒集团内部的人，甚至给他们带来生命危险。废弃厂房发生的这件事，我想他也是不得已而为之。还有就是他向我保证了，说他只是打了一顿，拍了视频，走的时候看了，那家伙还活着，不会致死。"

"没死？那是谁杀的？那女人为什么要冤枉童队？"老李不解地问。

"那就不知道了。"张局神情凝重，"我刚才听章医生说，死者是被人用枪抵在额头正面打死的。"

正说着，章桐走了过来："张局，那位卧底身高是多少？"

"我见过两次，身高在 173～175 厘米，反正不会低于 170 厘米，不高于 180 厘米。"

"那就不是他开的枪，他只是打了死者赵毅而已。"章桐说，"因为开枪角度和高度不对。"

"那难道说现场还有第二个人？"老李问。

"不，第三个人。"章桐回答，"身高不超过 160 厘米。"

"那……难道说还有一个人在帮忙？"老李脑海中闪过赵美云的影子，"这不可能！"

"可能这个人根本不知道第三人的存在。"看着房间内坐着的宋丹萍，章桐若有所思，"去试试那枚戒指吧，不会无缘无故出现在油桶里的。"

老李恍然大悟。

"不过，戒指不会是她的。"章桐伸手指了指宋丹萍，"她的手指指关节痛风的症状看上去也不是一天两天了，她应该经常手指僵硬，不适合戴戒指。"

"所以，只有可能是赵美云，明白，我会好好和她谈谈的。"老李正准备推门进审讯室，专案内勤小刘递给他一份保险查询回执，老李的脸上顿时露出了笑容。

审讯室的门在他身后缓缓关上了。

"张局，童队是冤枉的。"章桐说。

张局点点头："我知道，所以我两小时前打发他去省城上学习班，七天，他需要好好学会控制自己的情绪。"

听了这话，章桐悬着的心总算放下了。

"但是，张局，赵美云为什么会突然想到赖上童队呢？"

"童小川这家伙必定在她面前出现过，给她留下了深刻的印象，而童小川的身份又是非常特殊的，并且有充足的作案动机。只要赵毅的尸体不被发现，她杀夫骗保的勾当就能完美谢幕。我想啊，赵毅或许到死都不会料到自己会被这个枕边人给杀了。"张局回答。

"那宋丹萍知不知道赵美云杀了赵毅？"章桐忍不住追问道。

"她应该不知道，不然的话不会急着来公安局报案说赵毅杀了她女儿，因为这段视频就是她等了三年的证据。"

"那她知道赵美云吗？"

张局点点头："赵美云是个聪明的女人。"

"我觉得她们应该互相憎恨才对，赵美云抢走了她男人。"

"不，你错了，从三年前宋丹萍女儿的惨死，到三年后赵美云对生活的彻底绝望，这两个女人，对赵毅应该是彻底没有爱了。我查了她们婚前各自的背景，真的很可惜。宋女士在婚前是个很有天赋的舞蹈家，而赵美云，家里很有钱，做跨国生意的，三年前之所以回国，是因为家产被赵毅挥霍得差不多了。"

"所以这两个女人才会走到一起。"章桐轻轻叹了口气，"结婚？算了吧。"她转身离开了。

冷不丁听见这句话，张局惊愕地转头看着章桐离去的背影，好半天才回过神来，小声嘀咕："天呐，我到底说了啥？"